ALISIO
L'éditeur des voix qui inspirent

Suivez notre actualité sur **www.alisio.fr**
et sur les réseaux sociaux LinkedIn,
Instagram, Facebook et Twitter !

Alisio s'engage pour une fabrication éco-responsable !
Notre mission : vous inspirer. Et comment le faire sans participer à la construction du meilleur des futurs possible ? C'est pourquoi cet ouvrage est composé de matériaux issus de forêts bien gérées certifiées FSC®, de matériaux recyclés et de matériaux issus d'autres sources contrôlées.

FSC
www.fsc.org
MIXTE
Papier issu de sources responsables
FSC® C022829

Titre original : *Good Habits, Bad Habits: The Science of Making Positive Changes That Stick*

Farrar, Straus, and Giroux, New York
Traduit de l'anglais (États-Unis) par Jean-Baptiste Rendu, Christophe Rendu et Catherine Zerdoun

Suivi éditorial : Améline Néreaud
Maquette : Sébastienne Ocampo
Design de couverture : François Lamidon
Relecture-correction : Élodie Ther

une marque des éditions Leduc
10, place des Cinq-Martyrs-du-Lycée-Buffon
75015 Paris – France
ISBN : ISBN : 978-2-37935-130-3

Achevé d'imprimer en décembre 2020 sur les presses de la Nouvelle Imprimerie Laballery 58500 Clamecy
Dépôt légal : janvier 2021- N° d'impression : 010614
Imprimé en France
La Nouvelle Imprimerie Laballery est titulaire de la marque Imprim'Vert®

Wendy Wood

BONNES HABITUDES ~~MAUVAISES HABITUDES~~

LES SECRETS DE LA SCIENCE POUR ADOPTER DES ROUTINES POSITIVES ET S'Y TENIR !

ALISIO

Pour Steve,
grâce à qui tout devient possible,
même écrire un livre.

SOMMAIRE

PARTIE 1

CE QUE NOUS SOMMES VRAIMENT

CHAPITRE 1

LA PERSISTANCE ET LE CHANGEMENT

L'habitude nous fait comme une seconde nature.
CICÉRON

De temps à autre, ma cousine annonce sur Facebook qu'elle s'apprête à changer de vie. Cela consiste, dans son cas, à perdre du poids. Son message commence toujours de la même façon : elle s'en veut, est en surpoids, a des problèmes de dos que les kilos en trop ne font qu'aggraver... Puis elle résume la situation en des termes qui nous parlent à tous : l'impression d'être bloquée, incapable de changer. Avant de conclure par un appel à l'aide à l'intention de ses amis numériques.

Le monde des réseaux sociaux – ou du moins le petit secteur de celui-ci qu'elle fréquente – ne lui ménage pas ses encouragements : « Tu peux le faire ! Si quelqu'un peut le faire, c'est toi ! »
« Je ne vois rien dont tu ne sois capable. »
« Tu es une des femmes les plus volontaires que je connaisse. »
« La guerre des kilos, tu vas la gagner ! »

Ses amis la soutiennent. Ils jouent parfaitement leur rôle dans le processus social sophistiqué qu'elle met en branle : d'emblée, les engagements pris sont partagés avec eux et lui apparaissent de ce fait encore plus résolus. Mais il s'ensuit un second effet, moins visible celui-ci : en agissant ainsi, elle fait monter les enjeux d'un possible échec. Ses annonces génèrent chez elle une obligation de réussir. Par rapport à une résolution qu'elle prendrait dans son for intérieur, la publicité qu'elle lui donne augmente le prix de la déception. C'est ce qui donne à de tels messages une dimension dramatique. Elle ne dit pas seulement qu'elle voudrait maigrir un peu, mais jure que cette fois, elle y parviendra. Et ses amis la conseillent comme une héroïne partant au combat : « Ne crois jamais ceux qui prétendent que tu ne peux pas y arriver. » Elle ne va pas seulement perdre 7 kg ; elle va commencer une nouvelle vie. Sa résolution est claire, qu'on se le dise !

Et pourtant… la suite, chacun la connaît.

L'économie classique nous apporte un éclairage sur le dilemme de ma cousine. Le terme d'*homo economicus* renvoie au caractère supposé immuable et rationnel de notre intérêt personnel – grâce auquel nos comportements économiques seraient aussi prévisibles qu'un résultat mathématique. En bons spécimens d'*homo economicus,* nous sommes censés être des *maximisateurs de l'utilité* – en d'autres termes, des individus poursuivant continuellement et rationnellement des objectifs profitables. Cette figure éminemment rationnelle est née il y a près de deux siècles sous la plume du penseur politique John A. Stuart Mill. De son vivant déjà, l'idée suscita mépris et critiques. Ce fut d'ailleurs chez les premiers adversaires d'une vision aussi extrême de notre rationalité collective, et pour la caricaturer, que fut inventé le terme d'*homo economicus.* Depuis lors, graduellement et non sans à-coups, la pensée économique a construit une compréhension à la fois plus réaliste et plus labyrinthique de la nature humaine. En fin de compte, même les principes les plus fondamentaux de l'économie ont été amendés à la lumière de nos irrationalités tenaces. Et cette évolution touche jusqu'au père tutélaire de l'économie moderne : s'il est en effet possible, comme le disait Adam Smith, que nous agissions tous « dans le souci de [notre] intérêt propre », cet intérêt peut désormais se définir au prisme d'une variété immense – c'est-à-dire humaine.

En lisant le post de ma cousine, je n'ai pu m'empêcher de penser à l'*homo economicus*. Si elle était un être purement rationnel guidé par des intentions claires, elle pourrait changer son mode de vie très simplement, sans faire de bruit. Nul besoin d'une annonce.

Est-ce si difficile de se changer soi-même ?

Comme la plupart d'entre nous, ma cousine connaît instinctivement la réponse : oui, c'est très difficile.

C'est pourquoi elle a imaginé des moyens proactifs de s'astreindre à ce changement. Elle s'est lié les mains et a fait monter le prix de l'échec. Allant au-delà du simple choix de changer, elle a commencé à conditionner son environnement social afin qu'il lui rende malcommode le fait de *ne pas* maigrir. Cela aurait pu fonctionner[1].

Ce fut le cas. Deux semaines après son premier message paraissait une mise à jour : 1 kg de perdu. « Excellent début. »

Et puis, silence.

Un mois plus tard, elle a publié qu'elle poursuivait ses efforts, mais sans succès. « Aucune perte de poids à vous signaler pour l'instant. » Ce fut son dernier post sur le sujet pendant un long moment.

Quand je l'ai revue six mois plus tard, elle n'avait pas maigri d'un gramme. En fait de changement, elle n'avait qu'un échec de plus à ruminer – un échec cruellement public. Résultat final, pour elle comme pour tant d'autres qui tentent de modifier un comportement : néant. Elle avait le désir, la détermination, l'appui de ses amis. Des atouts qu'on croirait suffisants. Il n'en est rien.

Le début de la solution à ce problème, c'est de reconnaître que nous ne sommes pas des êtres pleinement rationnels. Les raisons qui sous-tendent nos actions sont parfois obscures et les aides que nous nous trouvons, parfois surprenantes. Les chercheurs commencent seulement à déchiffrer la nature protéiforme de notre moi et à identifier les penchants et préférences qui en résultent. Forts de cette connaissance, nous pouvons, sinon déjouer totalement ces influences, du moins en tenir compte au moment d'agir. Notre comportement découle de certains facteurs d'irrationalité très mystérieux, souterrains et (jusqu'à il y a peu) méconnus.

Sur quoi achoppent les tentatives de changement de ma cousine ? Sur quoi achoppons-nous tous ? La réponse est que nous ne comprenons pas très bien ce qui guide nos comportements. Le problème est même un peu plus compliqué : il faut cesser de surestimer notre moi rationnel et comprendre qu'existent en nous des parties plus complexes. Nous pouvons nous les représenter comme d'autres moi à part entière, qui n'attendent que d'être reconnus… et invités à passer à l'action.

La science commence enfin à percer les raisons de notre incapacité à modifier nos comportements. Mieux : elle nous montre comment user de ces connaissances nouvelles pour bâtir une stratégie de changement personnel durable.

*

Peut-être avez-vous déjà tenté d'économiser en vous fixant un budget ? D'apprendre en ligne une langue étrangère ? De sortir davantage pour élargir votre cercle de relations ? Vos intentions de départ étaient fermes, résolues, enthousiastes. Mais, dans la durée, vous n'avez pas pu vous y tenir. Et le résultat attendu ne s'est tout simplement pas produit.

C'est une expérience humaine des plus banales : désireux de changer quelque chose, nous prenons de solides résolutions. Voilà qui est censé suffire. Il n'est que d'écouter la sagesse populaire, ô combien univoque sur ce point : « Elle ne le voulait pas assez », ou bien : « Tu fais vraiment ton maximum ? » Ce prêchi-prêcha simpliste débute dès le plus jeune âge (« il faut viser les sommets ! ») et nous poursuit jusqu'à nos derniers jours, lors de cette étape ultime où nombre d'entre nous devront, hélas, « affronter » des maux tels que le cancer. Le credo est que la volonté est tout. Se changer soi-même devient ainsi une sorte d'épreuve de vérité de notre identité personnelle – ou du moins de sa part consciente. Le célèbre *Just Do It* de Nike recèle sans doute, à l'origine, une part d'ironie. Mais la valeur résolue du message – et notre propre réceptivité – a fini par en faire un commandement quasi divin : « Fais-le ! » (un point c'est tout). Avec ce corollaire : si nous ne le *faisons pas,* c'est sans doute que nous *choisissons* de ne pas le faire.

Je parie que ma cousine et tous ses amis seraient étonnés de l'apprendre. Elle a, c'est indéniable, pris une décision et tenté de la mettre en œuvre. Il se trouve seulement que cela n'a pas abouti. Malheureusement, lorsqu'il survient dans de telles conditions, l'échec est particulièrement démoralisant ; la comparaison avec ceux qui ont réussi mieux que nous fait mal. Comment ne pas mettre en parallèle nos vaines tentatives de changement avec la persistance dans l'engagement dont d'autres sont capables ? Sportifs professionnels qui s'entraînent des heures chaque jour, musiciens répétant des mois durant un programme de concert, auteurs à succès noircissant page après page jusqu'au mot « fin »… Nous ne regardons ces champions de la performance et leurs mystérieux et enviables succès qu'à travers le prisme de la volonté : *Just Do It.* Si eux « le font », pourquoi ne le pouvons-nous pas ? Pourquoi les accomplissements de nos vies sont-ils si peu de choses en regard des leurs ?

Et nous finissons par nous sentir un peu minables.

Chacun de nous peut aisément en conclure qu'il n'est pas à la hauteur et que, s'il était plus décidé à changer, sa vie prendrait un autre essor…

Cela prend les dimensions d'un phénomène national : quand on interroge les Américains sur le principal obstacle à la perte de poids chez les obèses, le manque de volonté est l'élément le plus fréquemment cité[2]. Les trois quarts d'entre nous pensent que l'obésité vient d'un défaut de maîtrise de la prise alimentaire.

Les personnes obèses elles-mêmes pointent l'absence de volonté comme cause principale de leur incapacité à maigrir. Elles sont 81 % à dire que leur situation est le résultat d'un manque de maîtrise de soi[3]. On ne s'étonnera pas d'apprendre que la quasi-totalité des participants à l'enquête ont essayé de changer par des régimes ou de l'exercice, mais en vain. Certains à plus de vingt reprises ! Ils continuent néanmoins de croire qu'ils manquent de volonté.

Trois sur quatre, c'est une large majorité. C'est environ la même proportion d'Américains qui pensent aujourd'hui que la Terre tourne autour du Soleil. En d'autres termes, c'est un fait établi. Le manque de volonté est bien le problème.

Et pourtant, ma cousine est loin d'être un cas isolé. Il y a fort à parier que chacun d'entre nous a fait un jour la même expérience, que chacun a vu sa volonté prise en défaut. Pourtant, nous n'en conservons pas moins notre croyance. Nous lui prêtons l'autorité de l'astronomie quand elle produit les résultats de l'astrologie. Quel est l'ingrédient qui nous manque, celui qui rendrait possible un changement réel et durable ?

*

Telle est l'énigme qui m'a d'abord attirée vers l'étude des changements comportementaux : pourquoi est-il facile de prendre la décision initiale, voire d'entreprendre une partie des actions nécessaires, et si difficile de s'y tenir dans la durée ? Quand je préparais ma thèse, puis en tant que jeune professeur, j'ai vu certains de mes condisciples et collègues parmi les plus doués et motivés se débattre dans ce dilemme. Ils et elles étaient désireux d'aboutir et démarraient des projets intéressants, mais échouaient à relever le défi de demeurer constamment productifs dans un environnement universitaire fort peu structuré.

Au début de ma carrière, un brillant étudiant de master qui avait un problème de procrastination s'est inscrit à mon TD. Excellent en cours, il semblait perdre ses moyens quand il travaillait en solo sur des projets de recherche. J'essayais de l'aider en lui fixant des horaires réguliers et des jalons à atteindre. Mais le moment arriva où il dut faire face à un délai universitaire impératif. Pour poursuivre son cursus, il devait soumettre l'exposé de sa proposition de mémoire avant une certaine date. Ce jour-là, arrivant de bon matin au bureau dans l'espoir de lire son travail, je découvris sur ma porte la photo d'une tombe. Je compris aussitôt : il avait échoué à respecter le délai et disait adieu à ses rêves de carrière universitaire.

Un minimum d'expérience du milieu universitaire vous apprend très vite que l'intelligence et la motivation n'ont pas grand-chose à voir avec le fait de s'acquitter de ses tâches avec régularité. Que faut-il alors pour réussir ?

Il me semble que l'hypothèse de la volonté résulte d'une erreur initiale, d'ailleurs rationnelle à bien des égards. Quand ma cousine décide de maigrir, ou quand vous décidez de changer de voie professionnelle, on dirait que l'essentiel est fait. Notre monde, bruyant et chaotique, inhibe en nous des décisions cruciales. Beaucoup d'entre nous rechignent à les prendre jusqu'à ce qu'ils n'aient plus le choix. Voilà pourquoi, lorsqu'on agit enfin, on a une impression de triomphe. On perd quelques kilos, on change de travail… et puis le processus s'essouffle. La volonté n'est pas le sujet. Si vous aviez demandé à ma cousine, quelques semaines après son premier post, si son objectif tenait toujours, je ne doute pas qu'elle vous aurait dit oui (avec peut-être, il est vrai, une pointe d'hésitation).

*

La science démontre que, n'en déplaise aux slogans de Nike et à la sagesse populaire, nous ne constituons pas un tout unique et unifié. En termes de psychologie, nous n'avons pas un seul psychisme. Notre appareil psychique est au contraire constitué d'une multitude de mécanismes distincts, mais interconnectés, qui guident notre comportement. Il s'avère que certains de ces mécanismes se prêtent spécifiquement à la conduite du changement. Ceux-là, nous les connaissons bien : il s'agit de capacité de décision et de la volonté. Ils nous sont familiers parce que nous les ressentons de façon consciente. Lorsque nous prenons des décisions, nous portons une attention consciente à des informations pertinentes et élaborons des solutions. Quand nous exerçons notre volonté, nous mettons en œuvre un certain niveau d'effort et d'énergie intellectuels. Décisions et volonté font appel à ce que l'on appelle les fonctions de *contrôle exécutif* du psychisme et du cerveau (qui sont des processus cognitifs réfléchis) pour la sélection et le contrôle de nos actes. Nous sommes relativement conscients de ces processus. Ils sont notre réalité subjective, le sentiment de la puissance d'agir (ou « agentivité ») que nous reconnaissons en tant que « moi ». De même que nous ressentons l'effort d'une dépense physique, nous sommes conscients de celui que requiert l'exercice de la force mentale.

Le contrôle exécutif doit recevoir son dû. Bon nombre des défis de la vie n'exigent rien d'autre de nous. La décision de demander une augmentation de salaire commence par une prise de rendez-vous avec votre patron. Ensuite, vous formulez soigneusement et justifiez votre demande. Autre exemple : vous souhaitez insuffler un peu de romance dans votre vie en invitant à prendre un café cette personne si séduisante que vous voyez régulièrement à la salle de sport. Après y avoir un peu réfléchi, vous trouvez la manière opportunément décontractée de le lui proposer. L'esprit de décision est efficace dans ces situations ponctuelles. Nous prenons notre décision, fortifions notre détermination et rassemblons nos forces pour réussir.

Mais il est d'autres composantes de notre vie qui résistent obstinément au contrôle exécutif. D'ailleurs, penser chaque fois que l'on agit serait une façon hautement inefficace de vivre. J'y reviendrai plus loin, mais vous voyez-vous en train d'essayer de « prendre la décision » d'aller à la salle de sport à chaque séance ? Vous vous condamneriez à ranimer quotidiennement l'ardeur du premier jour ; vous contraindriez votre psychisme au processus épuisant de réexaminer toutes les raisons que vous aviez d'y aller la première fois – mais aussi, parce qu'il est prodigieusement, irrationnellement contradictoire, de réexaminer toutes celles de *ne pas* y aller. Et cela à chaque fois, tous les jours, car ainsi fonctionne la prise de décision. Vous resteriez continuellement plongé dans les affres d'un rude effort mental et n'auriez guère le loisir de penser à autre chose.

Ce que nous allons découvrir dans ces pages, c'est l'existence d'autres composantes de notre psychisme qui ont la capacité spécifique d'établir des schémas répétés de comportement : il s'agit de nos habitudes, plus faites pour l'automaticité que pour les travaux bruyants et conflictuels de la « chambre des débats » qui accompagnent généralement nos prises de décision. Nous verrons aussi que tout un pan de notre vie se trouve *déjà* contenu dans ces composantes automatiques : ces parties simples et diligentes de nous-même auxquelles nous pouvons assigner une tâche. Que demander de mieux pour réaliser des objectifs importants et de long terme ? Court-circuitez la chambre des débats et mettez-vous en action. Les habitudes sont précisément faites pour cela.

La science, ainsi que notre propre expérience, montrent que notre psychisme crée naturellement des habitudes, à la fois inoffensives et riches de conséquences. Je suis sûre que le premier quart d'heure après votre lever se déroule exactement de la même façon tous les matins. C'est normal. Il serait aisé d'en conclure que notre psychisme doit constamment créer et recréer des tendances actives et volontaires à la persistance. On pourrait croire que celle-ci est le fruit de nos efforts conscients et répétés pour concevoir nos actes de telle façon qu'ils remplissent nos objectifs. Si nos schémas de comportement étaient, comme on le croit trop souvent, le résultat du « Fais-le, c'est tout » prôné par Nike, cela voudrait dire que notre psychisme conscient *choisit* de continuer à faire ce qu'il fait tous les jours…

Il le ferait peut-être si nous l'y obligions. Mais notre psychisme conscient reste assez étranger à toutes sortes de choses que nous faisons – notamment par habitude. Ce qui est à l'œuvre, dans ce cas, c'est un vaste dispositif à demi caché, que nous avons la faculté d'orienter par des signaux et repères issus du psychisme conscient, mais qui, en définitive, fonctionne de manière autonome et sans guère d'ingérence de la part du contrôle exécutif. Ces parties-là de nous-mêmes diffèrent énormément du moi conscient que nous connaissons et peuvent être exploitées de façon totalement différente.

Le moi que nous connaissons s'intéresse aux augmentations de salaire et aux possibles idylles. Notre moi *non conscient* forge des habitudes qui nous permettent de refaire facilement ce que nous avons déjà fait auparavant. Nous avons peu d'expérience consciente du processus de formation d'une habitude ou du fait d'agir en vertu d'une habitude. Nous ne contrôlons pas nos habitudes de la même façon que nos décisions conscientes : telle est leur nature souterraine et cachée. C'est pourquoi nos conversations les plus banales à ce sujet trahissent une curieuse tendance à la soumission – « Oh pardon, c'est l'habitude ! » –, comme si les habitudes existaient en quelque sorte indépendamment de nous, ou agissaient en parallèle du moi que nous percevons. Et il est vrai qu'elles sont longtemps restées un mystère pour la psychologie, mystère maintenu en l'état pendant des décennies par l'idée que rompre avec de mauvaises habitudes ou s'en créer de meilleures ne serait qu'une question d'intention et de volonté.

Avant d'aller plus loin, soulignons que ce sont les mêmes mécanismes d'apprentissage qui sont responsables des bonnes habitudes (celles qui servent nos objectifs) et des mauvaises (celles qui leur nuisent). Les unes et les autres ont les mêmes origines. Elles produisent certes des types d'expérience très dissemblables, mais ne les jugeons pas à cette aune : du point de vue de l'habitude, c'est la même chose d'aller à la salle de sport régulièrement ou de fumer deux ou trois cigarettes par jour ; le mécanisme est exactement le même.

Pour nos objectifs de santé, en revanche, l'exercice physique et la cigarette sont aux antipodes. Ce livre a pour objet de montrer en quoi la compréhension consciente de nos objectifs permet d'orienter nos habitudes. Nous pouvons dicter l'agenda, donner les ordres. En déchiffrant le fonctionnement des habitudes, nous pouvons établir entre elles et nos objectifs des points de contact qui permettront des synchronisations étonnamment bénéfiques. Nous verrons que tel est parfois déjà le cas.

*

J'ai préparé ma thèse dans l'un des meilleurs laboratoires mondiaux d'étude des comportements. Dans ce cadre expérimental, nous présentions à des sujets des informations sur un thème donné, puis recherchions leur influence éventuelle sur leurs jugements et opinions. Il en est sorti des modèles performants sur la façon dont les individus modifient leurs attitudes et leur comportement. Notre intérêt se portait plus particulièrement sur les étapes initiales du changement – autrement dit, comment conduire les gens à adopter de nouveaux points de vue sur le monde. Nous regardions par exemple comment des messages convaincants font progresser l'adhésion aux politiques environnementales. C'étaient des travaux d'un grand intérêt. Comme je l'ai dit plus haut, bon nombre de nos choix de vie dépendent essentiellement du contrôle exécutif, ce poste de pilotage où s'amorcent les changements.

Mais il est des sujets qui exigent davantage qu'une prise de décision et une volonté initiales : devenir un meilleur parent, un conjoint plus attentif, un employé plus performant, un étudiant plus appliqué, un acheteur plus circonspect… Ces changements n'arrivent pas d'un coup ; ils s'étalent sur de longues périodes – qui se comptent en années – et requièrent des actions parfaitement constantes. Si l'objectif est de réduire votre empreinte environnementale, il ne suffit pas de prendre le bus ce soir pour rentrer du travail : il faut le faire aujourd'hui, demain, et continuer par la suite. Pour redevenir solvable et solder vos dettes, il ne s'agit pas seulement de renoncer à vous offrir cette paire de chaussures ou ce téléphone, mais de résister à toute fièvre acheteuse aussi longtemps au moins que votre compte ne sera pas repassé dans le vert. Pour nouer de nouvelles relations, il faut persévérer – même si, à la salle de sport, la première personne approchée n'a pas voulu de votre café –, rencontrer davantage de gens susceptibles de vous plaire et tenter encore et encore de créer des liens avec eux. Il faut adopter des façons de faire constantes.

Lorsque j'ai entrepris mes propres travaux de recherche, la persistance m'est rapidement apparue comme un phénomène singulier. La question de l'habitude, initialement, n'était pas vraiment mon sujet ; ce que je cherchais à comprendre, c'est comment les gens *persistent*. Dans l'esprit commun, la persistance requiert des attitudes fermes – suffisamment pour pousser l'individu à opérer un changement puis à s'y tenir dans la durée. Il m'a semblé que cette idée pouvait être testée à grande échelle par une étude exhaustive des recherches ayant, d'une part, mesuré les intentions des individus – s'inscrire à un cours, se faire vacciner contre la grippe, recycler, prendre le bus – et, d'autre part, vérifié les réalisations effectives. Avaient-ils fait ce qu'ils avaient dit vouloir faire ? Une question apparemment simple et qui devait trouver une réponse claire.

Avec l'aide d'une de mes étudiantes, Judy Ouellette, j'ai passé en revue de manière systématique soixante-quatre études impliquant plus de 5 000 participants. Les résultats n'ont pas manqué de nous surprendre. Concernant certains comportements – s'inscrire à un cours, se faire vacciner –, les gens agissaient comme prévu. Pour ces comportements ponctuels, les décisions conscientes commandaient et étaient suivies d'effets chez les gens aux attitudes bien marquées. Plus l'intention était ferme, plus l'exécution était probable. Mais d'autres comportements étaient déconcertants : pour des actions supposant une répétition fréquente, comme recycler ses déchets ou prendre le bus, les intentions ne pesaient guère. Les gens avaient beau vouloir recycler ou aller au travail en bus, leur comportement ne suivait pas. S'ils avaient l'habitude de tout jeter aux ordures ou d'aller travailler en voiture, ils continuaient. Pour certains comportements, les projets et les intentions avaient peu d'effets sur les actes.

Ces résultats étaient inattendus. On aurait dû constater au contraire que, la décision étant prise, l'intention étant solide, les gens passaient à l'action. Quand j'ai souhaité publier les résultats, le rédacteur en chef de la revue m'a demandé de refaire les analyses, mais j'ai abouti aux mêmes conclusions. La revue a alors réclamé une nouvelle étude complète pour valider les résultats. Et, de nouveau, nous avons constaté que les choses se passaient différemment pour les actions répétées : les sujets disaient avoir, en toute conscience, des attitudes et des projets bien arrêtés, mais n'en conservaient pas moins des façons d'agir inchangées. Finalement, la recherche a été publiée et depuis lors, reproduite des centaines de fois. Elle n'a certes pas convaincu tous les chercheurs, certains rejetant vertement nos conclusions au motif que les attitudes et intentions conscientes suffiraient à expliquer les comportements[4].

Cette recherche initiale s'est avérée cruciale pour cerner la nature singulière de la persistance – par « singulière », je veux dire sans rapport avec ce que nous pensions jusqu'alors. On ne retrouvait en effet aucune concordance avec les modèles communément admis ni avec le poncif de la sagesse populaire. La persistance semblait un phénomène plus vaste qu'on ne l'avait cru, plus étrange aussi. Il ne suffisait pas, pour la mettre en lumière, de demander aux gens de mentionner leurs intentions, car le plus souvent, la persistance ne se reflétait pas dans la fermeté des attitudes et des projets.

Pour autant, de telles objections n'étaient pas dénuées de tout fondement, puisque l'étude ne disait pas ce qui amène les gens à persévérer. Il aura fallu des décennies, mais ces critiques ont enfin leur réponse : nous savons désormais que c'est l'habitude qui crée la persistance du comportement. Ce livre explique ce que nous avons appris sur la façon de former des habitudes.

*

Le mythe selon lequel un changement comportemental demande surtout des intentions fermes et la volonté de les mettre en œuvre fait florès depuis très longtemps. Il n'est donc pas inutile de le soumettre à une pensée critique. Quelle serait donc, précisément, l'efficacité du contrôle exécutif pour instaurer un changement à long terme ?

On sait que, lorsque les gens sont vraiment décidés à maigrir, ils peuvent perdre entre 7 et 9 kg. C'est le résultat que peut espérer une personne obèse à l'issue d'un programme d'amaigrissement de six mois[5]. Ce n'est pas rien.

Mais on sait aussi que la plupart des gens qui suivent ce type de programme finissent par retrouver leurs habitudes alimentaires et de sédentarité. Au bout de cinq ans, seuls 15 % d'entre eux conservent une réduction pondérale de 5 kg[6]. Une forte majorité a repris, voire dépassé, son poids d'origine. Le bénéfice est nul.

Les programmes commerciaux de maîtrise pondérale sont conscients de ces données. David Kirchhoff[7], ancien président de Weight Watchers, que j'ai interrogé sur la réussite à long terme de son programme, le reconnaît : « Dans la grande majorité des cas, quand les gens font des tentatives de changement, ils n'arrivent pas à s'y tenir. Quiconque suit le programme Weight Watchers suffisamment longtemps finit par réussir – à condition de le suivre *vraiment*. Or nous l'avons constaté, la plupart des gens ne le font pas. C'est l'autre visage de Weight Watchers. »

La bonne observance d'un programme du type Weight Watchers est un combat sans trêve. « Pour moi, dit David Kirchhoff, la situation est la suivante : si vous avez un problème de poids, vous l'aurez toujours. Si vous êtes programmé(e) pour surconsommer, que vous faites un certain usage de la nourriture, que vous bataillez avec votre alimentation du fait de tels ou tels paramètres métaboliques, il s'agit d'un problème chronique qui sera toujours là. Il n'y a pas de remède à l'obésité. Ce qui veut dire que, par moments, la situation va vous échapper. Et qu'ensuite il faudra repartir du bon pied. Ce n'est pas : vous suivez bien Weight Watchers, vous perdez vos kilos, ne les reprenez pas, et le tour est joué. »

Traverser ainsi l'existence est difficile. « Très souvent, dans les réunions Weight Watchers, raconte David Kirchhoff, on voyait la lutte, la douleur. Des gens qui perdaient 50 kg. Puis les reprenaient. On voyait l'impact que cela avait sur eux. Un moral effondré, l'impression d'être les derniers des ratés, une confiance en miettes. »

La maîtrise pondérale est un exemple très intéressant, parce qu'elle est aisément quantifiable et a fait l'objet de multiples études. Mais c'est la même dynamique qui joue si votre objectif est de consacrer plus de temps à vos enfants, de mettre de l'argent de côté ou de maintenir votre concentration au travail.

Le problème, c'est que la théorie du changement personnel par les intentions et la volonté néglige totalement la probabilité de rechute. Essayons d'imaginer comment ma cousine pourrait persévérer dans son régime par la seule force de sa décision, sans créer de nouvelles habitudes. Sa décision se prendra dans un environnement néfaste : elle achète régulièrement des stocks de malbouffe pour ses enfants et sa cuisine regorge de crackers, de chips, de sodas, de glaces. La nourriture s'entasse sur le plan de travail et dans les placards, dans le réfrigérateur et le congélateur. Témoin du grignotage quasi permanent de ses enfants, ma cousine mange devant la télévision, au téléphone, en recevant de la famille… Elle aime faire les magasins et s'accorde toujours une pause au fast-food. Sa vie semble graviter autour du fait de manger « tout en faisant ».

On remarquera que le milieu naturel n'est pas hostile en soi. Nos lointains ancêtres auraient sans doute trouvé cocasse que la nourriture puisse ne pas être rare et que ce soit, un jour, sa surabondance qui nous tourmente ! Mais celle-ci n'est pas seule en cause. Selon David Kessler, ancien chef de la FDA [*Food and Drug Administration*], l'administration chargée du contrôle de l'alimentation et du médicament aux États-Unis, l'industrie alimentaire ne cherche pas seulement la satisfaction de ses consommateurs[8]. À travers chacun de ses secteurs – production agricole, transformation, tests et dégustation, packaging, marketing, commercialisation, distribution –, elle investit dans les aliments *hyperstimulants,* c'est-à-dire formulés pour que nous mangions sans arrêt. Il y a en ce moment même des chercheurs qui travaillent d'arrache-pied pour trouver des moyens de vous faire manger plus que vous n'en auriez spontanément envie. Mieux vaut le savoir, non pas pour développer un sentiment d'impuissance, mais pour préserver son estime de soi en dépit des échecs répétés. Notre environnement alimentaire actuel représente une difficulté majeure que l'on ne peut affronter et vaincre que si l'on en prend pleinement la mesure.

Pour ne rien arranger, ma cousine vit dans un quartier où tout incite à ne se déplacer qu'en voiture. Son foyer possède trois véhicules, garés à quelques pas de la porte. La maison est confortable, mais trop petite pour y loger de volumineux appareils de fitness.

Pour mener à bien ses intentions dans un tel environnement, il lui faudrait résister sans répit à la tentation de la surconsommation et de la sédentarité. Sa vie se résumerait bientôt à prendre une décision difficile après l'autre. Chaque jour la ramènerait à la case départ ; comme le héros du film *Un jour sans fin,* elle devrait continuellement se battre contre les mêmes facilités et petits conforts, être renvoyée à sa faiblesse sous-jacente, se tester.

Bref, la décision et la volonté ne sont pas les bons outils pour accomplir les sacrifices permanents sans lesquels on ne peut persister dans la quête de nouveaux objectifs. C'est épuisant et cela ne nous laisse pas une minute pour penser à quoi que ce soit d'autre ! Pire encore, le pathos de cette abnégation permanente est contre-productif.

Le psychologue Daniel Wegner et ses collègues ont conçu une expérience qui démontre l'effet paradoxal de l'inhibition des désirs. Ses participants recevaient une consigne simple : *ne pas* penser à un ours blanc. Placés seuls dans une pièce pendant cinq minutes, ils devaient actionner une sonnette chaque fois qu'ils n'arrivaient pas à réprimer cette pensée. Ils sonnaient en moyenne cinq fois – une par minute[9]. On ne s'étonnera pas que nos pensées vagabondent, même sur des sujets interdits, quand nous sommes seuls et désœuvrés. L'information intéressante, c'est ce qui arrivait quand les mêmes participants devaient ensuite, pendant cinq minutes, *s'efforcer de penser* à un ours blanc. Quand cette instruction succédait à celle donnée initialement de *ne pas* y penser, ils sonnaient près de huit fois. En revanche, quand ils devaient *essayer* de penser à un ours blanc, mais sans avoir dû précédemment *ne pas* y penser, ils sonnaient moins de cinq fois. Comme si la tentative de réprimer une pensée donnait à celle-ci une énergie particulière pour resurgir ensuite. Après que les participants avaient essayé de ne pas penser aux ours, cette même pensée leur revenait sans cesse. Invités à évaluer leur impression à l'issue de l'expérience, ceux qui avaient réprimé initialement cette pensée disaient être maintenant perturbés par elle.

Tel est l'aspect paradoxal des désirs. Tenter de les réprimer sape nos meilleures intentions et compromet nos objectifs. Cela contrecarre nos bons comportements en les transformant en tortures. Comme le dit Daniel Wegner, « nous restons éveillés en nous inquiétant de ne pas trouver le sommeil, et nous passons, mentalement, nos journées dans le réfrigérateur quand nous voudrions faire un régime[10] ». Il y a dans l'exercice du contrôle « un aspect réfractaire qui, semble-t-il, revient toujours hanter nos tentatives de diriger notre psychisme ».

À ce stade, quand nos désirs non satisfaits nous travaillent et que notre motivation est au plus bas, notre moi conscient et pensant entre en scène. La conscience est simpliste et nous fournit sans peine de quoi justifier notre renoncement. Notre psychisme conscient excelle dans l'art de l'excuse. Vous pouvez en un éclair justifier la pizza d'hier soir (vous aviez sauté le déjeuner) ou la séance de gym manquée d'aujourd'hui (problème de genoux). Ce talent nous permet de cesser enfin de nous battre contre nous-mêmes et notre environnement. Nous voilà ramenés à la case départ.

*

Nos vies pourraient être bien différentes si nous mettions à profit la science émergente qui nous apprend comment, quand et pourquoi agissent les habitudes. Pour une composante aussi essentielle de la condition humaine, elles sont paradoxalement contre-intuitives. Comme nous le verrons, leur caractère inconnaissable est un trait distinctif qui leur permet de bien faire ce qu'elles font : persister malgré nos intentions conscientes d'agir autrement.

Notre moi conscient et vigilant – cette part de nous-mêmes que nous percevons à tout instant quand nous prenons des décisions, exprimons des émotions ou exerçons une volonté – est celui auquel nous avons affaire au quotidien. Nous avons certes la capacité d'entrer en introspection… mais en affrontant le casse-tête philosophique de demander à notre propre appareil perceptif et cognitif de se comprendre lui-même. Nous ne pouvons connaître que les éléments connaissables de notre expérience.

Les habitudes ont un fonctionnement si bien huilé que nous y prêtons très rarement attention. Le domaine de l'habitude est à ce point autonome que l'on est en droit de le regarder comme un *second moi* – une part de vous-même qui vit dans l'ombre du psychisme pensant que vous connaissez si bien. Comprendre comment cela fonctionne requiert toutes les ressources de la psychologie et des neurosciences.

Par moments, bien sûr, nos habitudes suscitent l'intervention de la pensée consciente : ayant décidé de communiquer avec nos collègues de vive voix plutôt que par messages, nous mettons à la corbeille ce mail courroucé que nous avions, par automatisme, commencé à écrire ; nous nous souvenons qu'il faut économiser l'eau et fermons le robinet de la douche ; nous pensons à couper notre téléphone quand nous sommes à table avec les enfants. Nous entamons une action de contrôle exécutif, ou *processus perceptif descendant,* en soumettant nos habitudes indésirables à la censure de nos bonnes intentions.

C'est ainsi que vivent nombre d'entre nous. Notre moi conscient et décidant se dresse contre nos réactions mues par l'habitude et l'automatisme. Nous sommes constamment soumis, comme dans une sorte de guerre intérieure, à la force d'attraction de nos mauvaises habitudes.

Mais il existe une autre voie.

Nous pouvons modifier nos habitudes indésirables et en forger de bonnes, en cohérence avec nos objectifs. Quand la réponse automatique est celle qui convient, habitudes et objectifs sont en harmonie. Nous n'avons plus besoin de faire appel à la volonté. C'est le retour sur investissement de ce livre : apprendre, au milieu des écueils du quotidien, à créer les bonnes habitudes, celles qui travaillent efficacement *avec* et non pas *contre* nous.

Le fait est que nombre de vertus relèvent déjà de l'habitude. N'est-ce pas par automatisme que vous donnez un tour de clé quand vous sortez de chez vous, mettez le clignotant quand vous vous apprêtez à changer de file ou à tourner, embrassez vos enfants avant leur départ pour l'école ? Toutes choses, croirait-on, que l'on fait par intention, alors que ces réactions régulières et répétées sont très probablement des habitudes. Agissant de façon si efficace et silencieuse que nous croyons être mus par des décisions conscientes.

Lorsque les habitudes et les objectifs concordent, ils se conjuguent sans heurts pour guider nos actions. Le plus souvent à notre insu. Nous agissons par habitude sans avoir à le décider.

Comme nous le verrons, le psychisme des habitudes est, à bien des égards, moins impressionnant que notre moi conscient et pensant. Il reçoit assurément moins d'attention, mais travaille avec une remarquable efficacité. Nous réagissons sans y réfléchir aux signaux de l'environnement, dans une sorte de *traitement perceptif ascendant* du monde tel que nous le percevons en continu. Vous pénétrez dans votre bureau ? Un coup d'œil à votre agenda du jour. Vous tenez une bouteille vide à la main ? À la poubelle ! On sonne à la porte ? Vous ouvrez. Telle est la voie facile de l'habitude, par laquelle nous persistons en vue de nos objectifs.

Quels comportements voudriez-vous changer ? Vous souhaiteriez dîner plus souvent en famille ? Trouver des modes de communication plus libres avec vos salariés au bureau ? Épargner pour votre retraite ou pour les études de vos enfants ? Profiter davantage de l'offre culturelle à votre disposition ? Tout cela peut s'intégrer dans cette part de votre vie guidée par les comportements d'habitude, entrer dans vos automatismes. Les habitudes travaillent pour nous comme nos décisions conscientes ne le pourront jamais.

CHAPITRE 2

LES PROFONDEURS ENFOUIES

Les chaînes de l'habitude sont trop légères
pour qu'on les sente, jusqu'à ce qu'elles soient
trop fortes pour qu'on les brise.
SAMUEL JOHNSON

Mais que sont vraiment les habitudes ?

C'est précisément sur cette question qu'a porté une grande partie de mon travail. Avant d'apprendre comment promouvoir les bonnes habitudes et rompre avec les mauvaises, il nous faut comprendre comment elles fonctionnent dans notre vie.

Je me suis intéressée aux habitudes après avoir identifié la nature particulière de la persistance. Toutefois, leur étude est délicate parce qu'elles échappent, par nature, à la connaissance de la personne qui agit en fonction d'elles. Comment être sûrs que les participants de notre expérience nous donnaient des informations claires et probantes sur un phénomène dont l'utilité tient au fait de rester caché à notre psychisme conscient ?

Après de nombreux faux départs, j'ai eu connaissance d'une technique de recherche dite *échantillonnage d'expérience,* dans laquelle les sujets rendent compte de ce qu'ils font à mesure qu'ils le font. C'était une méthode inédite de recueil des données.

L'instantanéité de cette approche laissait supposer qu'elle pouvait saisir l'expérience *d'agir par habitude,* si tant est qu'une telle chose existe.

Nous avons commencé avec un petit groupe d'étudiants de l'université A&M du Texas[11]. Chacun recevait un paquet de calepins et de crayons à garder sur soi. On leur confiait aussi une montre programmée pour sonner toutes les heures. Au signal, ils devaient s'arrêter et noter ce qu'ils étaient en train de faire et de penser. L'un d'eux, par exemple, indiquait : « Je regarde des jeux télévisés et je réfléchis donc aux réponses. » Un autre, qu'il était en cours et pensait : « Qu'est-ce que je suis fatigué ! » Ils évaluaient aussi sur une échelle la fréquence à laquelle ils avaient eu auparavant le même comportement dans ce même contexte – même heure, même lieu.

Avec les technologies d'aujourd'hui, il suffirait de programmer les téléphones des participants. Nos montres-réveils rudimentaires posaient des problèmes singuliers : *quid* du sommeil ? Beaucoup finissaient par les enfouir au fond d'un tiroir pour ne pas être dérangés par les bips chaque heure de la nuit.

Au bout de deux jours, les participants rendaient les calepins.

35 % des comportements décrits se produisaient de manière quasi quotidienne et au même endroit. Ces actions étaient routinières, mais cela justifiait-il de les qualifier d'« habitudes » ? Pouvions-nous dire que manger, faire du sport ou travailler à l'ordinateur étaient des « habitudes » ? Notre postulat était qu'une habitude vraie doit être exécutée automatiquement, sans directive consciente. Pour en juger, nous demandions aux participants de noter la pensée présente pendant l'action. C'était très souvent une pensée terre à terre. Untel, en train de cuisiner : « J'ai déjà poivré ? », ou bien : « J'ai une de ces faims ! » Ces pensées correspondaient à des actions. Certains étaient en train de surveiller leurs actions pendant qu'ils les exécutaient ou de s'expliquer à eux-mêmes quelle raison ils avaient de les

effectuer. En revanche, s'ils notaient quelque chose comme : « Oh ! ma série commence dans une demi-heure ! » tout en préparant à manger, nous codions sans hésiter cette action en tant qu'exécution automatique sans directive consciente.

Cette approche combinée – saisir à la fois les comportements routiniers et les pensées concomitantes – a mis en évidence le *mode opératoire* des participants pour exécuter les comportements qu'ils répétaient quotidiennement. Les résultats s'avéraient surprenants : pour plus de 60 % des actions, ils ne pensaient pas à ce qu'ils faisaient à cet instant ; ils étaient en train de rêvasser, de ruminer, de prévoir… Par exemple, un étudiant en pleine séance de sport notait cette pensée : « Où est-ce que j'aimerais aller décompresser pour les vacances de printemps ? » L'image d'un mojito sous le soleil, au bord de la piscine, faisait peut-être fonction d'antalgique pour les douleurs de l'entraînement. Mais ici, l'absence de toute pensée liée à l'activité physique ne révélait aucun lien conscient. La mécanique de l'action n'occupait aucun espace dans le psychisme conscient. Il ne s'agit pas là de l'inconscient refoulé freudien, mais d'une autre façon qu'a le psychisme de fonctionner hors de notre conscience.

Ce qui ne veut pas dire que les sujets de l'expérience ne pensaient jamais à leurs comportements habituels : même si peu d'entre nous réfléchissent vraiment au fait de se brosser les dents, cela nous arrive néanmoins (avant un rendez-vous important ou quand le tube de dentifrice est vide). Quant à ce qui fait prendre conscience aux gens de leurs habitudes, nous avons pu identifier un facteur déclenchant particulièrement intéressant : la présence des autres. Le simple fait d'être en compagnie d'autrui suffit à ce que l'on tourne le regard vers soi-même et que l'on se mette à surveiller de près ce que l'on ferait normalement sans y prêter beaucoup d'attention. Un truc qui peut être utile si jamais vous avez le sentiment d'être peu conscient de vos habitudes (et voudriez l'être davantage) : voyez du monde. Vous prendrez aussitôt une meilleure conscience de vous-même.

Mais revenons à notre étude : comme on pouvait s'y attendre, les habitudes les plus courantes consistaient à prendre sa douche, se brosser les dents, aller se coucher et se lever. Voilà les événements qui avaient lieu le plus souvent pendant que le sujet de l'expérience pensait à autre chose. Jusque-là, rien de bien nouveau pour la connaissance scientifique. Mais s'agissant d'autres constatations, il en allait tout autrement. Nous nous attendions à relever des différences quantitatives entre les participants quant à la part de leur comportement régie par leurs habitudes. Certains en avaient peut-être beaucoup, avec des journées structurées autour du travail, des repas, des contacts avec les autres, de l'exercice physique. D'autres, pensions-nous, seraient des esprits libres, moins soumis à un cadre. L'hypothèse n'était pas seulement issue de notre propre expérience : c'est une croyance ancrée dans la culture et un thème littéraire classique. Aux deux extrêmes, on trouve le Phileas Fogg de Jules Verne, au régime quotidien d'une précision métronomique, réglé jusqu'au moindre détail, et la Scarlett O'Hara de Margaret Mitchell, surnageant dans un océan de catastrophes par la grâce de l'improvisation. Nous nous attentions à trouver des Phileas Fogg, des Scarlett O'Hara et tous les degrés intermédiaires.

Il n'en fut rien. Aucune différence de personnalité entre les participants n'expliquait la part plus ou moins grande de la vie régie chez eux par l'habitude. Le caractère individuel n'entrait pas en ligne de compte. Chacun semblait se reposer sur l'habitude au même degré, à peu de chose près. Il était temps d'écarter notre prévision sur ce point.

Autre découverte intéressante, il s'est avéré que tout ou presque relevait de l'habitude : 88 % de l'hygiène quotidienne ; 55 % des tâches liées au travail ; soulever des poids, courir, faire du sport (environ 44 %) ; se reposer, se relaxer, rester assis dans le canapé (environ 48 %).

Même les distractions peuvent être consommées en pilotage automatique : lorsque les participants regardaient souvent la télévision dans le même contexte, il y avait de fortes chances pour qu'ils le fassent en pensant à autre chose. Comme si nous n'avions pas besoin de fixer notre attention sur une chose pour qu'elle nous divertisse. Pour les émissions télévisées récurrentes et la musique, seule une attention sporadique était requise. La notion peut sembler évidente ou familière, mais elle révélait une qualité de l'habitude encore peu étudiée jusqu'alors : son caractère inépuisable. Les émissions télévisées sont des composés hautement codifiés d'auteurs, d'acteurs et de publicitaires professionnels, dont chacun fait le maximum pour capter et conserver votre attention. La télévision moderne est à l'avant-garde de la créativité humaine en matière de distraction. Pourtant, cette séduction habile finit par être submergée par la force de l'habitude, laissant votre psychisme conscient libre de penser au rendez-vous redouté du mercredi suivant.

À l'occasion d'une seconde étude, nous avons demandé aux participants de noter non pas une seule action et une seule pensée, mais absolument tout ce qu'ils étaient en train de faire et de penser à chaque bip. Ce qui pouvait donner, par exemple : téléphoner tout en travaillant sur l'ordinateur et en écoutant de la musique. Avec ces comptes rendus plus complets, la part estimée de l'habitude dans les comportements augmentait un peu pour atteindre 43 %.

C'était la première enquête sur l'expérience quotidienne de l'habitude et nous la voulions exacte. Nous craignions que ces résultats ne reflètent un trait spécifique à nos participants, les journées d'un étudiant étant par exemple strictement rythmées par ses horaires de cours. Une telle structure, pensions-nous, pouvait artificiellement créer des schémas d'habitude. C'est pourquoi nous avons décidé de renouveler l'expérience avec des personnes de tous âges. Nous pourrions ainsi voir si les gens recourent plus ou moins aux habitudes selon les étapes du cycle de vie. Pour cette dernière étude, nous sommes allés dans une salle de sport et avons recruté des pratiquants de fitness[12]. Nos participants étaient âgés de 17 à 79 ans. Chacun suivait la même procédure : calepins, montres-réveils sonnant toutes les heures et compte rendu sur deux jours. Nous avons recherché des différences en fonction de l'âge et n'en avons trouvé aucune. Nous avons également recherché des différences liées à la personnalité, là encore sans relever d'influence sur l'habitude.

En revanche, cette nouvelle étude a permis de dégager quelques perspectives nouvelles. Les personnes travaillant à plein temps avaient des journées légèrement plus structurées. Un pourcentage supérieur de leurs actions était habituel. Leur temps de travail important créait davantage de répétitions dans des contextes récurrents. Les gens qui vivaient avec d'autres, en particulier des enfants, avaient un peu moins d'habitudes – comme si l'influence des autres favorisait la flexibilité. Cela se conçoit. La présence des autres dans notre vie amplifie tout simplement son taux de chaos : ils attrapent des maladies, ont des promotions, partent en vacances, sèment du désordre et plus généralement, perturbent nos routines. Pourtant, quand des participants représentatifs de toute cette palette de modes de vie étaient inclus dans le calcul, le pourcentage total des actions régies par l'habitude dépassait légèrement 43 %, soit un calque à peu près exact de l'étude menée auprès des étudiants.

Les médias, un certain nombre de blogs et des livres grand public ont donné un large écho à ce travail. Ils en ont d'ailleurs souligné l'un des aspects que nous n'aurions pas cru être le plus palpitant : on a pu lire partout que nous avions évalué la fréquence de l'habitude dans la vie quotidienne. 43 % du temps, nos actions sont habituelles, exécutées indépendamment de notre pensée consciente. Nous avions fourni la première mesure de la fréquence avec laquelle on agit par habitude, laquelle s'avérait bien plus élevée que ce que les connaissances de l'époque laissaient supposer.

Néanmoins, j'avais la sensation obsédante d'un travail encore inabouti. Nous avions tenté de lever le voile de la conscience pour identifier les mécanismes à l'œuvre dans les actions répétées. Mais en réalité, nous en avions appris davantage sur ce que les habitudes *ne sont pas* que sur ce qu'elles *sont*. Nous avions marqué leurs contours dans la vie des gens et ouvert un champ très vaste sur notre carte de la connaissance de soi, mais ce champ, quoi qu'il en soit, restait vierge. Nous savions désormais qu'une part importante de nos vies est régie par l'habitude, mais rien de la façon dont se créent les habitudes.

Les nouvelles percées attendraient. Je tenais au moins, au moment de refermer ce projet de recherche, une piste sérieuse sur ce qui était à venir : nous avions appris que l'on peut rendre à peu près n'importe quel comportement plus habituel, à condition de le réaliser chaque fois de la même façon. Quand on parle d'« habitudes » au sens courant du terme, on se réfère très probablement à une catégorie spécifique de comportements communément désignés comme tels : se brosser les dents, envoyer un courriel de suivi ou sortir sa carte bancaire à la caisse. Mais la catégorie des habitudes est bien plus large qu'on ne croit. En fait, elle ne connaît pas de véritables limites.

Je commençais à comprendre que la notion d'habitude concerne la *manière* de réaliser une action, et non pas la *nature* de celle-ci. Cette idée n'allait pas rester sans conséquence.

*

Ce que nous ne *savons pas* à propos des habitudes remplit des volumes entiers : livres d'histoire, d'économie, guides de santé, manuels du couple, journaux intimes dormant dans nos tiroirs – partout s'étalent nos incapacités historiques, scientifiques et personnelles à comprendre pourquoi nous continuons à faire ce que nous faisons. Blogs en ligne et livres grand public délivrent des conseils apparemment plausibles, mais généralement dénués de base scientifique, pour acquérir les habitudes propices à l'efficacité professionnelle, à une alimentation saine, à un mariage heureux, à une bonne fonction parentale et à une gestion financière prudente. Ils mentionnent rarement cette caractéristique fondamentale de l'habitude : cette dernière agit hors de notre perception consciente.

Nous n'avons qu'occasionnellement conscience d'agir par habitude. Ce sont en général les mauvaises habitudes que l'on remarque : dépenser des fortunes (encore !) dans les boutiques, se ronger les ongles ou rester collé devant la télévision tard le soir quand on doit se lever tôt. Nous remarquons aussi les habitudes agaçantes des autres, en souhaitant qu'ils en soient plus conscients – par exemple la collègue systématiquement en retard aux réunions, qui mange bruyamment à son bureau ou qui oublie ses déchets dans les espaces communs. Nous remarquons ces habitudes indésirables chez nous et chez autrui parce qu'elles font obstacle aux objectifs que nous poursuivons. Signe sans doute de la plus grande attention qu'elles suscitent, le moteur de recherche de Google enregistre à ce jour 291 millions de recherches pour « mauvaises habitudes », contre 265 millions pour « bonnes habitudes ». Pour le dire autrement, les mauvaises habitudes se font remarquer.

Mais les habitudes que vous connaissez, les mauvaises en particulier, ne sont pas celles qui comptent le plus dans votre vie. Celles qui guident vraiment vos comportements passent largement inaperçues. Vous vous souvenez des 43 % ? Si je vous demandais à brûle-pourpoint la liste de toutes vos habitudes, croyez-vous que leur proportion dans vos comportements quotidiens approcherait si peu que ce soit de ce pourcentage ? Bien sûr que non.

Pas seulement parce que certaines de nos habitudes bien enfouies nous échappent, mais aussi parce que notre moi conscient s'arroge souvent le mérite d'habitudes que nous avons remarquées – et valorisées positivement. Nous présumons que c'est par amour de nos enfants que nous leur lisons une histoire tous les soirs, par désir d'économie que nous jetons un coup d'œil aux promotions à chaque visite au supermarché, par souci de sécurité que nous bouclons notre ceinture chaque fois que nous montons en voiture.

Les psychologues appellent *illusion introspective*[13] cette confiance démesurée envers nos propres pensées, sentiments et intentions. À cause de ce biais cognitif, nous surestimons l'emprise de notre état d'esprit sur nos actions. Nous sommes immergés dans nos sensations, nos émotions, nos pensées ; ces expériences intérieures d'une grande force annihilent notre capacité à identifier d'autres influences susceptibles d'affecter nos comportements, en particulier les influences inconscientes que sont nos habitudes. Nous avons par conséquent la certitude exagérée d'agir selon nos intentions et nos désirs. Ce phénomène sous-tend probablement le mystère de l'habitude. Notre curiosité sur nous-même est d'ores et déjà satisfaite par la croyance que nous faisons ce que nous faisons parce que nous le « voulons ». C'est flatteur et valorisant, mais c'est faux.

L'illusion introspective se mesure. Une étude a été menée dans laquelle on demandait aux personnes présentes dans un magasin d'identifier le meilleur article parmi quatre paires de bas en nylon[14]. Les bas étant identiques, la tâche aurait dû être impossible. Pourtant, les clients les examinaient et les comparaient avec soin. Et en moyenne, ils préféraient la paire placée tout à fait à droite quatre fois plus souvent que celle placée tout à fait à gauche. Ils justifiaient leur choix par des raisons variées, sans qu'aucun ne mentionne spontanément l'emplacement des paires de bas. Mais quand on les interrogeait directement sur ce point, ils niaient quasiment tous avoir été influencés par la position respective des articles. Selon les chercheurs, beaucoup accompagnaient leurs dénégations d'un « regard inquiet vers l'enquêteur suggérant qu'ils avaient l'impression, soit d'avoir mal compris la question, soit d'avoir affaire à un fou[15] ». L'hypothèse des auteurs était que les choix étaient influencés par « l'habitude de consommation consistant à déambuler dans les rayons en différant son choix sur les vêtements que l'on voit en premier, du côté gauche, au profit de ceux que l'on voit ensuite, du côté droit[16] ». Bien que les clients n'aient pas conscience de cette habitude, ils agissaient sous son emprise. Ce faisant, ils n'avaient aucune explication claire de leur choix. Pour le moi conscient, il est logique que nos préférences reposent sur d'autres critères, tels que l'aspect et la texture de chaque article.

Les habitudes ne sont pas les seules influences inconscientes que nous négligeons de voir quand nous expliquons nos comportements. Les étudiants, a-t-on constaté, font même abstraction du désir de gagner de l'argent lorsqu'il n'est pas au premier plan de la conscience. Pour une expérience, certains étudiants lisaient les plans imaginés par un de leurs condisciples pour gagner de l'argent. Dans un second temps, ils devaient choisir entre deux quiz, intitulés respectivement « La politique américaine » et « Le gouvernement américain ». L'un des quiz comportait des images représentant de l'argent. Après avoir lu le récit du début, les étudiants avaient tendance à choisir le quiz, quel qu'il soit, où l'on voyait ces images. C'était comme si l'évocation initiale de l'argent orientait leur choix ultérieur pour le quiz. Rationnellement, cela n'a aucun sens : il n'y avait pas d'argent à gagner, quel que soit le jeu choisi. Mais comme nous l'avons vu avec les ours blancs de Daniel Wegner, nous pouvons être mis en condition pour faire une fixation sur à peu près n'importe quoi – l'idée de l'argent étant forcément plus tentante que celle de l'ours. Plus intéressant : les étudiants semblaient en grande partie ignorer cette influence. Après avoir lu le récit initial, ils ne disaient pas penser davantage à l'argent. Et quand ils classaient dans l'ordre la liste des raisons possibles de leur choix de quiz, ils donnaient, en moyenne, le moins d'importance à leur désir de gagner de l'argent et à l'image représentant de l'argent dans l'un des quiz. Le facteur dominant selon eux était leur préférence pour « la politique » ou « le gouvernement ». Ici encore, le moi conscient se fait plus grand qu'il n'est et récuse les influences inconscientes. Nous faisons des hypothèses plausibles et flatteuses sur ce qui détermine nos actions.

Le crédit exagéré que nous accordons à notre expérience consciente fait sens à certains points de vue. Beaucoup de nos habitudes sont utiles et l'on n'agirait peut-être pas différemment si l'on réfléchissait attentivement à la marche à suivre.

Par exemple, une habitude séquentielle comparaison-achat est efficace. Il n'y a aucune raison de réévaluer les items d'une présentation d'articles quand ils sont tous également bons. Il est logique, en revanche, de choisir le dernier article examiné. L'illusion commence quand, incapables de reconnaître les habitudes inconscientes auxquelles nous obéissons, nous nous livrons à l'introspection et inventons involontairement des explications à nos actes.

Il existe une autre explication au fait de surestimer le rôle des intentions conscientes : cela nous réconcilie avec nos propres choix, qui deviennent logiques à nos yeux. Nous imaginons que le dernier article examiné l'emporte par sa couleur, sa texture ou sa qualité, et ne remettons pas notre choix en question. Ou bien nous subissons l'attirance de caractéristiques non pertinentes d'une tâche (opter pour « la politique » ou « le gouvernement »), puis nous estimons satisfaits de notre préférence.

Mais il y a un inconvénient de taille. Si notre conscience bruyante et égoïste s'arroge tout le mérite des actes accomplis par le moi silencieux des habitudes, nous n'apprendrons jamais à exploiter correctement cette ressource cachée. Les habitudes resteront un partenaire muet, plein d'énergie potentielle, mais jamais invité à donner toute sa mesure. L'intrusion du moi conscient nous interdit de tirer profit de nos habitudes.

*

Dans l'une des premières études examinant si le vote pouvait être une habitude, j'ai analysé avec les politologues John Aldrich et Jacob Montgomery huit élections nationales ayant eu lieu entre 1958 et 1994[17]. Notre recherche ne portait pas sur les habitudes de vote en faveur d'un parti ou d'un candidat déterminé, mais sur le simple fait de se rendre au bureau de vote et de voter. C'est une chose que l'on ne fait pas si souvent, et il ne s'agit donc pas d'une habitude évidente, mais même ce comportement traduit des tendances évocatrices de l'habitude.

Dans une démocratie, bon nombre d'éléments dépendent de ceux qui mettent un bulletin dans l'urne. Cela peut littéralement déterminer la santé, la prospérité et le bonheur d'un pays. La science politique a construit des modèles sophistiqués pour expliquer pourquoi certains se rendent aux urnes et d'autres pas. Ces modèles confortent nos intuitions : les électeurs votent quand ils sont fortement motivés pour le faire – soit qu'ils se sentent concernés par le résultat, soit qu'ils pensent que leur vote peut faire la différence, soit qu'ils se reconnaissent dans un parti, soit qu'ils aient été démarchés par un parti. En l'absence de telles motivations, ils restent à la maison.

Nous savions par les données électorales si les citoyens avaient voté lors d'une élection particulière, ce qu'ils avaient pensé de cette élection et la fréquence de leur participation dans le passé. Mais seules certaines personnes, avons-nous découvert, votaient quand elles jugeaient une élection importante. Les modèles politologiques (et nos intuitions) ne fonctionnaient pas pour celles qui avaient déjà voté à plusieurs reprises dans le passé. Celles-là continuaient à voter même quand les élections suscitaient peu leur intérêt. Il semblait qu'elles construisaient des habitudes qui les amenaient automatiquement à voter. La simple fréquence de la participation électorale passée était donc un premier indicateur suggérant un comportement lié à l'habitude ou à une décision consciente. Des habitudes plus fortes apparaissaient avec une participation plus fréquente.

Les comportements électoraux sont précieux pour l'étude des habitudes parce que nous votons régulièrement, selon des procédures contrôlées, et que ce type d'actions est solidement documenté. Ce sont de bonnes données. Mais l'intervention cachée de l'habitude dans le vote a de quoi intriguer. L'élection, dans une démocratie représentative, est l'une des trois occasions dans lesquelles chacun de nous est compté. Les deux autres – le recensement et l'impôt – sont passives. On vous prélève quelque chose (des données, de l'argent). Voter, c'est différent. Votre moi entre en scène, vous manifestez vos préférences et votre vision pour le pays. Dans une démocratie, le vote est un moment d'unification. Il établit une brève connexion entre vous et le reste de la nation, durant laquelle vous êtes invité à exprimer vos souhaits sur son fonctionnement. Le fait que nous votions ou pas, et pour qui, devrait constituer un parfait exemple de *raisonnement motivé,* dans la mesure où nos décisions sont guidées par nos valeurs. En ce sens, la recherche a démontré que le fait de réfléchir à la politique fait appel aux régions neuronales impliquées dans l'émotion et la prise de décision[18].

Et pourtant, même à cet instant, les habitudes peuvent dicter leur loi. Il n'y a simplement aucun domaine qu'elles ne puissent investir.

Notre étude sur le vote comportait un autre volet. Le fait peut sembler évident à première vue, mais il a d'énormes implications : en déménageant, les gens rompaient avec le caractère répété et habituel du vote. Cela semblait les inciter à penser de façon plus consciente à l'acte de vote. Après un déménagement, les électeurs réguliers, comme on le devine intuitivement, ne votaient que s'ils étaient très motivés. Ce qui est logique, puisque le déménagement transforme à nouveau le vote en une démarche pesante. Il faut se réenregistrer dans sa nouvelle mairie, mais aussi apprendre de nouvelles façons de procéder : trouver l'emplacement du bureau de vote, peut-être se munir d'autres preuves d'identité… On ne répète plus de manière automatique un comportement passé.

Le contexte imprègne notre compréhension de l'habitude. S'il reste stable – vous continuez à vivre au même endroit, prenez le même chemin pour aller au travail, continuez à vous asseoir dans le canapé tous les soirs –, alors vous répétez automatiquement vos comportements passés. Ce sont des environnements propices pour cultiver et perpétuer les habitudes.

*

L'invisibilité de l'habitude dissimule une énorme emprise sur notre comportement. Une énorme emprise, d'une énorme importance : les types de comportements gouvernés par l'habitude sont des questions immédiates de vie et de mort. Voyez par exemple les services que nous rend l'habitude lors de notre visite hebdomadaire au supermarché. Une expérience sûrement répétée des centaines de fois. Même voiture, même itinéraire, même destination, voire même liste de courses. Cet environnement est une occasion en or pour que l'habitude prenne les rênes. Pendant ces dix minutes passées au volant, nous pilotons sans la moindre difficulté une tonne et demie de carbone, d'acier et de plastique, avant de pratiquer de complexes calculs géométriques pour nous faufiler sur la dernière place libre. Tout cela en pilotage automatique, avec des savoir-faire acquis par la répétition.

Mais parfois, l'imprévu fait irruption dans le territoire familier qui s'étend entre le supermarché et la maison. Un ballon déboule sur la chaussée, poursuivi par une petite fille ; un couple de personnes âgées met plus longtemps que prévu pour traverser ou un autre automobiliste qui n'a pas anticipé que le feu passait au rouge franchit l'intersection à pleine vitesse.

Tout retard de réaction devant l'un de ces événements peut entraîner une tragédie. Plus de la moitié des accidents de la circulation surviennent dans un rayon de 8 kilomètres du domicile, lors d'un déplacement local – un trajet à la supérette, à la laverie, ou l'un de nos innombrables allers-retours dans notre quartier[19]. Certes, nos accidents surviennent majoritairement près de chez nous parce que c'est aussi là que nous conduisons le plus. Or c'est dans notre environnement immédiat que nous sommes censés connaître par cœur les virages sans visibilité et les carrefours traîtres – c'est là que nous devrions être le plus en sécurité. Mais dans un paysage familier, les habitudes prennent le dessus. Notre attention se relâche et nous commençons à méditer sur les événements du jour ou le programme du lendemain. La plupart du temps, l'aller-retour au supermarché a pour seule conséquence de remplir les placards. Les habitudes donnent aux choses les plus périlleuses et difficiles une apparence de facilité et de sécurité. Pour autant, conduire une voiture n'en reste pas moins l'activité la plus risquée que la plupart d'entre nous pratiquent tous les jours[20].

Aux États-Unis, les accidents de la route tuent quelque 40 000 personnes par an et en blessent 4,6 millions ; les routes européennes sont plus sûres et provoquent moins de décès par habitant[21]. Les chiffres américains marquent une hausse sur la période récente, en partie à cause de ce que l'on appelle la « distraction au volant ». En voiture, il nous est tous arrivé d'entendre le *ping !* familier d'un texto. Il est tentant d'attraper le téléphone et de le lire. Rationnellement, nous connaissons les risques. Mais conduire, surtout près de chez soi, est une seconde nature. C'est pourquoi beaucoup d'entre nous prennent leur téléphone et lisent le message, voire y répondent. Selon une étude, cinq conducteurs américains sur dix disent lire leurs messages au volant, et un tiers disent en écrire[22]. Même si nous résistons à la tentation du téléphone, bien d'autres distractions captent notre attention : choisir une station de radio, saisir une adresse sur le GPS, boire et manger, chercher à attraper un objet sur le siège passager…

Autant de comportements d'une extraordinaire stupidité – mais qui illustrent le non moins extraordinaire potentiel inhérent à l'habitude. Qui peut s'emparer de l'un des actes les plus risqués du quotidien et le transformer imperceptiblement en toile de fond de notre existence. Il n'y a que les conducteurs novices, qui comptent uniquement sur leurs décisions conscientes, pour ressentir l'adrénaline et les moments d'effroi qu'en toute logique nous devrions tous éprouver sur la route. À mesure que se forment les habitudes de conduite, la large palette de compétences que requiert cette machinerie incroyablement complexe devient un simple bruit de fond de nos pensées – et de nos textos – de tous les jours. Avec la pratique viennent les habitudes, bonnes ou mauvaises, tandis que les décisions conscientes s'estompent.

*

Nous avons examiné jusqu'ici les habitudes concernant le vote et la conduite. Ce sont là des actions concrètes et tangibles que nous pouvons observer et comprendre. Il est assez logique que la répétition puisse en faire des habitudes qui persistent. Mais qu'en est-il d'aboutissements plus insaisissables ou obscurs, ceux par exemple de la création artistique ? La persistance liée à l'habitude leur est-elle bénéfique ?

Dans le cadre d'une étude riche d'enseignements[23], menée avec quarante-cinq humoristes professionnels du SketchFest, le grand festival du rire de San Francisco, chacun recevait les arguments de base d'un sketch et disposait de quatre minutes pour imaginer le maximum de chutes. Par exemple : « Quatre personnes sur scène qui rient aux larmes. Deux d'entre elles se tapent dans la main, d'un seul coup les rires s'arrêtent et quelqu'un dit : ... »

Chaque humoriste a trouvé environ six chutes pendant ses quatre minutes. (Un exemple : « Et voilà comment les frères La Glue sont restés main dans la main ! ») Tous les participants devaient ensuite prédire combien de chutes supplémentaires ils pourraient trouver s'ils avaient quatre minutes de plus. Leur moi conscient prévoyait une production moindre, estimée en moyenne à cinq nouvelles chutes.

Mais ils se sont alors vu accorder ces quatre minutes de plus. Et le nombre de nouvelles chutes trouvées a dépassé leur estimation de 20 % : ils avaient sous-évalué ce dont la persistance est capable.

S'ils avaient eu l'habitude de persévérer dans de tels exercices d'imagination, ils seraient restés concentrés sur la tâche et auraient produit davantage d'idées qu'ils ne l'escomptaient, sans que leurs anticipations et leurs désirs n'influent en rien. Avec une forte habitude de persévérer, ils auraient continué à essayer de trouver des idées et cela avec succès, malgré leurs prédictions pessimistes.

Ce même schéma s'est vérifié dans d'autres études faisant appel à des exercices de créativité. À l'instar des humoristes, quand des étudiants travaillaient pendant quelques minutes sur un exercice, puis évaluaient quelle serait leur productivité s'ils poursuivaient quelques minutes de plus, ils sous-estimaient les bénéfices de la persévérance. Ils anticipaient un moindre rendement du prolongement de leurs efforts. Chose surprenante, quand l'ordre donné était de persister dans la tâche entreprise, non seulement ils produisaient des solutions plus nombreuses qu'ils ne l'avaient prévu, mais aussi plus créatives. Et quand des évaluateurs indépendants lisaient les résultats produits, les idées trouvées à la fin de la session étaient jugées meilleures – plus créatives – que celles du début. Mise à l'épreuve, la persistance ne faiblissait pas ; elle continuait de produire. Notre méprise est compréhensible. Nous savons que les efforts de notre contrôle exécutif s'épuisent avec le temps. Nous finissons par nous lasser d'essayer de contrôler notre comportement et de prendre des décisions réfléchies. L'attention fléchit, la motivation décline. Mais notre moi des habitudes – siège de la persistance – est d'une tout autre matière. Une matière que nous pouvons faire agir.

Nous pouvons tous mieux utiliser nos 43 %. Nous pouvons synchroniser la force d'attraction profonde et opiniâtre de l'habitude avec nos intentions conscientes et nos objectifs de long terme.

CHAPITRE 3

À LA DÉCOUVERTE DE VOTRE SECOND MOI

Si seulement les jeunes comprenaient qu'ils ne seront bientôt qu'un paquet d'habitudes ambulant, ils prendraient plus de soin de leur conduite pendant qu'ils sont encore à l'âge de la plasticité. Nous fabriquons notre propre destin, et nul n'y peut plus rien changer.

WILLIAM JAMES

L'un des postulats de base qui présidèrent à ma formation doctorale était qu'en modifiant les attitudes, on peut modifier les comportements. Une fois convaincus des bienfaits d'une politique pro-environnement, les gens devaient nécessairement agir en conséquence, par leur vote, en signant des pétitions et en défendant la cause. Telle était la pensée scientifique de l'époque, mais j'ai vite compris qu'elle avait peu d'adeptes, du moins parmi mes collègues de laboratoire.

Bon nombre de mes nouveaux collègues étaient des behavioristes radicaux ; je ne tardai pas à découvrir leur hostilité à ma logique, dans laquelle ils voyaient une *fiction explicative.* La première fois qu'ils employèrent l'expression, je n'avais aucune idée de ce qu'ils voulaient dire sinon que, pour un scientifique, tout ce qui évoque de près ou de loin une fiction est forcément mauvais. Je réintégrai mon bureau pour entamer la lecture de l'éminent behavioriste B. F. Skinner. J'y appris que la fiction, pour un behavioriste radical, est de croire que nos attitudes et nos croyances commandent nos actions par un processus *descendant.* Mes collègues rejetaient la prétendue évidence qui veut que nos conceptions mentales déterminent nos sensations et nos réactions. Ils avaient une tout autre philosophie.

Le comportementalisme connut son âge d'or au milieu du siècle dernier. Skinner plaçait des pigeons dans des boîtes spécialement conçues pour observer et mesurer leurs réactions aux stimuli. Il faisait l'hypothèse que les humains (et les pigeons) apprennent de leurs réponses aux stimuli de l'environnement pour obtenir des récompenses et éviter des punitions. Cette approche a bientôt eu valeur de doxa dans notre discipline. Pour des behavioristes radicaux comme Skinner, l'idée que nos attitudes puissent influencer nos actions revenait à dire que nous sommes mus par les esprits. Il y avait à l'époque une image en vogue pour caractériser les actions humaines : un standard téléphonique appariant signaux sensoriels entrants et actions sortantes. Les gens – à travers les habitudes développées par l'apprentissage – étaient censés répondre aux stimuli de leur environnement par des réactions déterminées, induites par les récompenses et les punitions.

Mais il arrive toujours un tour pendable à la doxa scientifique : dès qu'elle commence à se draper du manteau de l'autorité, elle éveille une curiosité scientifique aiguë. Avec l'arrivée des années 1980, la psychologie s'est éloignée du behaviorisme pour glisser vers l'acceptation du contrôle descendant du psychisme. Un historien des sciences relèverait que ce glissement vers la reconnaissance de la puissance humaine d'agir (ou d'un psychisme agissant et contrôlant) s'est produite quand les enfants des années 1960 sont entrés dans la vie professionnelle en apportant avec eux leur croyance en la capacité de l'individu à changer la société. Quoi qu'il en soit, Skinner était une étoile morte quand j'ai commencé ma carrière. Il subsistait cependant, ici et là, quelques gardiens du temple – dont mes premiers collègues.

Ironie du sort, la première critique du behaviorisme vint d'un chercheur qui étudiait les rats dans un labyrinthe[24]. Edward Tolman, psychologue de l'université de Californie, avait observé que lorsque les rats entraient dans un labyrinthe sans récompense, ils l'exploraient et semblaient apprendre son tracé pour se constituer une « carte cognitive ». Quand une récompense était ensuite introduite sur le parcours, ils la localisaient rapidement, semblant faire une utilisation flexible de la connaissance spatiale acquise antérieurement. L'idée que des rats puissent réaffecter une connaissance acquise antérieurement ébranlait le socle même du behaviorisme. Ils ne semblaient pas réagir de façon impuissante et désordonnée à une succession de stimuli internes et externes.

Il n'a pas fallu longtemps aux psychologues pour comprendre que, si les rats font un traitement flexible de l'information, c'est aussi le cas des humains[25]. Cette découverte a contribué à ce que notre discipline nomme avec emphase la *révolution cognitive* des années 1960. Les expériences de psychologie cognitive ont commencé à démontrer que la mémoire était organisée et motivée. Elle ne répondait pas uniquement à des associations ascendantes entre stimuli, réactions et récompenses ; il se produisait aussi beaucoup d'interventions du haut vers le bas – une intervention utile, de celles que notre appareil exécutif pratique si bien. On s'est aperçu que les gens acquièrent plus vite les concepts et les mémorisent mieux quand ils peuvent les classer par groupes. C'est un cas type de cognition descendante. Par exemple, les mots « chaise », « bureau », « canapé » et « table » sont mieux mémorisés que des mots sans rapport entre eux tels que « chaussure », « cerise », « loup » et « moteur ». Sujet plus épineux encore pour les behavioristes, la motivation se révélait aussi être un facteur. Quand les gens ont faim, ils écoutent et mémorisent mieux les mots « steak » et « biscuit » que « papier » et « vaisseau spatial ».

Ce fut un tournant pour la psychologie. La pensée créative et flexible entrait dans l'arène. Le champ de la psychologie tout entier bascula de l'étude des apprentissages et du comportement à celle du psychisme.

Malheureusement, la révolution cognitive avait aussi ses angles morts. Les habitudes semblaient un objet trop simple pour cette nouvelle approche prête à jeter sa lumière sur les sommets de la pensée et de l'expérience humaines. Les cognitivistes tournaient en ridicule les théories de l'apprentissage, ces « conceptions de l'humain du type stimulus-réponse, presse-bouton[26] ». Les études sur la puissance d'agir et la décision chez l'homme ont fait table rase des travaux antérieurs sur l'habitude. Nous sommes passés d'une vision de l'homme comme automate guidé par son environnement à un être de motivations et d'intellect agissant à volonté sur son milieu.

J'ai bientôt quitté mon premier poste pour un département aux conceptions plus actuelles. Il m'est pourtant resté quelque chose de ma confrontation initiale avec le behaviorisme. La question majeure de la psychologie : « comment est-ce que l'on *pense ? »* laissait fort peu de place à l'étude de ce que l'on *fait.* D'opiniâtres behavioristes faisaient même valoir ce point avant tout, arguant que Tolman laissait ses rats « enfouis dans la pensée ». La cognition seule, à l'évidence, ne valait rien pour naviguer dans un labyrinthe. Dans leur ruée vers l'étude de la mémoire, les psychologues semblaient oublier le comportement et l'environnement. Deux questions dont – mes collègues behavioristes m'en avaient convaincue – on ne pouvait négliger l'importance. Pour comprendre les humains, une synthèse s'imposait entre ces deux camps historiquement séparés. Il fallait trouver un moyen de voir le labyrinthe dans son ensemble, sans se cantonner à son recoin préféré.

L'histoire de la psychologie de l'habitude permet de penser que cette synthèse est imminente. L'essor, puis le reflux de l'intérêt des chercheurs pour l'habitude ressortent clairement dans le graphique ci-après, qui retrace la fréquence du terme

« habitude » dans les ouvrages scientifiques, comparé à d'autres expressions illustrant des aspects descendants de la puissance d'agir chez l'homme « but » et « évaluation ». Google permet de repérer des tendances à travers des corpus entiers en recherchant l'occurrence d'un mot donné dans la multitude d'ouvrages scannés dans sa base de données.

La courbe commence en 1890, année de publication des *Principes de psychologie,* l'ouvrage fondateur de Williams James et l'un des premiers textes de la science psychologique. C'était une période faste pour la reconnaissance de l'habitude. James était très en avance sur son temps pour la compréhension du second moi, cette part de soi qui vit dans l'ombre du psychisme conscient. Toutefois, ses hypothèses sont plus remarquables encore en ceci qu'elles ont ouvert la voie à nombre de développements ultérieurs de la psychologie expérimentale. On connaît sa phrase célèbre : « Plus nous confierons de détails de la vie quotidienne à la garde d'un automatisme sans effort, plus nous acquerrons d'autonomie à nos facultés supérieures et les rendrons libres de se consacrer exclusivement à leurs fonctions propres[27]. » Je n'y trouve rien à redire, sinon que lesdites « fonctions propres » ont un sens plus large aujourd'hui que pour un gentleman du XIXe siècle.

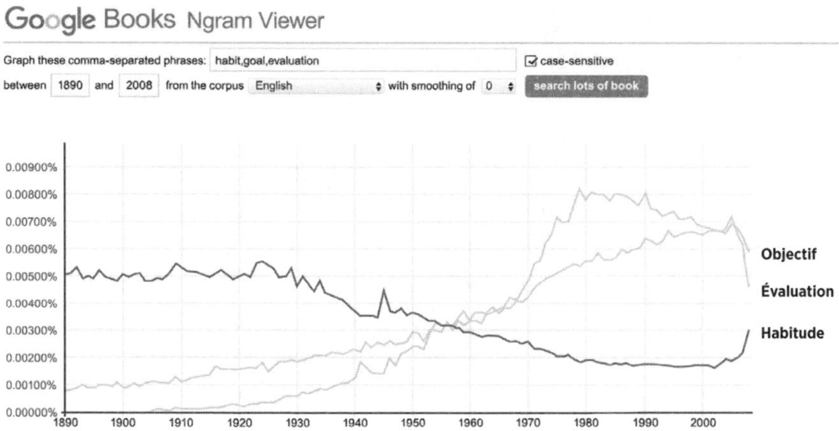

De façon à peu près concomitante à l'arrivée de la révolution cognitive, l'habitude passait de mode, du moins chez les auteurs de livres. Comme on le voit, leur fréquence d'usage de ce terme fléchit au milieu du XXe siècle, à mesure que celle de « but » et d'« évaluation » augmentait. Il semble que, dès lors, les psychologues décrivirent des êtres pensant à leurs intentions et objectifs plutôt qu'agissant sous l'empire de l'habitude. Les années 1980-2000 marquent un étiage de l'emploi du mot « habitude ».

L'étude scientifique de l'habitude n'a pas totalement disparu pour autant et l'essor rapide du mot au cours de la décennie écoulée montre une correction en cours. Quelles sont les causes de ce tournant ?

La technologie joue ici un rôle moteur, comme dans bien des domaines ces dernières années. La résurgence de l'intérêt pour l'habitude est en partie liée au développement de l'imagerie fonctionnelle par résonance magnétique (IRMf), qui permet de réaliser des mesures de l'activité cérébrale auparavant inimaginables. Chacun voit bien ce qu'apporte la visualisation du rendement du cerveau ou, du moins, du tracé de son activité quand il travaille ; mis à part le fait de se regarder dans une glace, il n'y a pas plus pur exemple d'introspection.

L'innovation et les perspectives offertes par cette avancée technologique ont incité les chercheurs à étudier dans toute leur étendue les capacités du psychisme et du cerveau. Ils ont ainsi commencé à noter que l'activité des aires cérébrales se déplaçait lorsque les gens effectuaient une tâche répétitive et que leur réponse prenait un caractère plus automatique. Techniquement parlant, lors de l'apprentissage initial d'une tâche, le cerveau présentait une activité plus marquée dans les aires impliquées dans la décision et le contrôle exécutif (les aires préfrontale et hippocampique). Avec la répétition, on voyait l'activité cérébrale augmenter dans d'autres aires neuronales (le putamen, dans les ganglions de la base[28]), comme si de nouvelles aires cérébrales se trouvaient impliquées à l'occasion d'actions répetées.

Ce qui suggérait des manières différentes de solliciter les systèmes neuronaux, l'une pour prendre les décisions initiales, l'autre pour persister dans ces décisions.

La renaissance de l'habitude était en marche. À la même période, la recherche sur la cognition commençait à découvrir des qualités similaires à l'habitude. L'une des études les plus réputées sur l'attention était d'ailleurs structurée comme les expériences behavioristes sur les tâches d'apprentissage des habitudes : voir apparaître un signal particulier, lettre ou chiffre, sur un écran (stimulus) ; presser un bouton « oui » ou « non » (réponse) ; entendre une tonalité indiquant si la réponse est correcte (récompense). Lors de l'apprentissage initial de cette tâche, les participants devaient prendre activement des décisions. Avec un minimum de pratique, les processus mentaux se schématisaient. Les participants ne se sentaient plus exercer un contrôle actif ; ils pouvaient faire autre chose en même temps et l'exercice n'exigeait que peu d'attention[29]. Selon l'explication des chercheurs, ils agissaient en fonction d'une « séquence apprise d'éléments de la mémoire à long terme[30] » initiée par des stimuli appropriés. Voilà comment les habitudes ont ressurgi dans la révolution cognitive sous une vieille dénomination jamesienne fraîchement réhabilitée : *l'automaticité.* La nouvelle version de l'habitude avait une empreinte cognitive dans la mémoire à long terme. Elle gagnait en précision et intégrait les progrès des neurosciences, notamment la compréhension du fonctionnement cérébral à travers une multitude de réseaux interconnectés. Notre psychisme ne se contente pas de prendre consciemment des décisions initiales ; il répond aussi répétitivement au moyen de l'habitude.

Les recherches menées sur les rats dans leur labyrinthe ont aussi apporté des connaissances fondamentales. Les rats, qui certes ne sont pas des humains, n'en acquièrent pas moins leurs habitudes d'une manière assez proche, comme nous allons le voir. Les travaux des précurseurs avaient déjà révélé un trait essentiel de l'habitude : apprenant pour la première fois à actionner dans leur cage un levier qui délivrait de la nourriture, les rats étaient concentrés sur l'obtention de la récompense. Les chercheurs en concluaient qu'ils étaient axés sur l'objectif et avaient une représentation de la récompense présente à l'esprit tout en appuyant à répétition sur le levier[31]. Si la récompense ne venait plus, les rats, rationnellement, cessaient d'appuyer. Mais tout cela changeait avec la répétition. Après avoir beaucoup pratiqué la séquence appuyer-manger, ils commençaient à agir par habitude. Le retrait de la récompense ne les arrêtait pas. Voyant le levier, ils continuaient à appuyer. Les chercheurs en déduisaient donc que le comportement était guidé par des repères familiers (la vue et le bruit du levier) et que la récompense en devenait presque accessoire. Au bout d'un certain temps, bien sûr, même les rats très entraînés cessent de presser un levier qui ne déclenche plus de récompense. Ce que cela révèle, c'est la nature surprenante de l'habitude : elle est une forme d'action relativement *insensible* à la récompense.

Ces trois courants de recherche ont suffi à ébranler les idées reçues. Neuroscientifiques, cognitivistes et chercheurs en cognition animale ont convergé vers une reconnaissance commune de l'habitude, chaque spécialité œuvrant indépendamment dans son domaine et chacune contribuant par sa perspective originale à l'image en train d'émerger.

Ces avancées étaient fascinantes, notamment dans cette conséquence : nous pouvons réaliser une certaine action une fois et c'est alors une décision, mais si nous la réalisons de la même manière à de multiples reprises, elle devient quelque chose de très différent et sollicite même des régions différentes de notre cerveau. C'était un modèle de l'habitude qui parvenait à incorporer beaucoup de ce que nous savions déjà intuitivement : quand on fait quelque chose pour la première fois, la récompense compte. Nous sollicitons le contrôle exécutif et décidons des actions utiles pour décrocher cette récompense. Les rats eux-mêmes semblent axés sur l'objectif et capables de décisions simples : « J'ai faim, donc j'actionne le levier et je vois si cela me donne à manger. »

Mais ce n'est que la première étape. Car ensuite, comme le pensait William James, les gens agissent par habitude « sans aucun objectif conscient ou sans aucune anticipation de résultats[32] ». Nos réactions n'ont plus pour visée d'obtenir des résultats ; elles sont automatiquement déclenchées par le contexte. C'est clairement le cas avec les rats : « Je suis dans le coin de ma cage dans lequel j'appuie toujours sur la manette, je vais donc appuyer », voici le traitement de la situation qu'opère le rat dans quelque recoin enfoui de son cerveau. Mais cela fonctionne aussi avec les humains : « Je suis dans ma cuisine, devant le réfrigérateur, donc je vais l'ouvrir », est le traitement de la situation que vous opérez dans quelque recoin enfoui de votre cerveau. Vous n'êtes plus en train de décider consciemment que vous avez besoin de manger quelque chose immédiatement : c'est une habitude.

*

Le temps était enfin venu de dire ce qu'est une habitude. Nous savions ce qu'elle n'est pas – une action requérant une intention et une pensée. Nous savions qu'accomplir la même tâche à répétition avait pour effet de réorganiser l'activité cérébrale. Nous connaissions aussi la force des habitudes, prêtes à guider nos actions dès qu'un contexte familier les déclenche. Il nous manquait encore une vision claire de ce qui intervient précisément dans le psychisme quand nous agissons par habitude.

Mon collègue David Neal et moi avons d'abord lancé une étude sur les habitudes de footing. Moi-même joggeuse très matinale, je portais à ce projet un intérêt tout personnel. C'était une habitude prise par nécessité, puisque je tenais à prendre le petit déjeuner avec mes fils avant leur départ pour l'école et le début de ma longue journée de travail. J'avais essayé un horaire plus tardif, mais entre la conduite des enfants chez le médecin après l'école et les visites chez leurs copains, ma séance tombait toujours à l'eau. Le tout début de matinée était mon seul moment de liberté. Ce fut une habitude difficile à prendre (l'appréhension de cette sonnerie de réveil à 6 heures, les toutes premières semaines…), mais j'aimais me sentir en forme et ce jogging régulier était le bon moyen de garder la ligne.

Que recouvre exactement « l'habitude de courir » ? Pour le savoir, nous avons enrôlé des étudiants de Duke University, à Durham (Caroline du Nord), dont certains couraient très souvent, régulièrement dans les mêmes lieux, et d'autres de façon occasionnelle ou pas du tout[33]. Avant le rendez-vous fixé pour l'expérience, tous avaient inscrit deux ou trois mots évoquant les lieux où (le cas échéant) ils avaient l'habitude de courir. Beaucoup avaient écrit « forêt », à cause des bois entourant le campus. Certains, « piste » et « gymnase ». Les participants nous donnaient aussi des mots indiquant les principaux objectifs qui les motivaient à courir (s'ils couraient), comme « décompresser », « poids » et « forme ».

Nous souhaitions savoir comment les gens qui ont l'habitude de courir organisaient dans leur mémoire les informations relatives à cette activité. Nous avons pour ce faire utilisé une procédure de reconnaissance lexicale empruntée à la psychologie cognitive pour tester la force des associations mentales entre l'action (courir) et le lieu (la forêt…) ou l'objectif (la maîtrise pondérale…).

Au labo, un mot cible apparaissait sur un écran et les participants pressaient une touche dès qu'ils le reconnaissaient. À leur insu, ce mot cible était précédé sur l'écran d'un premier mot qui s'affichait si brièvement qu'ils ne pouvaient pas le reconnaître consciemment, mais dont leur cerveau captait un aperçu furtif. Si les deux mots étaient associés dans leur mémoire, la vision de l'un, même ultra-rapide, devait leur faire venir le second à l'esprit. Par exemple, la lecture initiale de « café » devait faciliter la reconnaissance de « tasse ». Café + tasse est une association mentale forte et rapide. En revanche, avoir d'abord lu « peigne » ne peut accélérer la reconnaissance de « tasse ».

Un lieu de jogging s'affichait comme mot initial ; puis apparaissait le mot cible : « footing », ou « jogging ». Nous mesurions le temps nécessaire aux participants pour reconnaître ces cibles. Puis nous renouvelions la séquence avec l'affichage en mot initial d'un objectif lié au jogging et mesurions alors le temps nécessaire pour reconnaître « footing » ou « jogging ».

Les résultats étaient clairs : les joggers fréquents reconnaissaient les mots associés à cette activité plus vite que les autres, comme si elle était plus accessible dans leur psychisme. Rien de surprenant, puisque cela faisait partie intégrante de leur vie. Mais cela ne s'arrêtait pas à la rapidité globalement supérieure des réponses. Quand leurs propres lieux de jogging – « piste », « forêt »… – apparaissaient en premier sur l'écran, ceux qui avaient l'habitude de courir étaient particulièrement rapides pour reconnaître ensuite « footing » et « jogging ». Pour les joggers occasionnels, en revanche, les lieux de jogging n'évoquaient pas l'activité de courir. Ceux-là ne possédaient pas ces associations mentales fortes entre un lieu et un comportement, construites dans la durée par la répétition de l'action dans un même contexte.

Curieusement, pour les habitués du jogging, l'affichage flash en première position des objectifs liés à cette activité n'accélérait pas la reconnaissance de « footing » et « jogging ». Ils avaient cité, par exemple, « poids » ou « décompresser » comme objectifs qui les motivaient à s'entraîner, mais ces objectifs semblaient absents de leurs associations mentales. Ces mots ne leur évoquaient pas le fait de courir. Cela corrobore l'argument de William James selon lequel nos raisons d'agir deviennent sans importance quand nos habitudes sont à l'œuvre[34]. Cela corrobore également les résultats de mon étude initiale qui montraient que, dans le cas des actions répétées, les intentions et les objectifs des individus ne sont pas prédictifs de ce qu'ils feront effectivement.

En revanche, les objectifs semblaient compter pour les joggers *occasionnels* de notre étude. Quand l'un de leurs objectifs liés au jogging s'affichait en flash, ils étaient particulièrement prompts à reconnaître ensuite « footing » ou « jogging ». C'était comme si, ayant besoin de se motiver pour courir, ils avaient construit des relations mentales fortes entre leurs objectifs et l'exercice physique. Pour ceux d'entre eux qui avaient l'objectif de rester en forme, la vision initiale du mot « forme » faisait venir à l'esprit le mot « jogging ».

Les objectifs et les récompenses semblent essentiels pour commencer à faire quelque chose de façon répétée. Ce sont eux qui nous incitent en premier lieu à former bien des habitudes bénéfiques.

Nous en sommes arrivés à la conclusion que la vitesse avec laquelle les actions répétées sont déclenchées par un contexte joue un rôle essentiel dans l'habitude. Grâce à elle, les joggers continuent d'aller courir même quand ils sont fatigués. S'ils s'accordaient un moment de délibération, ils décideraient peut-être de s'abstenir ce jour-là ou de raccourcir leur parcours. Tout peut changer quand on s'arrête pour réfléchir.

La vitesse de pensée nous renseigne sur la façon dont l'habitude prend les commandes. En répétant une action, nous modifions sa représentation mentale. Nous transformons une action initialement motivée – c'est-à-dire accomplie en vue d'un objectif (par exemple garder la forme) – en une habitude construite par des liens mentaux forts entre contextes de performance et réponse de l'individu. Quand nous pensons à ce contexte, la réponse nous vient aussitôt à l'esprit. Le bénéfice de la rapidité mentale, c'est que l'action qui obéit à l'habitude est déjà déclenchée et sur le point de s'exécuter pendant que notre psychisme conscient, plus lent, est encore en train de décider d'agir différemment.

La formation de l'habitude ressemble beaucoup à l'apprentissage des mathématiques. Quand nous apprenons combien font 2 + 2, la plupart d'entre nous trouvent la réponse en additionnant

1 + 1 + 1 + 1. Mais après un peu de pratique, nous n'avons plus besoin de calculer et récupérons directement la réponse dans notre mémoire. D'où cette impression que 2 + 2 « fait penser » à 4, ou que le sentier près de l'étang « fait penser » que c'est le moment de faire un jogging. Quand nous agissons par habitude, nous récupérons les réponses que nous avons déjà expérimentées à des problèmes que nous avons déjà résolus auparavant.

Les souvenirs de l'habitude sont aisément activés. Ils nous simplifient la vie en résolvant la difficulté quotidienne de la décision dans un environnement saturé de choix. Les psychologues parlent de *chunking,* ou segmentation, qui est le fait de lier entre elles des unités d'information pour qu'elles forment un tout cohérent. Si vous avez l'habitude d'acheter un repas à emporter tous les vendredis soir au même endroit, il vous suffit de vous souvenir d'une seule séquence globale, et non pas de ses multiples phases (choix du restaurant, recherche du numéro, commande du menu, itinéraire). De même, l'habitude du petit déjeuner avec votre conjoint(e) relie dans votre mémoire différentes facettes en un seul tout : vous-même préparant le café, votre conjoint(e) apportant à table les bols et les éléments du petit déjeuner, et l'un et l'autre échangeant quelques commentaires sur la journée qui s'annonce tout en mangeant et en lisant les nouvelles.

Notre recherche a ainsi permis de relier mémoire, action, contexte et persistance, puis de dégager une définition pratique de l'habitude : *une association mentale entre un indice contextuel et une réponse qui se développe à mesure que nous répétons une action dans le même contexte en vue d'une récompense.* (Nous examinerons plus tard comment une habitude installée peut continuer d'opérer sans pérennisation des récompenses.) Cette définition s'appuie sur d'autres dynamiques mentales bien connues, telles que le chunking et l'apprentissage par renforcement (nous y reviendrons), en y ajoutant la répétition. Voilà pour la définition analytique et neutre. Mais voici maintenant une définition abrégée du même concept : *l'automaticité en lieu et place de la motivation* – automaticité qui apparaît lorsque nous apprenons de la répétition de la réponse. L'habitude transforme le monde qui vous entoure (votre contexte) en incitation à agir.

Cette sensation de facilité, de fluidité et d'automaticité de l'action exécutée par habitude n'est ni fortuite ni accessoire dans le mode de fonctionnement de l'habitude. L'absence d'effort en est une propriété distinctive. La situation déclenche la réponse de la mémoire, et vous agissez. Votre système exécutif est court-circuité. Le plaisir réside dans le fait que l'action s'accomplisse sans avoir à lever consciemment le petit doigt. Si vous avez déjà eu à encadrer des salariés, vous savez bien (je vous le souhaite) ce que l'on ressent quand la personne à qui on commence à donner une instruction vous interrompt : « C'est fait ! »

Vous posez les doigts sur un clavier d'ordinateur et vous tapez du texte sans effort. Vous voyez votre enfant en larmes, et vous attrapez automatiquement un mouchoir.

Même si, pour certains chercheurs, habitudes et automaticité sont une seule et même chose, les habitudes ne sont en réalité qu'une forme de l'automaticité. L'automaticité a plusieurs saveurs, tout comme la pensée consciente peut revêtir bien des formes. Nous pouvons par exemple former des impressions conscientes au sujet des autres en soupesant soigneusement les avantages et inconvénients d'être ou non de leurs amis ou bien, par un jugement instantané, décider qu'ils nous plaisent parce qu'ils sont intelligents ou sympathiques. De même, nous avons de multiples formes de réaction automatique aux gens, par exemple un mouvement de recul instinctif devant une voix tonnante *(réflexe)* ou un penchant intuitif s'ils utilisent le même savon au parfum délicat qu'un de nos vieux amis (conditionnement pavlovien)[35]. Même les objectifs et les idées peuvent être actionnés automatiquement par notre environnement[36]. Ce sont là autant de formes différentes d'automaticité et chacune opère à sa façon. Il existe même parfois une intrication entre ces autres types d'automaticité et nos habitudes (par exemple avec le *transfert instrumental pavlovien*). Néanmoins, l'automaticité de type habitude revêt une importance particulière pour nous, car elle constitue un fondement des comportements persistants.

Dans notre quotidien, nous acquérons spontanément ces différentes associations mentales. Jusqu'ici, vous vous êtes créé naturellement des habitudes en vivant votre vie, par la répétition multiple des mêmes actions dans les mêmes contextes. Bien que vous n'en ayez pas conscience, votre moi des habitudes travaille avec zèle. Il n'est pas regardant sur ce qu'il apprend. Répétition, récompenses, contextes : il ne lui en faut pas plus.

Si, par exemple, c'est vous qui accompagnez vos enfants à leur entraînement de foot du samedi matin, vous pourriez vous enorgueillir de vos capacités parentales et de votre sens de la convivialité. Mais il ne s'agit sans doute que d'habitudes acquises avec le temps. Supposons : un jour, vous étiez un peu en avance pour récupérer les enfants ; vous avez bavardé un moment avec les autres parents et c'était agréable. La coach vous a demandé un coup de main pour ramasser le matériel. Les premières fois, vous avez consciemment décidé de l'aider. Elle vous en a beaucoup remercié(e) et vous avez senti sur vous les regards favorables des autres parents. Au bout d'un moment, vous vous mettiez à la tâche sans trop y penser. La répétition aidant, vous avez formé une habitude de « parent du foot » tout en passant du temps avec des amis. Désormais, quand vous voyez le terrain jonché de matériels divers, ramasser et ranger vous vient naturellement à l'esprit. Vous le faites, c'est tout.

Naturellement, les habitudes indésirables se créent de la même façon. Vous jouez tard le soir à des jeux vidéo. L'insomnie guette. Votre moi conscient se sent coupable de ce défaut de maîtrise de soi. Ici encore, ce n'est qu'une habitude qui s'est construite à votre insu. Une nuit, peut-être, n'arrivant pas à chasser l'ennui ou la nervosité et encore moins, à trouver le sommeil, vous avez commencé à surfer sur Internet et vous avez essayé un jeu vidéo. Si cela s'est répété nuit après nuit, vous avez fini par vous créer l'habitude de rester devant votre console plutôt que d'aller au lit. Passé une certaine heure, l'idée des jeux vidéo vous vient automatiquement à l'esprit. Votre moi des habitudes a construit une habitude problématique à partir d'un moment d'ennui, d'un ordinateur à disposition et de la gratification addictive de ces jeux.

Heureusement pour nous, les habitudes se construisent sur des récompenses passées. Dans la vie quotidienne, c'est une caractéristique commode. L'habitude a pour logique fondamentale que, lorsque nous continuons à faire ce que nous faisons, nous continuons à obtenir ce que nous obtenons. Les habitudes sont un raccourci pour obtenir encore cette récompense : il suffit de refaire ce que nous avons déjà fait dans le passé. Les récompenses peuvent perdurer et rester opérantes dans la formule de l'habitude. Cela signifie qu'il n'est pas nécessaire de continuer à nous les procurer pour nous-mêmes et que, même si nos valeurs et nos intérêts changent avec le temps, nous n'avons pas besoin d'actualiser les récompenses pour qu'elles conservent leur validité. Il suffit qu'un jour, nous ayons été récompensés pour une action qui est devenue une habitude.

En psychologie, nous avons un nom pour les scénarios automatiques que notre cerveau assemble lorsque nous faisons la même chose de façon répétée et identique : la *mémoire procédurale*. Ce réceptacle d'informations a une telle importance que seuls les schémas ayant la plus grande fréquence de répétition y sont conservés. Son fonctionnement est relativement séparé des autres systèmes mnésiques et l'information spécifique encodée ici n'est pas accessible à la conscience. Ce type de codage cognitif est un équivalent mental des fichiers « administrateur seulement » de votre ordinateur. Le bon fonctionnement de celui-ci suppose que vous n'alliez pas semer naïvement le désordre dans ses codes les plus essentiels, stockés bien à l'abri derrière plusieurs couches d'opacité. Voilà pourquoi nous ne savons que peu de choses sur nos habitudes. L'information apprise en tant qu'habitude reste, dans une certaine mesure, isolée des autres régions neuronales.

Le codage procédural protège l'information du changement. C'est l'intérêt du mode de codage des habitudes propre à notre psychisme. Faire du vélo ne s'oublie pas, indépendamment de tous vos progrès dans l'apprentissage du skateboard ou du surf. Des années après avoir arrêté, il suffit de remonter en selle pour trouver l'équilibre et appuyer sur les pédales sans y penser. Vous pouvez même, tout en roulant, tenir une conversation ou regarder le paysage. Votre habitude n'a pas disparu sous des strates de nouvelles pensées et de nouvelles expériences.

D'autres habitudes sont presque aussi tenaces. Parler une seconde langue, jouer d'un instrument ou cuisiner son plat favori sont des compétences qui ne s'estompent que lentement à mesure qu'on les néglige. Les apprentissages procéduraux anciens se conservent bien.

En revanche, d'autres formes de mémoire sont plus vulnérables au changement. C'est particulièrement le cas pour la mémoire épisodique, où sont conservés les souvenirs d'expériences spécifiques de la vie. À la barre d'un tribunal, c'est de ce système mnésique que dépend le témoignage des témoins oculaires. Il est notoirement peu fiable, même quand les témoins s'efforcent de restituer les faits avec toute l'exactitude possible. Chaque fois qu'ils en parlent avec d'autres personnes, ils remplacent et modifient la trace mnésique originale. Elle se mêle à d'autres expériences auxquelles ils ont été exposés postérieurement à l'événement. C'est pourquoi le témoignage oculaire le plus fiable est généralement la version initiale, la moins contaminée, notamment quand les témoins sont sûrs de leurs premières déclarations[37].

Les circuits neuronaux de l'habitude sont très différents. Ils ont la capacité spécifique de retenir les réponses récurrentes. Chaque fois que nous agissons de la même façon, la trace mnésique se renforce un peu plus. Au fil du temps, l'habitude s'ancre très solidement dans la mémoire procédurale. Avec des mois de pratique, mon plus jeune fils a appris le coréen à l'Institut des langues étrangères du Département de la Défense. À l'inverse, il a rapidement oublié les mots de vocabulaire mémorisés une seule fois.

*

Agir par habitude a d'autres bienfaits. Cela libère votre psychisme conscient de tâches pour lesquelles il est conçu, comme résoudre des problèmes. Le système exécutif n'a plus besoin de gérer les routines du quotidien. Une fois que nous nous en remettons aux habitudes, le psychisme peut se consacrer à de plus hautes tâches.

L'ancien président Barack Obama et le fondateur de Facebook, Mark Zuckerberg, avaient bien compris l'intérêt d'abandonner à l'habitude leurs tâches routinières. Chacun portait quasiment la même tenue tous les jours[38]. Le costume bleu ou gris était de rigueur pour Obama, tandis que Zuckerberg porte toujours un T-shirt gris. Chacun a identifié le choix vestimentaire conforme à sa position et s'y tient. Interrogé par *Vanity Fair* en 2012, Obama déclarait : « J'essaie de m'épargner des décisions. Je ne souhaite pas décider ce que je mange ou ce que je porte parce que j'ai bien assez de décisions à prendre par ailleurs. » En écho, Zuckerberg disait de son côté en 2014 : « Je ne veux pas m'encombrer de ça, pour avoir le moins possible de décisions à prendre sur quoi que ce soit d'autre que la meilleure façon d'être utile à la collectivité. » Depuis qu'il a quitté la Maison-Blanche et changé de contexte, on voit souvent Obama en pantalon de toile et chemise à carreaux. Nouveau rôle, nouvelles habitudes vestimentaires. Peut-être s'adonne-t-il au petit plaisir de choisir plus consciemment son apparence ? Désormais, il a certainement moins d'obligations qui pèsent sur son système exécutif.

Les deux hommes ont compris la dualité de nos capacités mentales. Ils ont tiré profit des propriétés de l'habitude, qui rendent le psychisme conscient plus disponible pour les situations inédites auxquelles la vie nous confronte. Parmi les défis à relever pour Obama et Zuckerberg, le pilotage de la première puissance mondiale et celui du plus important réseau social.

Tous deux se sont évité la décision consciente du choix de leur tenue pour tel ou tel jour, sans jamais déroger au code vestimentaire de leurs fonctions respectives.

Leurs réflexions font écho à celles d'Alfred North Whitehead, le célèbre mathématicien et philosophe britannique des XIXe et XXe siècles, qui évoquaient les avantages de signes de notation mathématique tels que + ou =. On peut lire dans son texte sur les mathématiques de 1911 : « En soulageant le cerveau de tout travail inutile, une bonne notation lui donne la liberté de se concentrer sur des problèmes plus difficiles et accroît de manière effective les capacités mentales[39]. » Avec la notation adéquate, quelque chose d'aussi philosophiquement complexe que la nature du « plus » devient un élément simple et connu dans une équation. Notre psychisme bénéficie pareillement des bonnes habitudes. Avec une habitude établie de faire de l'exercice ou une routine de travail efficace, nous gagnons en disponibilité pour nos décisions sur d'autres opportunités et d'autres défis. Les habitudes sont l'équivalent de la notation pour notre moi comportemental.

*

Tout cela ne se résume pas à une question de commodité. Il s'avère que, par lui-même, le mécanisme cognitif à l'œuvre dans les habitudes sauve des vies dans les situations de catastrophe et gagne des matchs sur un terrain de football américain.

Pour les besoins d'une étude devenue un classique, trente-six officiers de pompiers ont raconté comment ils avaient attaqué un feu particulièrement difficile[40]. Il s'agissait d'officiers aguerris, comptant vingt-quatre années de service en moyenne. Ils ont décrit toutes sortes d'expériences du feu – incendies d'habitations, d'hôtels, de commerces et d'une station de pompage de pétrole. Il y a de multiples manières de combattre un feu et les auteurs cherchaient à comprendre comment les pompiers soupèsent les différentes options possibles pour choisir la meilleure. Par exemple, avant de pénétrer dans un bâtiment par l'entrée principale, se posaient-ils la question d'utiliser un autre accès, peut-être plus sûr ? Avant de pointer la lance sur tel ou tel endroit, identifiaient-ils d'autres objectifs, éventuellement plus payants en termes d'efficacité ? Des chronologies détaillées étaient établies pour identifier les points de décision durant chaque intervention.

En réalité, les entretiens ont révélé que les officiers délibéraient *rarement*. Les chercheurs ont détecté peu de points de décision. « Dans aucun des cas ou presque, l'officier [commandant l'opération] n'a même rapporté avoir pris une décision, au sens où il aurait comparé deux options ou plus et tenté d'en sélectionner une[41] », écrivent-ils. Même devant l'obligation de décrire leurs décisions, les officiers ne défendaient pas la supériorité des options choisies par rapport à d'autres.

Tout au contraire, ces officiers expérimentés agissaient avec peu de réflexion. Ils identifiaient un ensemble d'indices ou d'aspects de la situation qu'ils avaient souvent rencontrés sur d'autres feux : plan du bâtiment, couleur, quantité et toxicité de la fumée ; rapidité d'évolution ; vitesse et direction du vent. Ces indices provoquaient des conclusions immédiates, sur la base des expériences passées, et les pompiers entraient en action. Comme l'expliquent les auteurs, « les options étaient choisies sans qu'il soit fait état d'aucun examen, évaluation ou analyse conscients. Dans la plupart des cas, les [indices] déclenchaient une cognition immédiate de ce qu'il y avait à faire, et l'action était engagée[42]. »

La réaction des pompiers apparaissait fondée sur une récupération mnésique automatisée en une seule opération. Ils semblaient d'ailleurs se fier à ce processus. Leur psychisme transformait ces situations très tendues en agrégats de signaux et de réponses. Lorsqu'il s'agit d'une question de vie ou de mort, les habitudes offrent une voie d'action.

La lutte contre les incendies peut se comparer au football américain en ceci qu'il s'agit de deux métiers à risques où l'on trouve beaucoup de gens pleins de talent et très forts physiquement. Mais les similarités s'arrêtent là. C'était du moins mon avis jusqu'à ce que je discute avec Clay Helton, l'entraîneur principal de football américain de l'université de Californie du Sud, de ses objectifs d'entraînement[43]. « Tout le problème, m'a-t-il expliqué, est d'éliminer la décision ; de prendre des décisions. La confusion crée l'hésitation, et l'hésitation crée la défaite. Parfois aussi la blessure. »

D'après lui, « chaque fois qu'un jeune n'y voit pas clair dans une phase de jeu, ça le ralentit parce qu'il y a un doute. Il faut que les joueurs vous disent : "J'ai connu ce scénario si souvent que je laisse mon cerveau [conscient] en dehors de ça. Je sais exactement ce que j'ai à faire sur la base de mes expériences passées et de la répétition." Je leur raconte toujours cette histoire à propos de Michael Phelps, le nageur olympique. Son coach avait l'habitude, pour finir la séance, de lui remplir d'eau ses lunettes de nage – au cas où. Si soudain, en pleine course, il n'y voyait plus rien, il ne paniquait pas, ne se troublait pas. Le coach faisait cela très systématiquement, à chaque entraînement. »

« Pendant l'entraînement, m'a encore dit le coach, on crée l'adversité. Que ce soit la charge d'un défenseur, une percussion, un bras qui vous ceinture, un défenseur qui essaie de vous agripper le maillot. Le tout, c'est de pouvoir dire : "Ça ne m'a pas gêné, le coach m'a déjà fait le coup des millions de fois." Ça élimine tout ce qui se passe autour du joueur, pour qu'il puisse se concentrer sur l'essentiel, comprendre ce que fait la défense et voir où va le ballon. Qu'il se dise : "C'est exactement ce que j'ai appris à faire à l'entraînement". »

Il y a une ressemblance frappante entre les processus de pensée des pompiers et ceux des joueurs de Helton. Dans les deux cas, ils identifient un indice et ont appris la bonne réponse à force de pratique. Ils sont capables de déchiffrer ces indices malgré la panique, la fumée ou la charge d'un défenseur de 140 kg. Sous sa légèreté et sa fragilité apparentes, le mécanisme de l'habitude cache en réalité une grande solidité.

CHAPITRE 4

CE QUE L'ON SAIT ET CE QUE L'ON FAIT

Il ne suffit pas de savoir, il faut appliquer ;
il ne suffit pas de vouloir, il faut agir.
JOHANN WOLFGANG VON GOETHE

Le petit déjeuner est une institution. Une institution qui semble se perpétuer. Tous ou presque nous soumettons à ses règles. Des études poussées ont prouvé qu'il était systématiquement le repas le plus sain de la journée[44]. C'est lui qui apporte le plus de calcium et de fibres. Il n'existe quasiment aucune variation d'un jour à l'autre dans sa composition nutritionnelle : ce que vous avez mangé mardi matin est sans doute exactement ce que vous mangerez vendredi matin.

Les aliments consommés au déjeuner et au dîner contiennent souvent davantage d'ingrédients qui posent problème, comme le sel ou les graisses saturées. Ces repas sont aussi responsables de l'essentiel des apports caloriques quotidiens.

Chez la plupart d'entre nous, le petit déjeuner est une habitude solidement ancrée. Si l'on utilise les outils fournis au chapitre précédent, on voit bien pourquoi : il est généralement pris dans le même contexte, soit dans la cuisine, soit sur la route. Or les indices contextuels répétés activent répétitivement les mêmes habitudes. Ajoutons à cela que le matin n'est décidément *pas* le moment des décisions conscientes. Souvent pressés, nous attrapons quelque chose dans le placard tout en essayant de fourrer dans les cartables les devoirs de la veille. Nous nous contentons d'agir : servir du jus de fruits, beurrer les tartines. À moins que nous ne partions en hâte sans avoir rien avalé pour nous arrêter dans un café sur le chemin du bureau.

Le petit déjeuner est la matrice d'une habitude. Avec lui, tout est contexte. Pour voir ce qui se produit quand nous tentons d'habitualiser la prise de nourriture sans compréhension réelle de ce qu'est l'habitude, il suffit d'évoquer un chiffre : cinq.

*

Combien de fruits et légumes faut-il manger chaque jour ? Vous n'avez pas longtemps à chercher : cinq. Ce nombre vient d'une des plus célèbres campagnes de santé publique jamais lancées.

Elle est née dans les champs californiens, en 1988, grâce à l'esprit avisé d'un directeur du Département californien de la santé, Ken Kizer. Les fermiers californiens – qui produisent près de la moitié de tous les fruits, fruits à coque et légumes cultivés aux États-Unis – cherchaient de nouveaux marchés. Ils trouvèrent un représentant plein d'ardeur au sein des services de santé de l'État. À la même époque, la science apportait la preuve que nos modes de vie contribuent à de nombreux facteurs de risque de cancer. Voyons-y un heureux mariage du commerce et de la science.

Comme l'écrit Ken Kizer, « entre le milieu et la fin des années 1970, on a vu apparaître des preuves très claires du rôle de l'alimentation dans la prévention du cancer, des maladies cardio-vasculaires et d'autres pathologies[45] ». Une étude scientifique de référence datant de 1981 relevait des risques évidents de développer un cancer lié à l'obésité et à la consommation de tabac[46]. D'ores et déjà, le message scientifique était clair : la qualité générale de l'alimentation et le tabac étaient des facteurs essentiels du risque de cancer.

À la même époque, cependant, on entendait beaucoup d'avis, mais peu de données concrètes sur la nécessité de manger des fruits et légumes. Pas de quoi décourager Ken Kizer. Il organisa un partenariat entre l'Institut national du cancer et l'agro-industrie californienne, qui prit la forme de la Produce for Better Health Foundation (Fondation des produits pour une meilleure santé). Ensemble, les partenaires de cette initiative donnèrent naissance au programme « 5 A Day for Better Health » (cinq par jour pour une meilleure santé). Comme on l'a vu si souvent dans ces dernières décennies, ce qui apparaît en Californie se propage ensuite dans le reste du pays, puis du monde. Pour finir, c'est l'Organisation mondiale de la santé qui a fait sien ce mot d'ordre.

Pour l'Institut national du cancer, le chiffre cinq était clair, concret, facile à retenir. Et la chance a voulu que l'Institut soit visionnaire : en 2014, une étude notait une petite baisse de la mortalité pour chaque unité quotidienne supplémentaire de fruits et légumes – jusqu'à une valeur approximative de cinq[47]. Une consommation supplémentaire ne réduisait pas davantage la mortalité.

Au départ, le programme a suscité énormément d'optimisme. On a tenu des points presse, lancé des campagnes de publicité avec des dessins rigolos et des jingles accrocheurs, envoyé les écoliers faire des animations dans les supermarchés. On a aussi créé une « Semaine nationale des cinq fruits et légumes » pour répandre la bonne parole, et distribué des livrets de recettes. Tous ces efforts ont payé. Au vu de toutes les données disponibles, ce programme d'éducation sanitaire a connu un succès étonnant. En août 1991, juste avant son lancement, l'Institut national du cancer et les producteurs avaient réalisé un sondage. Environ 8 % des Américains savaient qu'il fallait manger au moins cinq portions quotidiennes de fruits et légumes[48].

En 1997, de nouveaux résultats d'enquête montraient un changement spectaculaire : la règle des « cinq » était désormais connue de 35 % des Américains. En politique, une telle campagne ferait la fierté de n'importe quel conseiller.

Mais ce livre ne parle ni de campagnes ni de politique. Il a pour objet de vraiment changer des vies. La seule question qui vaille est donc celle des vrais comportements. Le but du programme était d'amener les gens à consommer plus de fruits et légumes. A-t-il porté ses fruits ?

Aux premiers temps de la campagne, entre 1988 et 1994, 11 % des Américains mangeaient cinq portions de fruits et légumes par jour[49]. Or, presque une décennie plus tard, ce chiffre restait le même. Si le changement au niveau de la prise de conscience était réel, le changement de comportement, lui, était inexistant.

En réaction, le gouvernement fédéral a renforcé ses ambitions : cinq portions de fruits et légumes, ce n'est peut-être pas assez. Le bon chiffre, c'est : « autant-qu'on-peut ». Depuis 2007, le programme a été rebaptisé Fruit & Veggies – More Matters (Fruits et légumes – plus, c'est mieux). Et désormais, il existe un « Mois des fruits et légumes » qui dure tout le mois de septembre.

Mais les Américains n'en démordent pas, si l'on peut dire. En 2013, ils n'étaient que 13 % à manger les deux portions quotidiennes de fruit recommandées et 9 %, les trois de légumes.

D'autres pays font un peu mieux : 29 % des Britanniques, par exemple, mangent leurs cinq portions par jour[50]. D'un certain point de vue, cela laisse perplexe. Les Américains ont peur du cancer – c'est leur inquiétude numéro un en matière de santé[51] – et les preuves que les fruits et légumes contribuent à réduire ce risque sont solides. Beaucoup de gens sont d'ailleurs convaincus aujourd'hui des bénéfices d'une consommation accrue de fruits et légumes. Nous savons tous que ce sont d'excellents aliments et qu'ils nous protègent de la maladie qui nous fait le plus peur. Nous savons ce que nous sommes censés faire… mais notre comportement ne change pas. Cela ne vous rappelle rien ?

Pourquoi ne pouvons-nous pas faire de la consommation quotidienne de fruits et légumes une institution de notre quotidien à l'égal, disons, du petit déjeuner ?

En réalité, nous le pouvons. Il suffit de savoir comment. La moitié environ de la préparation et de la consommation alimentaires relève de l'habitude. Nous mangeons tous par habitude. Comme nous l'avons vu dans le chapitre précédent, le simple fait de *savoir* quelque chose ne peut pas entraver une habitude bien ancrée – à cause du codage procédural qui protège l'habitude du savoir abstrait et du jugement. Ces 43 % de nous-même continuent d'agir, indépendamment de nos peurs et de notre sens des responsabilités.

On comprend très bien comment 43 % de notre alimentation peut devenir automatique. L'acte alimentaire rassemble tous les ingrédients de base de la formation de l'habitude : il est fréquent, souvent réalisé dans le même contexte et (initialement du moins) fondé sur la récompense. C'est presque l'archétype du candidat à l'habitude.

La preuve que l'acte alimentaire relève de l'habitude ressort d'une étude méticuleuse[52] qui a évalué ce que plus de 1 000 personnes mangeaient à chaque repas sur une période de quatre semaines. À la fin de chaque journée, les participants notaient les aliments consommés et transmettaient par mail ce rapport aux chercheurs.

Pour obtenir une vue détaillée, ceux-ci analysaient la composition nutritionnelle de chaque aliment – graisses, hydrates de carbone, fibres, sodium, calcium et calories. Comme nous l'avons vu, le petit déjeuner sortait du lot, à la fois en termes de nutrition et de régularité. Le déjeuner variait légèrement, selon qu'il était pris à la cafétéria de l'entreprise, au restaurant ou sur le coin du bureau. Le dîner laissait plus de place à l'improvisation. Selon cette étude, le week-end était un peu particulier[53], avec un apport calorique légèrement supérieur et une consommation d'aliments riches en calories intervenant un peu plus tôt dans la journée (merci le brunch !).

Du fait de son affinité avec la formation de l'habitude, l'acte de manger est aussi un truchement populaire et utile pour des recherches à plus large portée sur l'habitude. Il existe en particulier une étude qui va plus loin, en montrant comment des indices contextuels très spécifiques et très concrets peuvent nous déposséder silencieusement de notre puissance d'agir.

Les chercheurs fournissaient aux participants la totalité de leur nourriture et de leurs boissons pendant vingt-deux jours[54]. Pendant les onze premiers jours, certains recevaient des portions normales et d'autres, des portions plus abondantes de 50 %. Tous les participants étaient invités à en consommer autant ou aussi peu qu'ils le souhaitaient. Puis l'expérience s'interrompait pour tous pendant deux semaines. Lorsqu'elle reprenait pour les onze derniers jours, les participants ayant eu précédemment les portions normales recevaient les portions plus abondantes, et inversement.

Quand on leur servait les grosses portions, les participants ingéraient en moyenne quotidienne 423 calories de plus que lorsqu'ils recevaient les portions normales. On pourrait penser que, s'ils avaient reçu les portions normales dans la première phase, ils remarqueraient la différence et limiteraient leur consommation quand elles augmentaient. Mais ce rééquilibrage n'avait pas lieu. Ils continuaient à manger la même *proportion* de ce qu'ils trouvaient dans leur assiette, indépendamment de la quantité servie, ce qui leur faisait ingérer 4 636 calories de plus sur la période de onze jours où ils recevaient de grosses portions par rapport à celle où ils avaient eu les portions normales.

Dans la vie réelle, les portions ne varient pas aussi fortement en quelques semaines. En règle générale, c'est nous qui déterminons les quantités dans notre assiette, soit parce que nous préparons ce que nous mangeons, soit parce que nous passons nous-mêmes la commande. Mais l'intérêt de cette étude n'est pas de reconstruire nos habitudes alimentaires, c'est de montrer comment l'augmentation des portions sépare clairement les signaux qui déclenchent normalement la prise alimentaire – la quantité *relative* de nourriture sur l'assiette – des signaux internes dont nous croyons qu'ils nous guident, à savoir notre satiété. En séparant les signaux de l'habitude de la conscience, cette étude a prouvé que nous mangeons en réponse aux signaux disponibles : tant qu'il y a à manger dans l'assiette, nous mangeons.

Le plus intéressant, c'est que nous ayons si souvent une idée erronée des quantités que nous mangeons[55]. Ainsi, lors d'une étude menée dans une cafétéria, on servait certains jours aux clients une portion standard de pâtes au fromage (1 800 calories)[56]. Ils la consommaient presque entièrement (1 700 calories). Certains autres jours, les chercheurs demandaient à la cafétéria d'augmenter les portions de 50 % (à 2 600 calories), et les clients consommaient 43 % de plus (2 400 calories). Interrogés après leur repas, tous les clients jugeaient la quantité qu'ils venaient d'ingérer comme équivalente à celle de leur déjeuner habituel. Ils disaient aussi que la taille de la portion était la bonne pour eux. Difficile à croire, sauf pour des cyclistes de 18 ans !

Les étudiants consomment beaucoup de fast-food – certains jusqu'à dix fois par semaine. La moyenne s'établit à quatre fois par semaine, si l'on en croit une étude sur les habitudes de fast-food conduite par Mindy Ji et moi-même[57]. Nous avons demandé aux étudiants d'évaluer leurs *intentions* d'acheter du fast-food au cours de la semaine suivante. Les réponses allaient du Oui et Non tièdes au Oui absolument et Non catégoriquement.

Pendant la semaine suivante, ils devaient se connecter tous les soirs à notre site et indiquer combien de fois ils avaient acheté du fast-food dans la journée.

Les étudiants qui déclaraient une habitude forte – des achats fréquents, aux mêmes heures, aux mêmes endroits, intégrés à leur routine quotidienne – s'en tenaient à leur pratique habituelle même s'ils n'avaient pas eu *l'intention* d'acheter au fast-food cette semaine-là. Leurs intentions ne cadraient pas avec leurs habitudes. Autrement dit : bien souvent, nous ignorons ce que nos habitudes sont en train de faire. C'est comme si elles avaient une action parallèle, hors du champ de notre conscience. Les étudiants répétaient en pilote automatique l'achat et la consommation de fast-food. Mais *quid* de ceux qui n'avaient pas d'habitudes de fast-food ? C'est ce groupe qui était guidé par les intentions conscientes. Quand ceux-là disaient qu'ils allaient s'abstenir, ils le faisaient ; qu'ils allaient probablement manger du fast-food dans la semaine, ils le faisaient. Ces étudiants avaient un projet et, dépourvus des habitudes pouvant le déjouer, ils le réalisaient. Les parties de notre existence qui ne sont pas passées sous le contrôle du moi des habitudes restent bel et bien réceptives à notre volonté – réceptives aussi à la formation de nouvelles habitudes.

La campagne des cinq fruits et légumes par jour a fait chou blanc pour changer les comportements. Elle nous a appris à manger sainement, mais n'a pas touché aux 43 % de notre alimentation régis par l'habitude. Forts de ces informations, les Américains sont retournés au supermarché et ont choisi leurs produits de toujours – peut-être fidèles à leur habitude de ne pas mettre les pieds dans le rayon des fruits et légumes. Ils ont continué à grignoter des barres chocolatées et des chips. Leurs choix n'ont pas été influencés par le fait de connaître les effets de ces habitudes sur leur santé.

En fin de compte, cette campagne a apporté la démonstration du décalage saisissant entre ce que nous savons et ce que nous faisons. Un décalage qui a des origines profondes dans le cerveau humain.

*

Un nouveau modèle de voiture est assemblé dans une usine automobile ultra-moderne. Les milliers de pièces utilisant toutes sortes de matériaux – acier, aluminium, fibre de verre, cuir… – ont été dessinées par les ingénieurs de façon à se combiner en un seul tout. L'assemblage n'est que la reconstruction physique d'une voiture existant déjà, mystérieusement, dans l'esprit de ses concepteurs. C'est un produit ingénieux et efficient.

Le cerveau humain n'est pas assemblé sur plan et n'est ni ingénieux ni efficient. C'est un collage prodigieusement extravagant de toutes sortes de pièces. Il ne s'est pas construit d'un coup d'un seul, comme un organe isolé. Il s'est développé par saccades, tout au long de l'histoire de notre espèce. De nouvelles zones neuronales et de nouvelles fonctions mentales sont apparues aux côtés de celles qui existaient déjà. À mesure que ces régions nouvelles grandissaient, changeaient et, parfois, disparaissaient, elles modifiaient les capacités du psychisme humain. Résultat, notre cerveau possède des milliards de neurones comprenant de multiples éléments interconnectés, dont chacun peut avoir évolué à des périodes différentes. Des *réseaux neuronaux* distincts sont spécialisés dans des fonctions légèrement différentes.

Grâce à des technologies avancées telles que l'IRMf dont nous avons parlé au chapitre 3, les chercheurs peuvent suivre les schémas d'activation cérébrale à travers les variations du débit sanguin et, ainsi, déterminer quelles sont les régions neuronales impliquées quand nous réalisons une tâche de façon répétée – autrement dit quand nous développons une habitude.

Cela vaut la peine de regarder à quoi ressemble ce processus sur le plan neurologique. Le changement commence avec la conscience de soi et il n'y a pas d'accès plus concret à la conscience de soi que de plonger le regard dans sa propre neurobiologie.

Le processus de formation de l'habitude commence souvent avec nos décisions. Nous formons l'intention de faire quelque chose dans le but d'obtenir un certain résultat. La première fois que vous vous lancez dans une nouvelle recette ou que vous essayez d'utiliser l'application que vous venez d'installer, vous prenez des décisions et réfléchissez aux choses à faire pour arriver au résultat souhaité. Quel ingrédient est-ce que j'ajoute maintenant ? Quelle fonction de l'appli dois-je activer ? Ajoutez le bon ingrédient, et vous obtenez la récompense de goûter pour la première fois un plat délicieux. Appuyez sur la bonne icône, et voilà, vous avez validé les données pour envoyer un message ou enregistrer un événement. Vous apprenez ce qu'il faut faire pour décrocher la récompense escomptée.

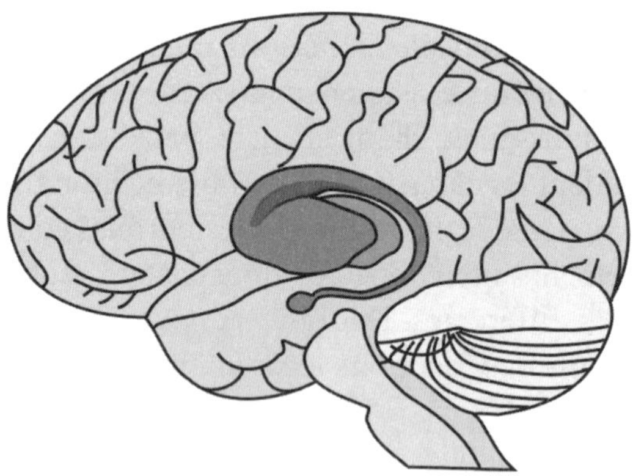

Cet apprentissage par la récompense est associé à une zone neuronale qu'on appelle *ganglions de la base,* représentée ci-dessus. S'il était scanné par IRMf au moment même où vous effectuez ces tâches pour la première fois, votre cerveau montrerait une activation maximale dans le système neuronal dit *boucle associative*[58]. Celui-ci comprend une partie des ganglions de la base, le *noyau caudé*, ainsi que le mésencéphale (ou cerveau moyen) et le cortex préfrontal, associé à la maîtrise de soi, à la planification et à la pensée abstraite. Ces zones du contrôle exécutif sont les régions neuronales que votre collègue insolente de facilité et de cohérence (celle qui n'a jamais besoin d'aller puiser dans son second moi) sollicite le plus. Nous autres les utilisons de façon plus occasionnelle, d'où notre recours à certaines autres zones pour tenter d'imiter un tel niveau de performance.

Si vous avez aimé la recette et que vous la refaites, encore et encore, ou si la nouvelle appli devient celle que vous utilisez le plus, alors votre fonctionnement cérébral change. Quand nous répétons des actions de manière routinière, nous apprend l'imagerie cérébrale, l'activation neuronale augmente dans la *boucle sensorimotrice.* Celle-ci connecte une autre partie des ganglions de la base, le *putamen,* avec les cortex sensorimoteurs et une partie du mésencéphale pour former le *réseau sensorimoteur*[59]. Vos actions ont reconfiguré vos circuits cérébraux. Aux yeux de n'importe qui, vous continuez à faire la même chose que lors de l'apprentissage initial, mais votre cerveau sollicite désormais des systèmes neuronaux quelque peu différents.

La reconfiguration facilite la répétition de ce que vous avez déjà pratiqué dans le passé. Vous réagissez de façon plus automatique et prenez moins de décisions conscientes. Vous n'avez plus besoin de vérifier la quantité de sel à ajouter à la farine ou de penser à maintenir une touche appuyée. Vous ne vous demandez plus ce que va bien pouvoir donner la recette ou si vous parviendrez à ouvrir ce post de blog. Vous avez créé une habitude.

C'est une veine pour les chercheurs : tous les mammifères acquièrent des habitudes. Les gens, les chiens, les baleines progressent en apprenant les relations possibles entre action et récompense. De la même manière, nos systèmes neuronaux sont structurés pour apprendre grâce à la récompense.

Avec suffisamment de pratique, ils peuvent tous apprendre les associations de l'habitude entre contextes et réponses récompensées.

La recherche sur le rat a permis des découvertes importantes sur l'habitude dans notre espèce. De plus, avec cet animal, les chercheurs peuvent pratiquer des interventions plus intrusives que chez l'être humain. Il est ainsi possible de désactiver une zone cérébrale particulière pour étudier des effets que nous-mêmes n'accepterions jamais de subir. Nombre d'avancées en médecine humaine sont imputables à des études sur le rat. Ces rongeurs apprennent difficilement les actions qui déclenchent la récompense lorsqu'ils ont subi des lésions du circuit du *striatum dorsomédian,* une aire cérébrale comparable à notre noyau caudé antérieur[60]. Ils apprennent difficilement à obtenir une récompense en appuyant sur un levier dans leur cage ou en prenant une direction donnée dans un labyrinthe. En lésant d'autres zones, on obtient des effets très différents. Les rats ont du mal à agir par habitude si le circuit du *striatum dorsolatéral* – zone comparable à notre putamen – est endommagé. Malgré une longue pratique du labyrinthe ou du levier, les rats atteints de ce déficit ne peuvent plus utiliser les habitudes apprises. Ce genre d'expériences nous permet d'élaborer une sorte d'atlas du cerveau et de ses fonctions générales, un domaine resté longtemps une contrée mystérieuse et impénétrable.

Pour autant, notre cerveau n'est pas celui du rat. Le nôtre s'est enrichi d'aires neuronales supplémentaires qui nous permettent de parler, de réfléchir, de nous souvenir et de planifier. On ne peut pas comparer les capacités planificatrices chez le rat et chez l'homme, mais on peut comparer certaines modalités d'apprentissage de l'habitude chez les deux espèces.

L'une des découvertes précoces des neurosciences qui ont contribué à revivifier l'intérêt de notre discipline pour l'habitude provient d'une étude des années 1990 qui a distingué apprentissage de l'habitude et compréhension consciente chez l'homme. La logique utilisée était la même que dans les expériences de lésions cérébrales chez le rat, mais il s'agissait ici d'explorer les capacités d'apprentissage de patients porteurs de déficits neuronaux spécifiques[61]. Parmi les participants, vingt souffraient de la maladie de Parkinson, qui s'attaque aux systèmes de contrôle moteur situés dans les ganglions de la base, notamment dans le putamen, et entrave la capacité d'apprendre de nouvelles habitudes (même non motrices) et d'activer les anciennes. Douze étaient des patients amnésiques présentant une dysfonction d'une autre aire cérébrale (l'hippocampe) affectant leur capacité de mémorisation des événements récents.

Tous les participants jouaient à un jeu où ils tenaient le rôle d'un prévisionniste météo. On leur montrait à répétition une série de cartes à jouer et ils étaient censés apprendre les motifs prédisant les uns la pluie, les autres un temps ensoleillé. Les patients atteints de Parkinson étaient capables d'expliquer la tâche et les instructions. Ils savaient consciemment ce qu'il y avait à faire. Mais indépendamment de la quantité de pratique, ils n'arrivaient pas à apprendre les connexions entre signaux (les cartes) et réponses récompensées (prévisions de pluie ou de soleil). Ils ne pouvaient pas créer une habitude.

En revanche, les amnésiques acquéraient les habitudes de façon croissante à mesure qu'ils pratiquaient la tâche. Après cinquante essais, ils parvenaient à faire des prévisions du temps exactes en se fiant aux cartes. En revanche, quand on leur demandait ce qu'ils étaient en train de faire, ils ne se souvenaient ni des instructions ni des détails de ce qu'ils avaient vu. C'était comme s'ils n'avaient quasiment aucun souvenir conscient de ce qu'ils avaient fait, alors même que leurs habitudes avaient fonctionné sans anicroche.

Cette recherche a apporté l'une des premières percées dans les mécanismes neuronaux de la formation de l'habitude. Elle suggérait que, chez l'humain, l'apprentissage de l'habitude n'est pas supplanté par, ou subordonné à, des systèmes d'apprentissage plus réfléchis, comme le soutenaient de nombreux chercheurs au temps de la révolution cognitive. Les habitudes résident dans des structures neuronales profondes et essentielles à la vie chez les mammifères. Notre potentiel de pensée abstraite et complexe aide à nous distinguer de nos espèces parentes dans le règne animal. Voilà le genre d'idée qui nous vient quand nous pensons à nous en tant qu'espèce. Mais il ne s'ensuit pas nécessairement que ce qui nous distingue est aussi le plus essentiel à ce que nous sommes. Des études telles que celle-ci montrent que nos compétences mentales essentielles ont autant à voir avec la faculté de créer des habitudes que d'élaborer des plans.

D'autres découvertes méritent d'être évoquées. Des recherches ultérieures réalisées par imagerie fonctionnelle IRMf ont retrouvé la signature distinctive de l'habitude (dans le réseau sensorimoteur et notamment, le putamen) associée à des tâches autres que la prévision météo, impliquant en particulier des séquences de réponses[62]. Quand nous apprenons à taper sur un clavier selon un schéma répété à de nombreuses reprises, nous apprenons à lier un signal (comme celui d'enfoncer une certaine touche) à une réponse (le toucher du doigt, par exemple). Avec un certain entraînement à ces tâches, les systèmes neuronaux de l'habitude entrent en action avec une activation accrue du putamen.

Les études neuronales sur l'habitude trahissent parfois une certaine confusion due à l'interconnexion existant entre nos systèmes neuronaux orientés vers des buts et ceux liés à l'habitude – qui fonctionnent souvent de concert. Nul besoin de scruter l'intérieur du cerveau pour vérifier cette réalité. Il n'y a guère d'aspects de notre vie qui relèvent entièrement de l'un ou de l'autre, et cette zone grise entre nos deux moi n'est pas sans créer quelques ambiguïtés dans les résultats empiriques de l'étude des habitudes. Conduire, par exemple, représente un compromis permanent entre la réaction à l'inattendu (la pensée consciente qui agit quand une autre voiture se rapproche dangereusement) et l'habitude (des réponses déclenchées par le contexte quand nous empruntons un itinéraire familier). D'autres tâches sollicitent simultanément l'une et l'autre. Avec les partenaires attitrés de votre brunch du dimanche matin, les circuits de l'habitude de votre cerveau connectent automatiquement le jour et l'heure (contexte) avec l'arrêt à la boulangerie (réponse) pour parler de ceux qui ont fait faux bond (récompense). En chemin, vous réfléchissez peut-être consciemment à ce que vous allez dire à vos amis et à leur réaction. Nombre de vos actions mettent ainsi en jeu de multiples circuits neuronaux.

On peut toutefois limiter les ambiguïtés en s'entourant des précautions nécessaires pour réaliser l'expérience. Distinguer l'habitude de l'action plus réfléchie était un défi majeur de mes premières recherches en laboratoire. Sortie du labo, je pouvais montrer encore et encore que les gens agissaient par habitude, en répétant leurs comportements passés au lieu de faire ce dont ils avaient l'intention. Mais au labo, je ne pouvais pas démontrer l'habitude dans des conditions contrôlées. Dans mes expériences, les participants répétaient les tâches sans discontinuer, mais quand ensuite ils étaient testés, ils persistaient dans leur tâche par une décision consciente plutôt que de laisser faire l'habitude. J'essayais de rendre les tâches plus simples et plus faciles, d'ajouter des sessions d'entraînement… Rien n'y faisait.

Ce travail s'avérait décevant, jusqu'à ce que je prenne conscience de la perméabilité entre l'habitude et les décisions conscientes – et de la puissance du contexte. En fait, j'entraînais avec succès les participants à acquérir des habitudes, mais au moment des tests, ils réfléchissaient attentivement à ce que je voulais qu'ils fassent. Si vous avez déjà participé à une étude expérimentale, vous connaissez ce sentiment d'incertitude quant au but de la recherche et ce que cette perplexité dit de vous. Au labo, chacun se transforme en chercheur patenté. C'était le cas pendant mes tests : les participants cogitaient sur ce que l'on attendait d'eux et prenaient consciemment le pas sur les habitudes.

Ma recherche a fini par aboutir quand j'ai compris la nécessité de créer des conditions de test plus proches de la vie réelle. Hors du labo, notre motivation et notre capacité de penser en scientifiques sont mises à mal par tout ce qui vient nous distraire de notre tâche – réseaux sociaux, négativité de certaines personnes, informations, embouteillages, factures, vie familiale et bien d'autres choses. Partant de ce constat, j'ai ajouté artificiellement des distractions pendant les tests – des vidéos, par exemple – pour capter l'attention des participants. Je leur ai aussi fait exécuter des tâches difficiles cognitivement avant les tests, pour saper leur énergie et qu'ils aient quelque chose qui continue à leur occuper l'esprit. Leurs décisions conscientes étant ainsi mobilisées, les participants ont commencé à agir par habitude. Comme dans la vie quotidienne, ils ont fait ce qui leur venait spontanément à l'esprit. Ils ont arrêté de réfléchir à ce qu'il fallait faire pour m'épater.

Les habitudes ayant commencé à faire surface dans le contexte du laboratoire, de nouvelles ambitions s'ouvraient à nous. Guy Itzchakov, Liad Uziel et moi avons convaincu les participants à une de nos études que le sucre était mauvais pour eux – une cause facile à plaider[63]. Puis nous avons donné à ces « sucrophobes » un assortiment comprenant des boissons sucrées, des jus de fruits et de l'eau. Quand le labo imitait la vie réelle (avec une tâche cognitive fatigante au préalable), les participants ignoraient leurs attitudes nouvellement saines et buvaient ce dont ils avaient l'habitude.

En une seule étude, nous avons résolu l'énigme sur laquelle les campagnes nutritionnelles de l'Institut national du cancer et du système fédéral de prévention sanitaire se cassaient les dents : dans la vie de tous les jours, il est simplement plus facile d'agir par habitude que de prendre des décisions sur la base de bonnes intentions. Cependant, dans notre étude, certains participants n'étaient pas soumis à ces tâches préalables ; ceux-là choisissaient attentivement leur boisson en fonction de leur nouvelle attitude anti-sucre et avaient tendance à bouder les sodas sucrés.

C'est un point clé du rôle crucial de l'habitude dans les changements comportementaux à long terme. Faire fonctionner notre intellect nous coûte énormément.

Le contrôle conscient, nous le savons tous, est extrêmement puissant – on lui doit après tout des progrès de la civilisation tels que la plomberie et le microprocesseur. Pourquoi ne peut-il tout simplement prendre le contrôle de nos habitudes ? La vérité, c'est que l'exercice de ce contrôle a un coût intrinsèque important et nous laisse une impression de fatigue, de stress et de surcharge. Mais le contrôle entraîne aussi un « coût d'opportunité », ou manque à gagner. Nous ne pouvons réagir qu'à quelques situations simultanément et, en contrôlant une chose, nous en négligeons nécessairement d'autres qui peuvent être importantes. Les habitudes, grâce à leur localisation profonde dans notre machinerie cérébrale primaire, sont relativement économiques. Leur ronronnement ne consomme à peu près rien.

Alfred North Whitehead expliquait les limites inhérentes du contrôle avec une métaphore militaire : « Les opérations de la pensée sont comme les charges de cavalerie sur un champ de bataille : elles sont strictement limitées en nombre, exigent des chevaux frais et ne doivent avoir lieu qu'aux moments décisifs[64]. » Les psychologues donnent un nom plus descriptif à cet usage occasionnel du contrôle cognitif : il s'agit du modèle *défaut-interventionniste*[65]. L'idée étant que le mode « par défaut » est le pilotage automatique la plupart du temps, à moins d'une bonne raison de faire intervenir la pensée consciente. L'ennemi (admettons) est sur le point de nous contourner par le flanc. Eh bien, quoi ? Faites donner la cavalerie, bon sang ! Mais ne la fatiguez pas à lui faire manger des légumes.

Nous exerçons un contrôle sur nos actions quand cela nous est assez facile et/ou que l'enjeu nous importe suffisamment. Cette analyse coût-bénéfice détermine l'opportunité ou non d'une action autre qu'automatique[66]. De par son caractère intrinsèquement coûteux, nous usons du contrôle avec parcimonie.

*

Nommez les animaux sur l'image. Rien de plus simple, n'est-ce pas ? Vous regardez l'animal et prononcez son nom. Pour l'identifier, croyez-vous probablement, vous regardez l'image. Mais le nom est aussi écrit, au besoin. Il n'y a qu'à un enfant que cela peut poser problème.

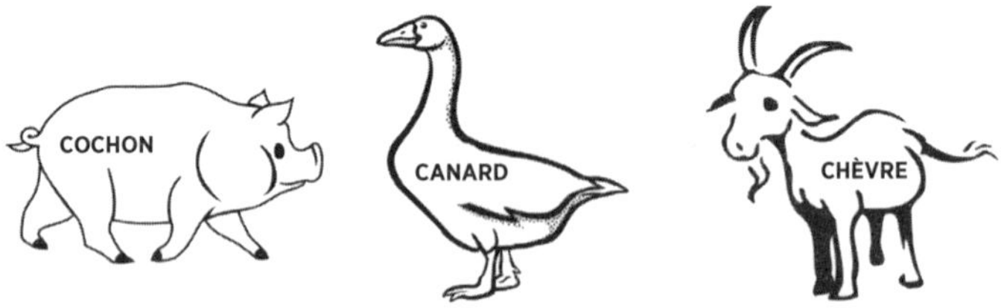

La tâche se complique avec l'exemple suivant. Essayez de les nommer – vous êtes sans doute moins rapide à présent. Vous réalisez que vous faisiez plus que simplement regarder les images. Votre réponse dictée par l'habitude, acquise tout au long d'une vie de pratique, est d'interpréter les mots que vous lisez. Cette habitude, dont vous ne perceviez sans doute pas l'influence, interfère maintenant avec la désignation correcte de l'animal. Vous avez deux réponses possibles, et c'est la mauvaise – celle dictée par l'habitude – qui vous vient plus vite à l'esprit. Pour donner la bonne réponse, vous devez refréner votre première réaction et réfléchir avant de parler.

Vous avez localisé et ressenti la sensation d'agir par habitude. Quand les mots et les images coïncident (comme dans le premier exercice), habitude et décision se conjuguent si harmonieusement que vous ne décelez même pas l'habitude. Mais quand ils sont discordants (comme dans le second), vous devez exercer un contrôle exécutif sur votre moi des habitudes.

C'est une reprise du fameux test de Stroop (un test d'interférence dans l'exécution d'une tâche), un équivalent simple des conflits autrement complexes entre habitudes et objectifs dont nous faisons régulièrement l'expérience. À l'image de ce qui nous arrive quand nous essayons de modifier un comportement, dans ce test les habitudes provoquent la mauvaise réponse. Tout en regardant fixement quelque chose qui a un bec et des plumes, vous vous entendez dire d'un ton ferme : « chat ». C'est assez perturbant. Reconnaître des formes et des animaux, c'est du niveau de la maternelle, n'est-ce pas ? Sauf en cas de conflit entre deux informations : le dessin et le mot inscrit. Pour trouver la réponse malgré cette discordance, nous sollicitons des aires cérébrales impliquées dans l'allocation et l'exécution du contrôle cognitif, notamment le *cortex cingulaire dorso-antérieur*[67]. Cette partie de notre cerveau identifie rapidement une contradiction (cette chose a une queue en tire-bouchon… mais il est clairement écrit « CHIEN »), mais aussi les coûts (l'effort) et les bénéfices potentiels de la résoudre. Vu la simplicité de l'exemple de Stroop, cela valait sans doute la peine que vous consentiez le petit effort supplémentaire de passer outre le nom qui est écrit.

Le test de Stroop est un formidable moyen de toucher du doigt un petit exemple d'un phénomène aux dimensions hélas plus conséquentes dans la vie réelle. Peu d'entre nous rencontrent des situations où ils doivent identifier rapidement des animaux de ferme. Mais dans des contextes plus réalistes, chacun peut voir les réactions souhaitables commencer à s'essouffler : quand leurs effets bénéfiques diminuent, quand il devient de plus en plus difficile de se concentrer au travail, quand on prend du retard sur des travaux à rendre, quand on passe de trois footings hebdomadaires à deux… Et les bénéfices associés à vos efforts soutenus semblent se réduire à peau de chagrin. Allez-vous tenter de les redresser ? En courant toujours plus ? En essayant toujours plus ?

Ou bien réduirez-vous le prix à payer en vous appuyant sur l'habitude ?

CHAPITRE 5

HABITUDE ET MAÎTRISE DE SOI

Le danger, ce n'est pas ce qu'on ignore,
c'est ce que l'on tient pour certain et qui ne l'est pas.
ATTRIBUÉ (PAR ERREUR) À MARK TWAIN

L'une des études les plus connues, les plus médiatisées et les plus mal comprises de l'histoire de la psychologie commence avec un test de maîtrise de soi chez des enfants de 4 ans. Des enfants de la maternelle expérimentale Bing School de l'université de Stanford recevaient chacun un marshmallow sur une assiette. L'expérimentateur expliquait à l'enfant que, s'il réussissait à se retenir de le manger pendant un quart d'heure, il en recevrait un second, puis il le laissait seul dans la pièce.

Un enfant qui reste seul avec un marshmallow n'a pas grand-chose à faire. Près de 75 % succombaient à la tentation et mangeaient l'unique marshmallow. Renouvelée avec des bâtons de bretzel et des biscuits en formes d'animaux, l'étude conduisait à des résultats comparables[68]. En moyenne, les enfants « tenaient » environ neuf minutes. Ce qui veut dire que la plupart se privaient d'une récompense plus forte[69]. Jusque-là, rien que de très prévisible.

Mais ce quart restant qui « réussissait » est intéressant. Comment arrivaient-ils à se retenir ? Pendant le temps de l'attente, ces enfants-là imaginaient des stratégies de diversion. Ils chantaient des chansons ; certains tripotaient tout ce qu'ils avaient à portée de main, comme seuls des enfants de 4 ans peuvent le faire ; d'autres, quand on leur posait la question, disaient qu'ils s'imaginaient le marshmallow comme un nuage, un oreiller ou n'importe quelle chose qui ne se mange pas. Même les tout-petits sont capables de maîtrise de soi s'ils emploient des stratégies efficaces.

Cette recherche a vu grandir encore son prestige par un suivi de ses participants à travers l'adolescence et jusque dans leur vie d'adulte qui a démontré que la maîtrise de soi est un trait durable. Ceux qui, à 4 ans, résistaient le plus longtemps à la tentation avaient de meilleurs résultats scolaires à l'adolescence et réussissaient mieux à l'examen d'entrée à l'université. Adultes, ils étaient plus minces et présentaient un indice de masse corporelle (IMC) inférieur[70]. Le *délai de gratification,* disait l'étude, semblait être une compétence socio-cognitive fondamentale, présente en raison inverse de l'impulsivité générale et en raison directe de la capacité d'application et du contrôle exécutif. Et conférait toutes sortes d'avantages tout au long de la vie.

Ces résultats ont reçu une très large médiatisation. Des parents ambitieux soumettaient anxieusement leurs enfants au test du marshmallow pour y lire des promesses d'avenir. On pensait avoir trouvé une voie infaillible pour prédire si un enfant allait ou non réussir dans la vie.

L'expérience de Bing School avait acquis un tel renom qu'on la retrouvait dans *Sésame Street,* la série pour enfants qui faisait fureur aux États-Unis (adaptée en France sous le titre *1, rue Sésame*). Avec l'accroissement de l'obésité infantile, l'autocontrôle alimentaire devenait un enjeu social. Cookie Monster (Macaron le Glouton dans l'adaptation française), la marionnette bleue qui mange tout avec voracité, notamment les cookies aux pépites de chocolat, suivait un entraînement pour maîtriser ses pulsions gourmandes. Dans la série, il jouait au « jeu de l'attente », gagnant un cookie tout de suite ou deux s'il attendait. Dans l'un des épisodes, il commençait par distraire son attention en chantant. Mais les paroles déviaient très vite vers ses envies de cookies. Il imaginait ensuite le cookie peint au milieu d'un cadre, mais cela ne marchait pas. Il essayait de se concentrer sur un jouet, mais l'ennui le gagnait. Il se disait ensuite que le cookie était un poisson qui sentait fort. Finalement, la torture ayant assez duré, il gagnait les deux cookies.

Les combats contre lui-même de Cookie Monster sont la quintessence de la maîtrise de soi. Ils personnifient la résistance à la tentation, l'inhibition des pulsions, l'épreuve traversée en serrant les dents. Sa lutte contre le désir avait pour fonction de faire sourire et de forger les caractères, mais lui-même n'y trouvait visiblement aucun plaisir.

Les enfants de l'étude originale vivaient l'attente avec la même détresse. On trouve sur le net des vidéos reproduisant l'expérience du marshmallow. Dans l'une d'elles, une jolie petite fille portant un nœud orange dans les cheveux essaie de toutes ses forces de résister à la tentation. Elle manipule le marshmallow, le sent avec convoitise, mais finit par le reposer. Au bout d'un moment, la tentation est trop forte : elle en mange un tout petit morceau, puis un autre. Elle grimace, détourne le regard, essaie de porter son attention ailleurs. À la fin, il ne reste rien du marshmallow. Elle n'a pas eu droit à la récompense.

Il y a toutefois un élément très important de cette question de la maîtrise de soi qui a largement échappé aux médias comme aux scénaristes de *Sesame Street.* Il en révèle un aspect très différent, très utile à quiconque veut prendre une nouvelle habitude et ne pas céder à la tentation.

Les travaux de Stanford soulignaient en réalité l'importance des *situations.* Dans l'expérience originale, certains des enfants pouvaient voir le marshmallow tentateur pendant qu'ils attendaient, et d'autres pas[71]. Le scénario était le même pour tous, ils pouvaient toujours avoir le marshmallow tout de suite s'ils le voulaient. Mais pour certains, il n'était pas visible. Les enfants pouvaient attendre environ dix minutes si la friandise était hors de leur vue. S'ils l'avaient sous les yeux, seulement six minutes.

Ces quatre minutes en disent long sur le pouvoir limité du moi dans la maîtrise de soi. Il ne s'agit peut-être pas tant d'un tempérament intrinsèque que du reflet d'une situation.

Les études de suivi confirmaient, à différents âges de la vie, l'importance inhérente des situations. L'aptitude d'un enfant à attendre plus longtemps quand la friandise n'était pas visible ne lui valait pas une plus grande réussite à l'âge adulte. Attendre était à la portée de beaucoup. Ce n'est que lorsque le marshmallow était accessible, visible et tentant qu'une attente plus longue permettait de prédire un haut niveau de performance tout au long de la vie.

C'est rassurant pour les 75 % d'entre nous qui ne résistaient pas à la tentation dans leur enfance et ont continué à y succomber à l'âge adulte. Pour peu que la situation s'y prête, nous pouvons égaler les résultats des plus disciplinés. Même si tout-petits, nous n'avions pas « ça » en nous, nous pouvons agencer notre monde d'une manière qui rend le succès possible.

Il y avait une autre façon de combattre la tentation, dont les pionniers de l'étude de Stanford faisaient grand cas : compter sur le contrôle conscient. Obligez-vous simplement à penser à autre chose – ces chaussures très chères ou ce gadget de geek qui vous fait rêver. Toutefois, le contrôle cognitif, comme nous l'avons vu dans le chapitre précédent, est éphémère et exige un effort. Convoquer une idée heureuse peut, éventuellement, aider un enfant à contenir son envie deux minutes de plus dans une salle d'expérience, mais il n'est pas prouvé que cela fonctionne très longtemps dans la vie quotidienne.

Pour étudier la maîtrise de soi au jour le jour, nous avons demandé à des étudiants de noter chaque occasion où ils pensaient « Oh là là ! je ne devrais pas faire ça » – ce qui arrivait généralement quand ils restaient au lit, se couchaient trop tard, mangeaient trop, procrastinaient ou étaient paresseux[72]. Ils rapportaient en moyenne deux ou trois occurrences quotidiennes de telles pensées et décrivaient aussi ce qu'ils faisaient – le cas échéant – pour contrôler leur comportement. Lorsque, après coup, ils rapportaient des succès remportés contre des tentations, la diversion s'avérait l'une des stratégies les plus efficaces. Le grand vainqueur ? Le *contrôle du stimulus.* Les étudiants coupaient court à la tentation quand ils se retiraient de la situation ou supprimaient la possibilité de faire la chose qui les tentait. Ils désertaient l'appartement et son lit douillet pour aller travailler à la bibliothèque ou jetaient la dernière part du gâteau au chocolat pour s'empêcher de la manger le lendemain. Même chez les adultes, la maîtrise de soi passe souvent par l'occultation du marshmallow.

Peu d'entre nous croient que la maîtrise de soi est due aux situations où nous nous trouvons. C'est l'éthique protestante dans laquelle s'enracine la culture américaine qui parle. Les puritains croyaient que céder à ses penchants menait tout droit à la damnation éternelle. À travers l'abnégation et les privations, ils manifestaient leur appartenance au nombre restreint des élus promis au paradis. On a du mal à prendre cela très au sérieux, sachant qu'ils jugeaient également nécessaire de brûler les sorcières sur le bûcher. Pourtant, la valeur qu'ils donnaient au déni de soi est encore prégnante aujourd'hui.

Le monde est plus compliqué qu'une salle d'expérience et ses tentations, autrement plus subtiles qu'un marshmallow. Il faut s'arrêter un instant à ce qui passe pour de la maîtrise de soi dans le monde tel qu'il est pour comprendre ce qu'il en est réellement et comment les gens l'utilisent à bon escient.

Commençons par nous évaluer nous-mêmes. June Tangney, Roy Baumeister et Angie Boon sont les concepteurs d'une échelle d'autoévaluation de la maîtrise de soi[73]. Cet outil très utilisé est censé tester notre « capacité à déjouer ou à modifier les réponses internes, à juguler les tendances comportementales indésirables et à inhiber les actions qu'elles suscitent ».

Les questions sont divisées en deux grandes catégories. L'une évalue l'autodiscipline (ou son absence) : « Je résiste bien à la tentation » et « Je refuse ce qui est mauvais pour moi » ; ou bien : « Je suis paresseux » et « Je laisse échapper tout ce qui me passe par la tête ». L'autre concerne la capacité à atteindre des objectifs concrets par tous les moyens : « Je mange sainement », « Je laisse les choses propres et rangées » et « Je suis toujours à l'heure » ou le contraire. (Chacun peut faire le test [en anglais] sur www.goodhabitsbadhabits.org.)

Cette échelle a été utilisée dans des milliers d'études. Les résultats montrent, comme le test du marshmallow dans sa version *tentation visible*, que les individus qui obtiennent les meilleurs scores sur l'échelle de la maîtrise de soi réussissent mieux dans la vie que les autres.

À l'université, les étudiants aux scores les plus élevés avaient aussi de meilleures notes[74].

Dans les relations de couple, ces bons scores étaient associés à une moindre propension aux disputes[75]. Même le partenaire idéal peut être en retard à un rendez-vous, ne pas faire ce qu'il avait dit ou se montrer peu attentif. Les gens performants sur l'échelle de la maîtrise de soi ne laissent pas ces moments-là dégénérer en conflit. Ils pardonnent.

Les parents qui ont le plus de contrôle exécutif prodiguent à leurs enfants un appui et des soins plus constants. Quand ceux-ci, comme il se doit, ruent dans les brancards, vous défient, se moquent de vos conseils, sont boudeurs ou hostiles, vous pouvez réagir de bien des façons. Selon l'étude, les parents qui se maîtrisaient le mieux parvenaient à moduler leur réaction et à stopper l'escalade[76]. Ils étaient capables d'aider leurs enfants à gérer leurs émotions et à apprendre des situations de frustration.

Les gens qui obtiennent des scores élevés ont de meilleurs profils d'emprunteurs et épargnent plus pour leur retraite, selon une étude suédoise. Ils remboursent leurs encours de carte de crédit et tiennent leurs comptes[77].

Ils sont aussi en meilleure santé et pèsent moins lourd sur la balance. Dans une étude ayant suivi des gens en Suisse sur une période de quatre ans, ceux qui avaient la meilleure maîtrise de soi mangeaient moins d'aliments hypercaloriques, faisaient moins d'excès alimentaires et maintenaient un poids corporel sain[78].

*

Un score élevé sur l'échelle d'autoévaluation de la maîtrise de soi constitue à l'évidence un avantage. Cela signifie que vous pouvez réaliser toute une palette d'objectifs dans l'existence. Mais la valeur prédictive de l'échelle s'arrête là. Elle ne dit guère comment s'obtiennent tant de si beaux résultats. Pris au pied de la lettre, les items de l'échelle semblent mesurer la capacité à s'interdire certains plaisirs et à être consciencieux. C'est en tout cas l'interprétation d'une majorité de chercheurs : les gens qui ont une grande maîtrise d'eux-mêmes appliquent une tactique hypervolontariste pour renoncer à des plaisirs immédiats au profit de récompenses futures – toujours l'éthique protestante…

La première notion suggérant que la maîtrise de soi pourrait en réalité fonctionner différemment est venue en 2012 d'une étude allemande réalisée auprès de résidents de la ville de Würzburg[79] en Allemagne. Après avoir renseigné le test de l'échelle d'auto-évaluation, les participants se voyaient remettre un assistant numérique personnel à conserver sur eux et qui bipait sept fois par jour. Au bip, ils répondaient (tout comme dans ma propre étude décrite au chapitre 2), en indiquant s'ils avaient ressenti des désirs ou des besoins au cours des trente dernières minutes. Une fois sur deux, c'était le cas. Les désirs le plus souvent cités étaient manger, dormir et boire, suivis par l'accès aux médias, les loisirs, les contacts sociaux et les activités liées à l'hygiène.

Les participants précisaient aussi si le désir (le cas échéant) allait à l'encontre d'un objectif personnel. Par exemple, le désir de se rendormir interférait sans doute avec l'objectif d'être à l'heure au travail ; l'envie d'un dessert contredisait l'objectif de perdre du poids. Environ la moitié des désirs étaient ainsi contraires à un objectif.

Pour finir, ils signalaient s'ils étaient en train de résister activement à ces désirs. Avaient-ils l'impression de devoir se maîtriser ? La notion de « complètement » ou « en partie » était prise en compte : manger un morceau seulement d'une barre chocolatée ; essayer de ne pas aborder la politique en parlant avec quelqu'un ; décider de renoncer à un achat. Tout ce à propos de quoi, après examen, on pouvait dire : j'ai fait ceci plutôt que cela. Les participants réussissaient généralement assez bien à se maîtriser : quand ils avaient un désir inopportun et s'efforçaient de ne pas y céder, ils y parvenaient dans 83 % des cas.

De façon ingénieuse, les chercheurs ont comparé ces résultats avec ceux du questionnaire sur la maîtrise de soi renseigné avant l'expérience. Intuitivement, à quoi pouvait-on s'attendre ? Les participants les mieux classés sur l'échelle de la maîtrise de soi devaient former une part très importante des 83 %. La maîtrise de soi, c'est savoir résister en serrant les dents, n'est-ce pas ? Et puis l'on croit savoir que, dès le plus jeune âge, certains sont simplement plus forts que les autres…

Ce n'est pas ce que l'équipe a constaté. Tout au contraire, les participants les mieux classés pour la maîtrise de soi *ne citaient quasiment aucune résistance à des désirs*. Ils ressentaient tout simplement peu de désirs inopportuns. Ils avaient peu de pulsions qui contrariaient leurs objectifs. Tout se passait comme s'ils étaient capables d'éviter complètement les tentations. Ils avaient une façon de vivre qui laissait presque toujours le marshmallow hors de leur vue.

C'étaient les participants les moins bien classés sur l'échelle de la maîtrise de soi qui devaient lutter le plus. Ceux-là ressentaient une quantité de désirs inopportuns qui allaient contre leurs objectifs. Ils devaient faire de grands efforts pour garder leurs pulsions sous contrôle, mener toujours et encore une guerre acharnée et éprouvante contre leurs envies indésirables. Bien sûr, les gens dont le score se situe vraiment au point le plus bas de l'échelle agissent simplement au gré de leurs désirs, sans essayer d'en refréner aucun. Mais dans cette étude, les participants ayant une maîtrise de soi limitée essayaient tout de même d'exercer un certain contrôle, quoique sans grande efficacité.

Faire preuve d'abnégation au prix d'un effort est, semble-t-il, la solution des individus peu performants sur l'échelle de la maîtrise de soi. Ils se mettent dans des situations difficiles qui exigent une action immédiate. Mais contrôler ses pulsions, c'est un peu boucher le trou de la digue avec son doigt pour empêcher l'inondation. C'est un pis-aller de court terme. Ce sont ces gens-là qui, en général, échouent à atteindre tous ces objectifs à long terme que nous tenons pour importants : avoir de bons résultats scolaires, être un(e) meilleur partenaire dans son couple, prodiguer soins et soutien à ses enfants, avoir un bon profil d'emprunteur et un capital retraite convenable, être en bonne santé et garder la ligne.

Ainsi, cette étude révélait que les gens qui ont une bonne maîtrise de soi ne vivent pas une vie d'abnégation et de privations. En quelque sorte, ils gèrent mieux leur vie. Que font-ils donc pour moissonner les succès ?

Ne faisons pas durer le suspense : ils ont de bonnes habitudes.

La preuve est venue d'études dans lesquelles les participants devaient évaluer leur maîtrise de soi, puis donner des informations sur différents comportements touchant à leur santé : l'exercice physique, les collations et les horaires de sommeil[80]. Comme on pouvait s'y attendre, ceux dont l'évaluation était la meilleure faisaient davantage d'exercice, prenaient des collations plus saines et avaient des heures de coucher et de lever plus régulières. Ceux qui obtenaient des scores plus faibles fréquentaient moins la salle de sport, multipliaient les collations peu diététiques et avaient des rythmes de sommeil irréguliers. Ce sont les constatations habituelles en matière de maîtrise de soi.

L'élément le plus révélateur concerne le mode d'exécution de ces activités bénéfiques pour la santé. Les participants indiquaient la circonstance la plus récente où ils étaient, par exemple, allés courir, et racontaient comment ils l'avaient fait. Ceux qui avaient un score élevé de maîtrise de soi disaient qu'ils allaient courir par automatisme, sans trop y réfléchir. Ils pratiquaient souvent cette activité dans les mêmes lieux et aux mêmes heures. C'était entré dans leur routine. Une fois de plus, les gens dotés d'une bonne maîtrise de soi réussissaient sans beaucoup d'effort. Ils n'avaient pas à se faire violence pour mener une vie saine.

Quelqu'un qui court 5 km par jour vous dira que le premier est souvent pénible. Il ajoutera peut-être que le dernier aussi peut faire mal. Mais une fois lancé, il ne se demande plus s'il a envie de s'arrêter ou si c'est désagréable. Une personne très habituée à courir court sans beaucoup y penser. Elle s'est créé une routine et s'y tient. Ce n'est pas une prise de décision. D'où cet enseignement très réjouissant : le pire des footings, celui qui demande le plus d'effort, est le premier. À la rigueur le second. Mais l'effort ne dure pas (ou s'il dure, c'est que vous vous y prenez mal). Les habitudes vous ôtent des mains le poids de l'effort.

Cela se vérifiait également dans l'étude des mêmes auteurs consacrée à l'alimentation et aux rythmes de sommeil[81]. Par exemple, les gens ayant une bonne maîtrise de soi arrivaient au travail avec une pomme à manger à la pause du matin. Ou bien ils prenaient quelques amandes le soir après dîner. Ils avaient systématisé ces en-cas sains afin de les consommer tous les jours au même endroit et à la même heure. Ils n'avaient pas à y penser ; ils le faisaient.

Pour dormir suffisamment, les mêmes créaient aussi des habitudes bénéfiques qu'ils suivaient sans avoir à lutter. Ils éteignaient les écrans tous les soirs à la même heure avant d'aller se coucher et faisaient sonner le réveil tous les matins à la même heure. Ils disaient faire cela automatiquement, sans y penser. Ils n'avaient pas à se battre contre eux-mêmes pour une dernière partie de jeux sur l'ordinateur ou un moment de plus sur leur fil Twitter. Pour eux, dormir n'était pas un enjeu de maîtrise de soi.

Même les adolescents se « maîtrisent » de cette façon. Pour 109 jeunes qui suivaient une retraite de méditation de cinq jours, la journée commençait à 6 h 30 et se terminait vers 22 h 30[82]. Le programme comportait de longues périodes de méditation assise ou en marchant, ainsi que des exercices de pleine conscience en petits groupes. Les participants ne parlaient pas du tout pendant la moitié de la journée. Les téléphones étaient interdits.

La retraite à proprement parler n'était qu'un préliminaire. Ce que les chercheurs voulaient savoir, c'était si les participants continuaient à méditer lorsqu'elle avait pris fin. Tous avaient effectué en commençant le test d'autoévaluation de la maîtrise de soi. À la fin, ils indiquaient sur un questionnaire s'ils avaient l'intention de méditer au cours des trois prochains mois – soit tous les jours ou presque, soit rarement. À l'issue de ces trois mois, les résultats étaient faciles à deviner : les jeunes ayant un bon score sur l'échelle de la maîtrise de soi étaient ceux qui avaient atteint leurs objectifs de méditation.

Une fois encore, l'échelle ne reflétait pas la « maîtrise de soi » au sens où on l'entend généralement. Les étudiants qui réussissaient n'essayaient pas activement d'inhiber les réactions aux tentations. Ils disaient que la méditation était tout simplement devenue un automatisme pour eux. Quelque chose qu'ils faisaient sans y penser. Ils s'étaient créé des habitudes de méditation. Les champions de la maîtrise de soi obtenaient les résultats escomptés en simplifiant plutôt qu'en s'acharnant.

*

Les recherches sur la vie quotidienne nous en disent long sur la façon dont les gens fonctionnent. Toutefois, l'image reste brouillée et l'on ne peut affirmer avec certitude que c'est l'habitude seule qui fait réussir. C'est pourquoi on a testé la maîtrise de soi dans les conditions du laboratoire, là où chacun exécute la même tâche et est jugé sur la même échelle.

Une méta-analyse de 102 études sur la maîtrise de soi a évalué les performances sur diverses tâches[83]. Certaines concernaient des comportements bénéfiques : faire ses devoirs, utiliser des préservatifs, arrêter de fumer. D'autres, des activités plus nocives : grignotage, triche, disputes conjugales… Comme on pouvait s'y attendre, un haut niveau de maîtrise de soi était corrélé à plus d'actions bénéfiques et moins d'actions nocives.

Au-delà de ce résultat standard, les auteurs s'attendaient à ce que les « champions » de la maîtrise de soi brillent dans les tâches difficiles qui sollicitent le *centre exécutif*. Après tout, croyait-on récemment encore, c'est bien cela que l'on mesure sur l'échelle de la maîtrise de soi : la pure force de la volonté. Mais même dans ces études plus contrôlées, les données ne corroboraient pas cette idée.

Tout au contraire, les individus ayant une bonne maîtrise de soi réussissaient mieux que les autres dans les tâches plus automatiques et liées à l'habitude. Ils possédaient une aptitude à l'automatisation. Les chercheurs (parmi lesquels, cela vaut d'être signalé, Roy Baumeister, l'un des concepteurs de l'échelle d'évaluation de maîtrise de soi) en concluaient que « la maîtrise de soi semble, d'une manière générale, opérer davantage en formant et en brisant des habitudes. C'est donc principalement en établissant et en maintenant des schémas de comportement stables plutôt qu'en accomplissant des actes isolés d'abnégation que la maîtrise de soi paraît le plus efficace[84] ».

Voilà qui conforte le renversement qui s'est opéré dans notre compréhension de la maîtrise de soi. Les gens ayant un score élevé de « maîtrise de soi » semblent ne rien faire de ce que l'échelle a été conçue pour mesurer. Ils n'éprouvent aucun désir inopportun, un peu comme s'ils avaient neutralisé les tentations présentes dans leur environnement. Ils savent également se créer des habitudes en réitérant les mêmes actions au même endroit et au même moment. Nous verrons plus loin que la répétition comportementale isolée n'est pas en soi la plus efficace pour stimuler la formation de l'habitude. La régularité globale de la démarche est essentielle. Notre routine matinale dans la salle de bains – faire son shampoing, se savonner, se frotter, se sécher, se raser – s'avère être le schéma le plus fiable pour atteindre les objectifs qui comptent dans l'existence. Y aurait-il quelque chose à ajouter à cette séquence ? Nous ne nous posons même pas la question de procéder autrement. Nous suivons notre routine sans conflit ni stress.

Il est difficile de renoncer à l'idée que les gens très « maîtres d'eux-mêmes » réussissent si bien grâce à leur volonté et à leur abnégation. Pourtant, quand on prête bien l'oreille à ce que disent ceux « qui ont réussi », on voit apparaître en filigrane les habitudes qui leur ont permis d'atteindre leurs objectifs sans grand combat intérieur.

L'auteur d'une des plus belles réussites financières au monde, Bill Gates, fondateur de Microsoft, est aujourd'hui à la tête d'une fortune d'environ 100 milliards de dollars. Il explique qu'il a dû se forger les habitudes adéquates pour réussir en classe et dans sa carrière. Il ne cache pas, dans les interviews, son penchant passé à la procrastination[85]. Étudiant à Harvard, « j'aimais montrer que je ne travaillais pas, que je séchais les cours et que je n'en avais rien à faire. Les gens trouvaient ça marrant, dit-il. C'était ma posture : le gars qui ne fiche rien jusqu'à la dernière minute. » Bill Gates se mettait à bûcher pendant la courte période de révisions intensives qui précède les examens à Harvard[86]. Cette habitude lui a réussi pendant ses études. Il a démontré ses qualités avec brio et obtenu les notes maximales dans la plupart des matières.

Abandonnant ses études au bout de deux ans, Bill Gates a découvert un monde professionnel nullement impressionné par ses fulgurances intermittentes. « Personne ne trouvait formidable que je fasse les choses à la dernière minute. » Il le reconnaît : « C'était une très mauvaise habitude, et j'ai mis deux ou trois ans à m'en débarrasser[87]. » Il a compris qu'il fallait désormais ressembler un peu plus aux étudiants qu'il côtoyait à l'université, « qui étaient toujours organisés et faisaient les choses en temps et en heure ». Pour décrire les habitudes de travail qu'il a développées, Bill Gates file la métaphore aéronautique : « Les pilotes aiment à dire que les bonnes approches font les bons atterrissages[88]. » De la même façon, « les bonnes préparations font les bonnes réunions ». Il a donc pris l'habitude de communiquer les documents et informations utiles avant une réunion afin que les gens puissent les examiner en amont. Résultat, des réunions plus productives et un réel bénéfice pour ses collaborateurs, moins exposés aux foudres de sa légendaire impatience.

La maîtrise de soi, c'est facile si l'on comprend qu'elle nécessite de se mettre dans les bonnes situations pour développer les bonnes habitudes.

*

Au labo, nous n'en étions plus à mesurer le poids que les gens attribuent à leurs habitudes. Nous fabriquions de nouvelles habitudes.

Avec Pei-Ying Lin et John Monterosso, nous nous demandions s'il était possible de construire des habitudes qui viennent suppléer la maîtrise de soi – c'est-à-dire des habitudes grâce auxquelles les gens cultiveraient des façons d'agir bénéfiques en dépit des tentations et des désirs à court terme.

Dans la population étudiante, notamment du Sud californien, la malbouffe est une tentation récurrente. Or bien des jeunes femmes dans cette tranche d'âge font dépendre leur estime de soi de leur image corporelle et sont persuadées que prendre 12 kg est l'une des pires choses qui puissent leur arriver[89]. Les femmes que nous avons choisies pour cette étude voulaient toutes être minces et en bonne santé[90]. Elles avaient un dilemme : celui de raffoler des M&M's. La question était de savoir si elles pouvaient apprendre à choisir par automatisme des légumes plutôt que ces bonbons.

Pour cette étude, on utilisait un jeu vidéo dans lequel les participantes tentaient de gagner de vraies carottes (qu'elles pouvaient manger) en déplaçant un joystick vers des images de carottes à l'écran. Quand il y avait des carottes à gagner, les participantes voyaient toujours le même signal, l'image fractale d'une spirale violette (ci-dessous, au milieu).

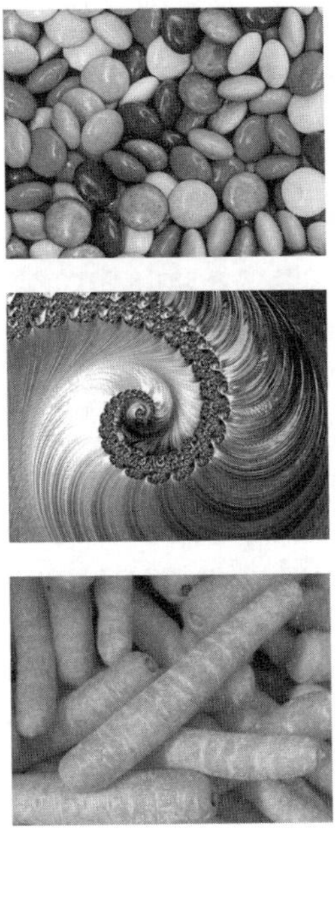

Précisons que ces jeunes femmes jouaient alors qu'elles avaient faim, n'ayant rien mangé au cours des trois heures précédentes. Le jeu créait ainsi l'habitude simple et rudimentaire de déplacer le joystick vers les carottes dès qu'apparaissait la spirale violette. En déplaçant avec succès le joystick (ici vers le bas), les participantes gagnaient (et mangeaient) dix-huit mini-carottes chacune.

Elles revenaient le lendemain, de nouveau en ayant faim. Elles rejouaient au même jeu et gagnaient encore des carottes. À ce stade, elles avaient acquis l'habitude de déplacer le joystick vers l'image de la carotte. Ce qu'elles faisaient avec rapidité et sans y réfléchir.

Puis le jeu changeait : elles pouvaient ensuite gagner – et manger – soit des M&M's soit des carottes, selon la direction qu'elles donnaient au joystick. Qu'allaient-elles faire ? En rester à la saine option des carottes, en déplaçant le joystick vers le bas, ou céder à la tentation ?

Les participantes ayant une forte habitude de choisir les carottes réagissaient avant d'avoir la possibilité de considérer l'autre option. L'habitude (déplacer le joystick vers le bas quand la spirale violette s'affichait à l'écran) prenait le dessus, et les participantes enchaînaient avec l'essai suivant. Même si elles pouvaient avoir les M&M's, elles choisissaient les carottes 55 % du temps. Un chiffre, cela va sans dire, très supérieur à ce qu'il serait dans la « vraie vie ». Les gens ne préfèrent absolument pas les carottes aux M&M's.

Les habitudes accomplissaient un fait singulier, en toute simplicité. Elles avaient tout bonnement remplacé la maîtrise de soi. Mues par l'habitude, les participantes mangeaient plus de carottes que de sucreries. Pour que l'expérience reproduise les conditions de la vie réelle, les participantes réalisaient un exercice de maîtrise de soi fatigant avant de devoir choisir leur nourriture. Avec un contrôle exécutif émoussé, elles se rabattaient sur leurs habitudes.

Mais les habitudes ne sont pas toujours prêtes à nous protéger ainsi. L'expérience se poursuivait avec un petit changement supplémentaire. L'image de la carotte sur l'écran avait changé de place, comme on le voit page suivante. Et l'image située au centre était maintenant celle d'une figure marron aux pointes acérées. Pour choisir les carottes, les participantes devaient pointer le joystick dans une nouvelle direction (vers la gauche, comme indiqué sur l'image). Ces petits changements, logiquement, ne devraient pas faire grande différence. Mais la réponse facile par habitude n'était plus activée. Les participantes devaient maintenant penser à ce qu'elles voulaient choisir comme nourriture et à la direction à imprimer au joystick. Les carottes n'étaient plus le choix privilégié. C'étaient les M&M's qui étaient choisis 63 % du temps. Même des changements minimes dans le signal et la réponse forçaient les participantes à prendre des décisions conscientes et à utiliser le contrôle exécutif et la volonté.

L'étude a chamboulé les idées reçues. La réflexion et la volonté sont censées être la voie royale vers la santé, le bonheur et la réussite. Céder à une envie de friandises interdites (M&M's ou marshmallows), voilà l'action qui ne devrait nécessiter à peu près aucune réflexion. Au lieu de quoi, pourvu qu'on ait les bonnes habitudes, c'est l'inverse qui est vrai. C'est en prenant le temps de réfléchir que vous pourriez bien vous écarter de vos projets et de vos objectifs.

Si vous savez comment créer une habitude, les actions bénéfiques peuvent devenir vos choix par défaut. Le meilleur de vous-même, votre habitude, l'est d'autant plus quand vous ne pensez pas.

*

Les effets positifs qu'il est convenu d'attribuer à la « maîtrise de soi » semblent relever plus précisément de la maîtrise *situationnelle*[91]. Les études et les exemples que nous venons d'évoquer apportent la preuve de ce mécanisme, qui sous-tend chacun des aspects de la formation de l'habitude. L'habitude survient lorsqu'un indice contextuel est suffisamment associé à une réponse récompensée pour devenir automatique et se fondre dans ce second moi industrieux et tranquille.

Et voilà. Signal, réponse. Vous aurez noté qu'il n'y a pas place dans ce mécanisme pour… vous. Vous n'en faites pas partie, en tout cas probablement pas selon l'idée que vous vous faites de vous-même. Vous – vos objectifs, votre volonté, vos souhaits – n'avez aucun rôle dans les habitudes. Vos objectifs peuvent vous pousser à construire une habitude, mais les habitudes ne fonctionnent pas grâce à vos désirs. D'ailleurs, votre moi des habitudes s'en porterait mieux si « vous » le laissiez travailler tranquille.

PARTIE 2

LES TROIS PRINCIPES DE CRÉATION DE L'HABITUDE

CHAPITRE 6

LE CONTEXTE

L'habitude est un compromis entre l'individu
et son environnement.
SAMUEL BECKETT

Si vous pouviez emprunter une machine à remonter le temps et atterrir dans les bureaux d'une grande entreprise des années 1950, certaines choses ne vous surprendraient pas ; nous avons ont tous vu *Mad Men*. Peu de femmes, pas d'ordinateurs. Pas de gobelets en carton, mais des tasses. Plus de bazar partout, des tonnes de papiers, mais aussi beaucoup plus de pièces. L'aménagement des bureaux en open space est encore inconnu. Dans tous les cas, même si vous y étiez préparé, il y a une chose qui ne manquera pas de vous frapper : tout le monde fume beaucoup à l'intérieur des locaux. Les salariés fument en arrivant le matin, pendant les réunions, au déjeuner et sur le chemin du retour. Les rares femmes qui sont là fument aussi. Il semble que pour elles cela symbolise une sorte d'égalité des sexes, même si, visiblement, celle-ci fait défaut à bien des égards. Les hommes fument comme des cheminées, ce qui est censé être chic, ou viril, ou les deux à la fois. Bien sûr, ils sont tous terriblement dépendants du tabac. Reprenez maintenant votre machine à remonter le temps et revenez au XXIe siècle. Nous sommes loin d'avoir résolu tous les problèmes, mais la qualité de l'air est certainement meilleure.

Les années 1950 furent l'âge d'or de la cigarette dans les pays industrialisés. Près de la moitié de la population des États-Unis fumait régulièrement[92]. La proportion était de 80 % au

Royaume-Uni. De nombreux médecins vous auraient dit à l'époque qu'une consommation modérée n'était pas problématique. Puis la recherche médicale commença à mettre en lumière ce que nous ne savons que trop bien aujourd'hui. Les chercheurs britanniques Richard Doll et Richard Peto furent parmi les premiers à prouver que le tabagisme était lié au cancer. Le tabagisme réduit l'espérance de vie d'environ dix ans[93]. En 1952, le *Reader's Digest* publia un article dans ce sens intitulé « Le cancer par le carton ». Les années 1950 marquèrent également l'apogée du *Reader's Digest*, de sorte que des millions d'Américains eurent connaissance de cet article. L'information avait de quoi effrayer, mais le taux de tabagisme ne diminua que légèrement. Malgré cela, les fabricants de cigarettes organisèrent la riposte. Ils tentèrent de calmer les inquiétudes naissantes en équipant les cigarettes de filtres et augmentèrent leurs budgets publicitaires. Les gens continuèrent à fumer. Le tournant aux États-Unis fut, en 1964, le fameux rapport du Surgeon General établissant que le tabac était (et il le reste malheureusement) la première cause de décès évitable dans le pays. Cette fois, l'époque était différente, et les gens étaient enfin prêts à y croire. Un changement rapide se fit dans l'opinion après ce rapport. Cinq ans après sa publication, 70 % environ des Américains considéraient que le fait de fumer était mauvais pour la santé[94]. Des messages d'avertissement furent imprimés sur les paquets de cigarettes dès 1966. Cependant, comme pour ce qui concerne la nécessité de consommer des fruits et des légumes de façon régulière, la connaissance du public ne se traduisit pas rapidement en actes. En 1964, on comptait encore une proportion de 40 % de fumeurs aux États-Unis, et les chiffres étaient les mêmes en 1973[95].

En matière de tabac, l'addiction joue un rôle important. La capacité de la nicotine à créer une dépendance est souvent comparée à celle de l'héroïne et de la cocaïne. Malgré cela, de nombreuses personnes arrêtèrent de fumer et beaucoup d'autres ne commencèrent pas. Aujourd'hui, seuls 15 % environ des Américains et 28 % des Européens fument[96]. D'énormes portions du territoire américain sont en grande partie non fumeur et les États-Unis ont réduit la prévalence du tabagisme de plus de 50 % en l'espace de cinquante ans.

Le taux de réussite n'est pas aussi bon qu'il pourrait l'être, notamment dans les populations défavorisées, ce qui est en partie dû au nombre élevé de détaillants dans les quartiers à faibles revenus et aux politiques de prix maintenues artificiellement à un niveau bas (offres spéciales, bons de réduction…) qui y sont pratiquées[97]. Cependant, la diminution du tabagisme reste un phénomène impressionnant, tant aux yeux du grand public que des spécialistes des sciences sociales. Elle prouve que, à l'échelle de la société tout entière, le changement est possible et elle montre comment, collectivement, nous pouvons faire en sorte que ces changements se produisent. Il est avéré que l'information des fumeurs sur les risques qu'ils encourent n'a eu qu'un impact mineur sur les chiffres de la consommation. Même après le rapport historique du Surgeon General, en 1964, les ventes de tabac continuèrent à progresser aux États-Unis jusqu'en 1980[98]. Quand il s'agit de refréner des habitudes dommageables, la connaissance n'est pas un levier puissant, pas plus que n'est la volonté face à un adversaire comme la nicotine.

Les Centers for Disease Control (Centres pour le contrôle et la prévention des maladies) indiquent que 68 % des fumeurs disent vouloir arrêter complètement[99]. Cependant, la plupart des tentatives individuelles échouent[100]. Seule une personne sur dix environ arrête effectivement de fumer[101]. Une majorité finit par rechuter, généralement en l'espace d'une semaine. L'arrêt du tabac peut nécessiter trente tentatives, voire davantage[102]. Essayer d'arrêter à plusieurs reprises et finalement réussir exige une maîtrise de soi presque surhumaine. Pour être clair, le fait que certains fumeurs tentent d'arrêter trente fois ou plus ne doit pas être considéré comme un échec de leur part, mais révèle en réalité une remarquable opiniâtreté. Ces personnes font preuve d'une volonté impressionnante. Vous connaissez déjà ce que je vais dire : ces personnes ne sont pas comme le reste d'entre nous. Donc, qu'est-ce qui a marché pour *nous* ? Si la connaissance et la volonté ne sont pas en cause, qu'est-ce qui a fonctionné ? Comment se fait-il que tant d'Américains normaux aient cessé de fumer ? En 1970, les gens du monde entier étaient agglutinés devant leurs télévisions pour assister aux exploits de la mission Apollo 13. Un sentiment d'horreur, puis d'étonnement et enfin de soulagement : c'était quelque chose dont nous ne verrions plus jamais l'équivalent. Il y eut autre chose que les Américains ne verraient plus jamais à la télévision : une publicité comme celle qui fut diffusée en décembre de cette année-là, avec le message « T'en as fait du chemin, chérie ». Pour transmettre le message selon lequel fumer était un facteur d'émancipation des femmes au même titre que le droit de vote, des comédiennes costumées en anti-suffragettes du XIXe siècle clamaient leur opposition aux deux, sur la musique d'une opérette de Gilbert et Sullivan. Le spot faisait la promotion des cigarettes Virginia Slims.

Ce fut la dernière fois que des cigarettes firent l'objet d'une campagne publicitaire à la télévision américaine… On peut en savoir gré au président Nixon, qui signa le Public Health Cigarette Smoking Act (loi de santé publique sur le tabac)[103]. D'autres manifestations publiques de notre habitude de la nicotine disparurent également. Vous souvenez-vous des distributeurs de cigarettes ? Du tabac sur les plages ? Dans les trains ? Dans les bureaux ?

Les lois antitabac ont modifié profondément l'environnement des fumeurs américains. À bien des égards, ces lois ont apporté des restrictions aux conditions dans lesquelles les gens peuvent fumer. Désormais, ils doivent descendre en ascenseur au rez-de-chaussée et sortir de l'immeuble. Le changement des conditions a entraîné celui des habitudes. Nous pouvons le tester empiriquement. Le fait que chaque État des États-Unis ait une politique antitabac différente permet de faire des comparaisons pour identifier les politiques qui fonctionnent. Par exemple, il est interdit de fumer sur les lieux de travail, dans les restaurants et les bars dans au moins vingt-huit États, ainsi que dans de nombreux comtés et villes. En conséquence, environ 60 % des Américains ne peuvent pas fumer dans la plupart des lieux en dehors de chez eux et hors de leur voiture, même s'ils le souhaitent[104].

Ces interdictions semblent avoir fait la preuve de leur efficacité[105]. Sur les dix États présentant les taux de consommation les plus faibles, neuf d'entre eux ont des lois proscrivant le tabac sur les lieux de travail et dans les restaurants[106]. À l'inverse, les trois États présentant le taux de tabagisme le plus élevé (le Kentucky, la Virginie-Occidentale et le Mississippi) n'ont pas de telles lois. Dans ces États, près d'un habitant sur trois fume. Mais les interdictions ne modifient pas les désirs, qui mettent fréquemment les habitudes tabagiques en conflit avec la législation, en général à l'avantage de cette dernière. Une étude impliquant soixante-cinq fumeurs recrutés dans des pubs au Royaume-Uni témoigne de la nature de ce conflit[107]. Les participants savaient que, du fait de l'interdiction de fumer, ils s'exposeraient à une amende s'ils allumaient une cigarette. Mais leur réflexe habituel, associé au fait d'entrer dans le pub et de commander une boisson, jouait à plein. Près de la moitié des personnes testées allumaient machinalement une cigarette. « Je suis dans un pub, je fume. » Leurs commentaires révèlent le conflit : « Oui, une fois j'ai allumé une clope, je me suis rappelé l'interdiction et je suis sorti. » Ou encore : « Oui, cela m'est encore arrivé la semaine dernière. C'est quelque chose que j'ai fait pendant des années et les vieilles habitudes ont la vie dure. » « J'ai porté une cigarette à ma bouche et je me suis arrêté juste à temps. Cela s'est produit à de multiples reprises. » La question centrale, en l'occurrence, n'était pas celle de l'addiction à la nicotine. La preuve en est que les comportements n'étaient pas différents selon que les participants étaient des fumeurs réguliers ou occasionnels. La cause principale, en la matière, était l'habitude et l'habitude seule. Au début de l'étude, avant que l'interdiction n'intervienne, on interrogea les personnes fréquentant habituellement les pubs pour savoir s'ils allumaient leur cigarette de manière machinale. Cela concernait les fumeurs réguliers. Après l'interdiction, on a constaté que ces fumeurs invétérés continuaient d'allumer leur cigarette par inadvertance. L'habitude l'emportait sur la loi.

Une interdiction comme celle du tabac perturbe l'enchaînement automatique « signal-réponse » à l'œuvre dans le mécanisme de l'habitude. Les personnes qui avaient le réflexe de fumer au bureau ou dans les restaurants avaient désormais une raison légale pour neutraliser la réponse automatique, une motivation suffisante pour stopper consciemment l'action induite par l'environnement.

Le conflit entre l'habitude (ici, le fait de fumer) et la prise de conscience (c'est maintenant illégal) est voué à s'atténuer avec le temps. Au fur et à mesure que les gens prennent le pli de respecter une interdiction, leurs habitudes se relient à de nouveaux lieux où ils fument aujourd'hui de manière habituelle. Dans le cas qui nous occupe, l'habitude de fumer au pub s'avère désormais beaucoup plus incommode. Les fumeurs doivent interrompre leur conversation, poser leur verre, se lever et sortir l'espace de quelques minutes en supportant les aléas du climat britannique.

Les taxes sur les cigarettes constituent un autre moyen de dissuasion contre le tabagisme. Aux États-Unis, les taxes perçues par l'État central, les États fédérés et les autorités locales représentent en moyenne la moitié du coût d'un paquet de cigarettes[108]. Les fumeurs sont moins nombreux dans les États où les taxes sont les plus élevées. En 2018, le Missouri avait la taxe la plus basse (17 cents par paquet) et comptait 22 % de fumeurs[109, 110] New York, avec la taxe la plus élevée (4,35 dollars par paquet) avait 14 % seulement de fumeurs.

Chaque fois que la taxe sur un paquet augmente de 10 %, on observe une diminution du tabagisme chez les adultes de l'ordre de 4 %[111]. Aucune magie dans tout cela : plus les cigarettes sont chères, moins on peut en acheter. Les effets de l'environnement sur la consommation de tabac deviennent tout à fait évidents avec les nouvelles forces de retenue créées par la loi. Nous avons déjà vu qu'il est interdit aux fabricants de faire de la publicité à la télévision. Cela va bien au-delà. Dans la plupart des lieux, les magasins ne peuvent pas faire de publicité pour les cigarettes ou laisser les clients se servir directement. Les cigarettes sont rangées sur des étagères derrière un comptoir et il faut s'adresser à un employé.

Nous avons tous fait la queue pendant que le client devant nous s'adressait laborieusement au vendeur : « Je vais prendre un paquet de Camel Blues… non, pas celles-là, les 99 s… Non, pas celles-là, juste au-dessus, les 99 light ! » Se livrer à ce genre d'exercice à chaque fois devient un obstacle pour les fumeurs.

Mais ces changements sont-ils vraiment suffisants pour réduire la consommation de quelque chose d'aussi addictif que la cigarette ? Il est facile de devenir accro à la nicotine. Est-ce que quelques désagréments ponctuels peuvent réellement lutter contre cela ?

L'exposition aux signaux du tabac a été évaluée à Washington dans le cadre d'une étude portant sur 475 personnes ayant arrêté de fumer[112]. Pendant un mois, les participants ont noté chaque jour quand ils avaient envie d'une cigarette. Comme on pouvait s'y attendre, beaucoup ont rechuté et ont recommencé à fumer quand leur envie était élevée. Les envies envahissent notre psychisme conscient et orientent nos décisions.

Mais ce n'est pas ce qui était nouveau dans l'étude. Les personnes qui voulaient arrêter le tabac ont accepté de se faire localiser sur leur téléphone portable. La ville étant géocodée, les chercheurs travaillant sur l'étude étaient en mesure de savoir quand les participants se trouvaient à proximité d'un magasin vendant du tabac. Ils étaient amenés à s'y rendre pour de multiples raisons, notamment pour faire le plein d'essence ou pour acheter des provisions.

Si vous êtes comme la plupart des gens, vous avez en tête ce schéma de la rechute du fumeur : il reprend une cigarette après un long combat contre son envie. L'envie se fait irrépressible… et il perd la bataille. Les chercheurs eux-mêmes ont établi que la rechute se produit lorsque l'envie croise une possibilité d'achat. Inversez les polarités et vous obtenez le modèle de ma cousine, aspirante sportive : ses velléités de jogging s'amenuisent et capitulent devant son désir de simplement se détendre. Aussi convaincants soient-ils, ces modèles ne sauraient rendre compte de la façon dont nos actions restent gouvernées par l'habitude. Ils décrivent mieux la façon dont nous réagissons aux tentations momentanées.

Concernant le tabagisme, la rechute fonctionnait de la manière suivante pour des fumeurs qui entraient dans un magasin en déclarant ne pas avoir d'envie. Concrètement, ils avaient coché 0 ou « Pas du tout », à la question « Actuellement, quelle quantité souhaitez-vous fumer ? » Lorsque le magasin vendait des cigarettes, les abstinents se retrouvaient exposés à des signaux d'achat familiers. Cela pouvait être, par exemple, le fait de voir une autre personne acheter un paquet ou même le fait de voir leur marque d'élection à sa place habituelle derrière le comptoir. Ces seuls signaux ont pu conduire les abstinents à ressortir du magasin avec un paquet à la main.

Les leçons à tirer pour la politique de santé en matière de tabac sont sans ambiguïté : nous devons nous réjouir des lois qui limitent la visibilité du produit dans les points de vente. Fini les machines automatiques proposant des paquets à l'entrée des restaurants ! Fini les publicités sur des écrans clignotants ! Fini l'affichage dans les bars ! C'est la même chose en France depuis la loi Evin qui date de 1991, avec l'interdiction de fumer dans les lieux publics, puis dans les années suivantes la mise en place des photos chocs sur les paquets, les paquets neutres et bien sûr les différentes augmentations du prix du tabac. Indépendamment du pouvoir addictif de la nicotine, les signaux dans notre environnement quotidien jouent un rôle important dans notre tabagisme ou non-tabagisme. Le contexte rend le tabagisme facile ou difficile de toutes sortes de manières que notre conscience n'appréhende pas. Cassez l'environnement du tabagisme et vous casserez le tabagisme. Pour s'attaquer aux ravages de la cigarette, nous n'avons pas intérêt à affronter bille en tête son arme maîtresse, la dépendance ; mieux vaut la prendre à revers pour l'enrayer.

La lutte contre le tabagisme a donc connu un succès étonnant. Il y a beaucoup de leçons à en tirer.

*

D'après le célèbre psychologue Kurt Lewin, notre comportement est influencé par des forces, tout comme les objets du monde physique sont soumis à la gravité et à d'autres forces fondamentales[113].

Certaines des pressions qui s'exercent sur nous, qu'elles prennent la forme d'objectifs, de sentiments ou de comportements, viennent de l'intérieur de nous-mêmes. Elles constituent nos mondes, nos espaces de vie, qui nous reflètent, en tant que personnes.

Si vous voulez dormir davantage, par exemple, ce désir prend la forme d'une force qui vous pousse à vous coucher plus tôt. Si vous décidez de travailler tard un soir, la pression s'exercera sur votre sommeil, car vous vous empêcherez de vous coucher pour accomplir ce que vous avez décidé de faire.

Pour Lewin, le contexte dans lequel nous nous trouvons (qu'il appelle « environnement ») produit des illusions qui agissent sur notre comportement. Le contexte fait référence à tout ce qui vous entoure – en dehors de vous. Il comprend le lieu où vous vous trouvez, les personnes qui sont avec vous, le moment de la journée, les actions que vous venez d'effectuer. Même votre téléphone portable constitue un environnement qui est à la fois un espace physique et un espace virtuel extérieur à vous. Ce ne sont pas des forces externes qui déterminent ou limitent nos actions. Ainsi, dans la célèbre équation de Lewin, le comportement (*Behaviour*) est une fonction de la personnalité et de l'environnement. Nous la notons ainsi :

$$B = f(P,E)$$

Les forces de « retenue » sont une sorte de friction qui entrave l'action. La friction joue un rôle important dans notre vie matérielle – par exemple lorsque nous freinons en conduisant, frottons une allumette ou marchons dans la rue. Cette notion est également présente dans la pensée économique. Les économistes pointent les frictions en termes de temps, d'énergie et de coûts entre fournisseur et client, qui ralentissent les transactions et sont source d'inefficacité.

Lewin a utilisé le concept de « champ de force » pour expliquer les conditions qui déterminent nos changements de comportement. En appliquant ce concept, on peut dire que les lois antitabac sont des forces de retenue qui augmentent la friction sur la consommation de tabac. Pour autant, d'autres aspects contextuels peuvent également inciter à fumer en réduisant les frictions. Vous pouvez par exemple voir d'autres personnes qui allument une cigarette, ce qui vous rappelle que vous n'avez pas fumé depuis un moment. Qu'une force extérieure soit motrice ou restrictive, qu'elle crée ou supprime de la friction, elle dépend du comportement et des forces en question.

Nous pouvons envisager nos vies en fonction de leurs propres champs de force. Certes, nous sommes individuellement à l'origine de certaines d'entre elles, mais l'environnement dans lequel nous évoluons joue également un rôle déterminant pour déclencher ou au contraire entraver l'action. De manière délibérée, nous tirons parti de certains facteurs qui sont réducteurs de frictions. Nous savons qu'il est plus facile de mettre de l'argent de côté en programmant un virement automatique de notre compte courant vers un compte épargne. En dépit du sacrifice que nous faisons initialement, nous finissons par ne plus faire attention à la ponction opérée sur notre salaire net. En automatisant les forces motrices, nous épargnons sur chaque paie.

Les sollicitations du marketing sont l'une des forces les plus visibles à l'œuvre dans notre environnement quotidien. Une phrase comme « Voulez-vous des frites avec ça ? » constitue une force incitative classique, destinée à réduire les frictions sur les achats. Cette simple question au terme de chaque commande à emporter nous pousse à manger plus de friture. Nous nous surprenons à dire oui, même si nous n'avions pas l'intention d'acheter quoi que ce soit de plus. Ces forces d'incitation sont également responsables d'une grande partie de notre consommation compulsive de films et séries sur Netflix ou n'importe quelle autre plateforme : la vidéo suivante commence sans que vous ayez à faire un geste ou prendre une décision. L'environnement vous pousse juste à passer au prochain épisode.

Les commerçants suscitent continuellement de nouvelles impulsions d'achat dans le cadre d'espaces de vente numériques ou physiques. Vous pouvez acheter immédiatement un article que vous voyez en ligne et aller le chercher dans un magasin proche de chez vous. Les forces motrices combinent la commodité de l'achat en ligne, le caractère immédiat de l'acquisition et l'économie réalisée sur les frais d'expédition. Les commerçants bénéficient de votre décision initiale d'achat en ligne comme de vos achats éventuels d'articles supplémentaires quand vous venez en magasin. Il existe même un nom pour cela : la vente multicanal.

Les entreprises de voitures de transport avec chauffeur, comme Uber et Lyft, étaient conçues à l'origine sur le principe de la moindre friction. Comme me l'a expliqué le professeur Keith Chen, ancien chef du département recherche pour Uber[114], c'était censé « être un produit presse-bouton. Lorsque vous ouvrez l'application, le GPS du téléphone sait où vous êtes… sans que vous ayez rien à faire. Appuyez juste sur l'icône et dites : "J'ai besoin d'un chauffeur." La voiture arrive, vous montez, vous dites au chauffeur où vous devez aller, vous sortez sans manipuler d'argent. Telle était l'application initiale. Vous ne voyiez jamais le prix. Tout le monde disait que c'était *frictionless* ("sans friction"), un terme devenu populaire dans la Silicon Valley. Pour les premiers utilisateurs, c'était magique. J'appuie sur une icône de mon téléphone et soudain quelqu'un s'arrête et m'emmène partout où je veux aller. C'est génial. »

Mais la tarification dynamique a changé tout cela. « Nous avions un cadre inadapté par rapport au point de vue du passager », observe Chen. Il a vécu cette tarification comme quelque chose de pénalisant, ce qui a démoli ce modèle « sans friction ». Uber a donc modifié ses pratiques de tarification. « Maintenant, le client ne voit qu'un prix, sans pouvoir mesurer les ajustements, aussi minimes soient-ils. Les choses se résument à cela aujourd'hui : vous voulez aller du point A au point B, cela va coûter 12 dollars. »

La vision développée par Lewin sur l'environnement social conçu comme un champ de forces s'est avérée plus opératoire qu'il ne l'avait lui-même imaginé. Il a identifié des forces motrices et des forces de retenue que nous pouvons utiliser à notre avantage.

Il n'y a rien sans doute qui compte plus dans notre environnement que la proximité. C'est elle qui détermine les forces extérieures auxquelles nous sommes exposés. Nous avons naturellement tendance à nous impliquer dans ce qui est proche de nous et à négliger ce qui est plus éloigné.

Des expériences en laboratoire mettent en lumière l'importance de notre proximité avec ce que nous mangeons. Imaginez que vous arriviez dans la cuisine d'un laboratoire pour participer à un test de goût. L'enquêteur vous accompagne à l'intérieur, puis quitte la pièce en disant : « Je reviens tout de suite avec des questionnaires. Servez-vous si vous voulez manger quelque chose. » Dans la salle sont disposés deux plats, l'un rempli de pop-corn au beurre, l'autre de pommes coupées en tranches. Vous restez seul pendant six minutes.

Un jour, le bol de pop-corn est sur la table à portée de main, tandis que les morceaux de pomme sont sur un comptoir, bien visibles, mais vous devez vous lever pour vous servir. Un autre jour, ce sont les pommes qui sont sur la table et le pop-corn sur le comptoir.

Qu'allez-vous faire ? Vous pouvez manger de tout et il est logique que vous consommiez ce qui vous fait vraiment envie (probablement le pop-corn), quel que soit l'emplacement. Voilà un autre cas où nos intuitions ne s'avèrent pas justes[115]. Quelle quantité de pop-corn mangeriez-vous si vous n'aviez pas à vous lever ? Beaucoup plus, selon l'étude. Les participants ont ingéré environ 50 calories lorsque les pommes étaient à leur portée, mais trois fois plus quand c'était le bol de pop-corn qui était facilement accessible. Dans cet exemple, la friction tenait tout entière dans la distance. Le simple fait d'éloigner l'aliment le plus riche en calories était dissuasif. Les participants pouvaient voir le pop-corn et le sentir, mais la distance suffisait à les empêcher d'en manger.

J'ai observé ce genre de friction à l'occasion d'une conférence scientifique sur les comportements que j'organise chaque été. Une année, comme il y avait beaucoup d'Européens, j'ai demandé que l'on apporte davantage de fruits parce que je sais qu'ils les aiment plus que les Américains. Les serveurs ont apporté les fruits, mais ils les ont disposés dans un coin, de sorte que les gens devaient se déplacer pour se servir. Lorsque je me suis aperçu de cela, j'ai mis la corbeille à un bout de la table, à un emplacement beaucoup plus accessible. Les fruits ont eu immédiatement beaucoup de succès, même si les bananes étaient trop mûres.

Ce même type de friction liée à la distance opère lorsque nous sommes dans une cafétéria ou devant un buffet. Les études fondées sur l'emplacement des aliments montrent que les consommateurs privilégient dans leurs choix les articles les plus visibles et les plus facilement accessibles[116]. Le simple fait de disposer les desserts en bout de comptoir (plutôt qu'au début) ou de mettre en évidence les aliments les plus sains montre que les restaurants ont une influence sur ce que les gens mangent.

Les magasins d'alimentation ont parfaitement intégré ce type de pression en assimilant le consommateur qui fait ses courses à un pion sur un échiquier. Comme le dit le proverbe américain,

« Le niveau des yeux est le niveau des achats ». Nous serons moins enclins à acheter un article si nous devons nous baisser ou nous mettre sur la pointe des pieds pour l'atteindre. Nous avons l'habitude des grandes surfaces, avec leurs promotions en tête de gondole, les produits de base tels que la viande et le lait présentés en bout de magasin, ce qui vous oblige à parcourir toutes les allées (en croisant tous les produits qui sont exactement au niveau de vos yeux), et les bonbons et les magazines faits pour vous tenter juste à côté des caisses. Pouvez-vous imaginer un magasin où vous trouveriez le lait et la viande en face de vous, dès l'entrée, où les articles les moins chers seraient juste au niveau des yeux et les pommes à côté des caisses à la sortie ? Le principal objectif de ce magasin ne serait pas de faire des bénéfices en surfant sur vos impulsions, mais de privilégier votre santé et votre bien-être.

Il y aurait de bonnes raisons pour qu'existent de tels magasins. Les urbains ont tendance à consommer davantage de fruits et légumes lorsqu'ils vivent à proximité de supermarchés[117]. Cela vaut en particulier pour les épiceries qui consacrent plus d'espace en rayon à ces produits[118]. Les étals de producteurs en sont un bon exemple[119]. À l'été 2010, le Sustainable Food Center (Centre pour l'alimentation durable) d'Austin, au Texas, a installé des stands de fruits et légumes dans des quartiers peuplés majoritairement de personnes à faibles revenus n'ayant pas un accès facile aux fruits et légumes frais. Ceux qui avaient monté cette opération n'avaient pas un objectif d'éducation alimentaire et n'ont pas cherché à faire de la publicité pour ces stands. Ils voulaient simplement étudier les effets de cette proximité accrue sur la consommation.

Plusieurs semaines avant le début de l'étude, les chercheurs ont passé au crible les quartiers situés dans un rayon proche des lieux d'installation choisis. 5 % environ des habitants déclaraient avoir déjà acheté dans un stand de cette nature. En moyenne, les habitants mangeaient environ 3,5 portions de fruits et légumes par jour. Les stands ont été installés à la sortie des écoles et des centres communautaires où des bons d'alimentation (acceptés par les producteurs) ont été distribués.

Deux mois plus tard, près d'un quart des résidents originellement contactés s'étaient fournis dans un stand. Plus important encore, la consommation de fruits avait doublé et les habitants avaient consommé en plus grande quantité de la salade verte, ainsi que d'autres légumes et des tomates. En moyenne, les résidents ayant participé à l'enquête avaient augmenté leur consommation de produits frais d'environ 10 %. Les magasins qui nous entourent peuvent faire beaucoup, semble-t-il, pour promouvoir notre santé.

Est-ce que la proximité a une incidence sur la manière dont les gens font de l'exercice ? En février et mars 2017, une société d'analyse de données s'est intéressée à cette question en utilisant les enregistrements de téléphones portables de 7,5 millions d'appareils pour savoir à quelle fréquence la population étudiée se rendait dans des centres de remise en forme[120]. L'étude a montré que les personnes qui devaient parcourir une distance médiane de 6 kilomètres se rendaient dans leur salle au minimum cinq fois par mois. Cette proportion tombait à une fois par mois pour les personnes qui devaient parcourir une distance supérieure à 8 kilomètres. Cette différence en apparence modeste d'un peu plus de 2 kilomètres sépare ceux qui ont une pratique sportive régulière et ceux qui ne se rendent à la salle que rarement. Pour notre psychisme conscient, une si petite distance ne semble pas être un obstacle. Mais il apparaît clairement qu'elle joue un rôle dans la fréquence avec laquelle les gens se livrent à une activité physique régulière.

La distance peut même avoir une influence sur vos relations amicales. Une étude des années 1950 a suivi les amitiés qui se sont développées entre 260 étudiants mariés revenant de l'armée sur le campus du MIT, à Boston[121]. Ces personnes se voyaient affecter de manière aléatoire un appartement dans de petits immeubles à un étage au début de l'année universitaire. Les chercheurs ont mesuré la distance entre les portes d'entrée de chacun. Ils ont ensuite étudié qui est devenu ami avec qui.

Les relations ne se sont pas nouées par hasard. Il s'avéra que les occupants étaient beaucoup plus susceptibles de nouer des liens d'amitié avec leurs voisins directs et les gens habitant dans le même couloir qu'eux qu'avec les résidents d'autres étages. Les résidents d'unités séparées d'une cinquantaine de mètres ne sont jamais devenus amis. Ceux qui vivaient en bout de couloir étaient moins populaires, car ils avaient moins de possibilités de rencontres. Et les seuls étudiants qui se lièrent avec des gens résidant à un étage différent étaient ceux qui vivaient à proximité des cages d'escalier.

Si vous y réfléchissez bien, cette étude suggère que nous pouvons tirer parti de forces extérieures pour en récolter un avantage social. Si vous déménagez dans une nouvelle ville et que vous voulez connaître des gens, il vous faudra évaluer les différentes forces qui pourront vous aider ou au contraire vous freiner. Le fait de prendre un appartement situé à côté de l'entrée d'une résidence vous permettra de multiplier les contacts. Dans votre nouveau job, n'hésitez pas à choisir un bureau bénéficiant d'une position centrale, par exemple à côté de la machine à café, pour être sûr de rencontrer des gens. Les enfants sont aussi de puissants facilitateurs, car ils vous relient à votre environnement de quartier par le biais de leurs activités scolaires. Représentez-vous ces forces comme des « courants » qui vous entraînent vers les bons rivages et vous éloignent des mauvais[122].

*

Des forces sociales sont introduites par les autres dans notre propre contexte. Ce qu'ils font ou pas influence nos comportements. Nous mangeons davantage en présence de gens qui ont un gros appétit que le contraire, que nous soyons physiquement avec eux ou que nous ayons simplement connaissance de ce qu'ils mangent[123]. Cependant, nous n'admettons pas toujours cette influence. Même lorsqu'elle est manifeste, les gens déclarent généralement qu'ils étaient mus par la faim ou le goût de la nourriture et non par les comportements d'autres personnes[124].

L'implication presque obsessionnelle dans les activités sportives des élèves des écoles militaires fournit un bon exemple de friction créée par autrui. Prenons 3 500 élèves de l'United States Air Force Academy, répartis de manière aléatoire dans des groupes sans possibilité de choisir leurs camarades de chambrée[125]. Les moins motivés par le sport n'avaient pas la possibilité de se regrouper avec des cadets ayant le même profil qu'eux. Conséquence de cette répartition aléatoire, certaines unités comptaient des éléments qui avaient eu d'excellents résultats sportifs au lycée, d'autres des élèves qui avaient eu de moins bons résultats, même si l'ensemble de la population étudiée se caractérisait par un bon niveau de forme physique.

Les étudiants interagissaient en permanence avec les trente membres de leur unité. Ils vivaient dans des dortoirs adjacents, prenaient leur repas et étudiaient ensemble. Au cours des deux premières années, on constate que les étudiants ayant les résultats les plus faibles aux tests de condition physique à leur entrée à l'Académie ont fait baisser le niveau des membres de leur unité. C'est-à-dire que les élèves étaient plus susceptibles d'échouer à leurs tests d'aptitude semestriels lorsqu'ils appartenaient à une unité dont les membres avaient obtenu en moyenne les résultats les moins bons lors de leurs évaluations dans le cadre du lycée.

Les cadets en question imitaient vraisemblablement les programmes d'entraînement des autres. Au sein du groupe, certains s'entraînaient beaucoup, d'autres relativement peu. On peut faire l'hypothèse que ce sont des forces externes plutôt que le sens de la compétition, la recherche du leadership ou d'autres dynamiques de groupe qui étaient ici à l'œuvre, car l'influence à l'intérieur du groupe jouait à sens unique : le fait de compter dans le groupe des camarades moins entraînés faisait baisser les scores aux tests, alors que la présence de camarades mieux entraînés ne les faisait pas augmenter dans la même proportion. Les forces sociales se révélaient dans les occasions de se joindre à des compagnons moins sportifs pour des activités sédentaires, comme regarder un film ou jouer aux jeux vidéo. Les cadets étaient tout simplement moins en mesure de rejoindre des amis ayant une excellente condition physique pour courir par exemple 16 kilomètres, à moins qu'ils ne soient eux-mêmes aussi bien entraînés.

*

Lewin prenait en considération tout à la fois la personne et son environnement. Nous ne sommes pas toujours aussi perspicaces lorsqu'il s'agit de comprendre notre propre comportement. Nous avons tendance à sous-estimer l'effet de l'environnement sur nos façons d'agir et, au contraire, à nous concentrer sur notre propre processus de décision. Comme nous l'avons vu au chapitre 2, nous mettons en œuvre un biais cognitif appelé illusion introspective.

Qu'avez-vous fait la dernière fois que vous avez essayé de changer votre comportement ? Vous vous êtes sans doute demandé ce que vous faisiez mal et pourquoi vous vouliez changer cela. Vous vous êtes concentré sur votre souhait de réussir professionnellement, d'être heureux en couple ou de parvenir à la stabilité financière. Vous avez agi comme si c'étaient vos intentions qui étaient aux commandes.

La croyance dans le libre arbitre présente de nombreux avantages. Elle nous donne la confiance nécessaire pour relever les défis de la vie. Mais elle nous amène aussi à minorer l'influence du monde physique et social dans lequel nous évoluons. Nos intentions les plus fermes nous aveuglent sur les frictions à l'œuvre dans notre environnement quotidien, qui rendent certaines actions faciles et d'autres beaucoup moins. La croyance que ce sont nos intentions personnelles qui gouvernent nous rend dupes : nous oublions que nous avons un corps et que celui-ci existe dans l'espace, immergé dans notre environnement quotidien et soumis à son influence. Vous en arrivez facilement à oublier que votre moi est beaucoup plus vaste qu'une tête pensante.

Le fonctionnement de l'illusion introspective peut être illustré par une expérience menée dans une université canadienne avec 289 étudiants suivant une formation en alternance[126]. Tous avaient manifesté leur ferme intention d'économiser de l'argent pendant le semestre. L'objectif moyen était de plus de 5 000 dollars, soit environ un tiers de leur salaire total.

Juste avant le début de l'étude, les étudiants s'étaient vu proposer un programme de suivi de leurs dépenses censé les aider à épargner. Après avoir reçu des explications sur le fonctionnement du programme, ils étaient appelés à dire si oui ou non celui-ci les aiderait à atteindre leur objectif. Tous ont répondu par la négative. Ce n'était pas par scepticisme sur son utilité. Les étudiants ont déclaré qu'il aiderait les autres, mais pas eux.

Malgré les doutes qu'ils avaient manifestés, certains étudiants ont été enrôlés par les chercheurs dans le programme de suivi budgétaire. À la fin du semestre, 68 % des participants avaient atteint leurs objectifs. Il n'en allait de même que pour 57 % de ceux qui avaient fait cavalier seul. Bien que cette différence puisse sembler négligeable, elle a pu avoir des conséquences dommageables pour les étudiants qui finançaient eux-mêmes leurs études. En surestimant le pouvoir de leurs prévisions initiales, ces étudiants sont passés à côté d'un programme qui aurait pu être bénéfique pour eux.

La manière dont nous sous-estimons l'impact de notre environnement est une constante. Ce biais opère même lorsque les forces qui s'exercent sont puissantes et évidentes, comme le montre l'exemple d'une étude menée avec des étudiants de Standford choisis de façon aléatoire pour participer à un jeu de culture générale[127]. Des étudiants furent sélectionnés au hasard pour poser à d'autres des questions dont ils connaissaient la réponse, telles que « Que signifient les initiales W. H. dans le nom de W. H. Auden ? » ou « Quel est le plus long glacier du monde ? ». En moyenne, les concurrents n'ont obtenu de bonnes réponses que dans quatre cas sur dix.

La situation valorisait les enquêteurs, qui passaient pour plus intelligents. Les personnes qui étaient interrogées étaient fortement désavantagées, car elles devaient essayer de répondre à des questions s'appuyant sur les connaissances spécifiques des interviewers. Néanmoins, l'inégalité des rôles influait sur les auto-évaluations.

À la fin de l'étude, lorsque les participants ont évalué leur propre culture générale et celle de leurs partenaires, il est apparu que les interviewers s'estimaient mieux informés que les interrogés. Étonnamment, ces derniers étaient particulièrement affectés par ce biais. Ayant échoué à répondre aux questions qui leur étaient posées, ils se sentaient bêtes. Leurs explications reposaient sur ce sentiment intime au lieu de mettre en avant le fait que les règles du jeu favorisaient les interviewers à leurs dépens.

Les concurrents auraient pu facilement faire preuve d'indulgence avec eux-mêmes, étant donné que les questions étaient fondées sur les connaissances personnelles de ceux qui les interrogeaient, mais ils ne l'ont pas fait. Ils n'ont pas mis en cause les facteurs extérieurs, pourtant évidents dans cette situation hautement inégalitaire, et ont préféré remettre en cause leurs propres capacités.

Nous avons tendance à négliger l'influence de notre environnement, même si nous réagissons en fonction de lui dans notre comportement et lorsque nous nous évaluons nous-mêmes. Il n'y a donc rien de surprenant à ce que, lorsque nous essayons de changer, nous privilégiions une approche en termes de volonté et de motivation. Nous ne mesurons pas à quel point nos actions sont motivées par notre environnement et par les pressions qui s'exercent sur nous. Mais nos habitudes, oui.

Au lieu de vous culpabiliser quand vous ne parvenez pas à soigner davantage votre forme, à gagner plus d'argent ou à être plus sage, réorganisez votre cuisine. Prenez une coupe à fruits. Mettez-la bien en évidence. Allez au bureau en empruntant un chemin légèrement plus long qui vous évitera un détour par le café et ses frappuccinos tentateurs. Évitez le collègue qui apporte des brownies. Commencez par vous pardonner, puis facilitez-vous la vie en tenant compte du contexte dans lequel vous vivez.

Acquérir des habitudes ne doit pas être une course d'obstacles. Éliminez les points de friction, mettez en œuvre les forces motrices qui conviennent et laissez les bonnes habitudes entrer dans votre vie.

CHAPITRE 7

LA RÉPÉTITION

Un swing de baseball est comme un instrument très finement accordé. C'est une question de répétition, de répétition, et un peu plus encore.

REGGIE JACKSON

Vous avez en tête la carte de votre environnement. Vous avez identifié les forces de retenue, les forces motrices et les pièges dans lesquels vous embarque l'illusion introspective. Vous n'avez conservé dans votre vie que le positif… Alors, quand la magie opère-t-elle ? Quand les bénéfices commencent-ils à se faire sentir ? Quand votre second moi se révèle-t-il et prend-il le dessus ?

Il vous manque encore quelques ingrédients essentiels. Pour les connaître, revenons sur certains des défis de la vie qui ont pu vous amener à lire ce livre.

*

Il est peut-être temps pour vous d'établir un budget. Sinon, votre équilibre financier restera un objectif hors de portée. Hier, vous avez reçu un avis d'une société de cartes de crédit. Vous étiez sûr d'avoir payé le minimum dû, mais vous ne l'avez pas fait. Vous constatez que vos dettes ont tendance à augmenter. Et puis il y a cette facture concernant le dépassement d'honoraires suite à la fracture de votre poignet l'année dernière que vous avez presque – mais pas intégralement – remboursée. L'hôpital a menacé à plusieurs reprises de transférer votre dossier à une agence de recouvrement.

Et qu'est-il advenu de votre résolution du Nouvel An d'adhérer au plan d'épargne-retraite de votre entreprise ? Vous ne l'avez pas encore fait. L'adhésion signifie que vous aurez une retenue supplémentaire sur votre salaire et que vous devrez vivre avec encore moins que maintenant. L'argent semble s'évaporer : un café à 6 dollars par-ci, un déjeuner à 15 dollars par-là. Une soirée avec des amis peut vous coûter jusqu'à 100 dollars.

Il est donc temps de prendre vos finances en main et de trouver comment mettre de l'argent de côté pour les urgences, comme des problèmes de toiture ou de nouveaux pneus. Vous voulez rembourser le solde de vos cartes de crédit et commencer à épargner pour la retraite.

Au début, c'est excitant. Vous êtes fier de votre nouveau sens des responsabilités. Vous apportez votre propre tasse au bureau pour pouvoir boire votre café sur place. 6 dollars économisés chaque matin !

Vous apportez des plats préparés que vous consommez dans la salle à manger de l'entreprise. Rapidement toutefois, vos sandwichs vous semblent déprimants et les repas à l'extérieur avec vos collègues vous manquent.

Vous vous arrêtez au supermarché sur le chemin du retour et essayez de planifier vos repas. Vous prenez du jambon et du fromage, mais vous oubliez d'acheter de la moutarde. Le lendemain, vous vous retrouvez à ingérer un mauvais café et un sandwich sec.

Quand le week-end arrive, vous dégottez une projection gratuite en plein air, mais aucun de vos amis ne veut vous accompagner, car tous ont déjà vu le film. Allez-vous devoir vous trouver de nouveaux amis avec qui passer du temps, compte tenu de votre nouvelle orientation budgétaire ? Vous avez l'impression d'être un paria.

Quand l'habitude prend-elle le dessus pour que cela devienne moins douloureux ? Quand l'épargne cesse-t-elle d'être un exercice d'austérité et d'abnégation pour devenir automatique ?

Quand la magie se met-elle enfin à agir ?

*

Peut-être que le défi que vous vous êtes fixé consiste à modifier les règles du traditionnel dîner en famille. Plus vos enfants grandissent, moins vous êtes au courant de leur vie. Afin de sélectionner une date fixe pour vous retrouver tous autour de la table, vous consultez les calendriers de chacun. Vous trouvez des soirs où tout le monde peut être présent afin de rattraper le temps perdu et échanger sur vos journées respectives.

Vous décidez que, pour permettre à tous de parler, il n'y aura pas de distractions : tous les téléphones portables seront éteints. Pas de télévision en arrière-plan. Pas de repas expédié en vitesse.

La première fois, les choses s'avèrent difficiles. Il faut réunir tout le monde à table quand le dîner est prêt. Personne n'aime avoir son téléphone portable éteint. Votre conjoint vous soutient du bout des lèvres et vos enfants vous regardent avec ressentiment.

Ce premier dîner se déroule dans une ambiance pesante. Vous avez un ou deux enfants maussades et un conjoint perplexe. La seule vraie conversation porte sur le thème : « Les parents des autres enfants ne les obligent pas à faire ça ! » D'accord, vous ne vous attendiez pas à une transition immédiate vers la famille idéale, mais ce n'est pas du tout amusant.

Néanmoins, vous restez déterminé, convaincu des avantages que présentent ces moments en commun. Les enfants qui communiquent régulièrement avec leurs parents présentent moins de comportements à risque, réussissent mieux à l'école et sont moins susceptibles d'être en surpoids[128]. Bien sûr, vous ne pouvez être absolument certain que ces bénéfices procèdent directement des repas en famille, mais les résultats des recherches scientifiques stimulent votre motivation.

Vous vous obstinez à organiser le dîner n° 2. Les enfants ne parlent toujours pas et vous vous sentez stressé. Vous partagez ce que vous pensez être des sujets passionnants (que vous avez soigneusement sélectionnés à l'écoute de la radio ce matin-là). Aucun écho à vos efforts en matière de conversation.

Le dîner n° 3 est difficile à organiser, car il faut trouver une soirée qui colle à l'emploi du temps de chacun. C'est un véritable tour de force de disposer toute la nourriture à table en même temps. Une fois que tout le monde est enfin assis, les mines autour de la table traduisent de la colère et de la rébellion. La nuit commence à tomber.

Il vous aura fallu toute la détermination possible pour que le dîner n° 4 ait lieu. Les enfants ont trouvé des moyens de communiquer entre eux qui excluent les parents. Vous devez continuer à vous rappeler pourquoi vous vous infligez cela.

Votre merveilleux plan ne semble pas progresser vers le succès. Certes, de temps en temps, un enfant se joint à la conversation, mais sombre ensuite dans le silence pour marquer sa désapprobation. Vous ne recevez aucune aide de personne.

Quand la magie va-t-elle enfin opérer ?

*

À quel moment vous endormez-vous ?

Je ne parle pas ici de l'heure à laquelle vous vous couchez ou de l'heure à laquelle vous aimeriez vous coucher. Je veux dire : quand exactement vous endormez-vous ? Cela vous est-il arrivé de faire cette expérience quand vous étiez enfant : vous vous mettez au lit, commencez à vous endormir, puis vous demandez « Est-ce que je dors ? » Bien sûr, dans ce cas, on se réveille tout de suite !

La vérité, c'est qu'il est impossible de savoir. D'abord, on se met au lit, puis on s'endort. Et puis le soleil brille et il est temps de se lever !

L'habitude – notre magie particulière – fonctionne de la même manière. Vous allez commencer à faire ces dîners ou à économiser cet argent chaque semaine et vous allez continuer à le faire… jusqu'à ce que vous ne le fassiez plus. Votre second moi opère, vous réalisez que dix ans ont passé et vous entendez votre aîné expliquer à sa fiancée que les dîners familiaux ont toujours été une tradition dans votre foyer. Comme c'est charmant !

La magie commence silencieusement et vous ne savez pas quand elle se mettra réellement en marche. Vous devez avoir confiance dans le fait qu'elle va opérer, car c'est la façon habituelle dont les actions gratifiantes qui se répètent restructurent la façon dont l'information est stockée dans notre cerveau. Avant cela, il y aura du travail. Tant que nous n'avons pas pris l'habitude de travailler avec les réseaux neuronaux et les systèmes de mémoire, nous devons reproduire de manière délibérée une action nouvelle, même au prix d'une lutte. À un moment donné, cela devient une seconde nature et nous pouvons activer le pilote automatique.

Mais combien de fois devons-nous répéter une action avant qu'elle ne devienne automatique ? Vous avez peut-être entendu dire qu'il faut vingt et un jours pour que quelque chose devienne une habitude. Cela signifierait donc que trois semaines suffisent pour inciter les membres de votre famille à dîner ensemble régulièrement avant qu'ils ne s'accoutument à se parler. Trois semaines, aussi, de planification de votre budget quotidien avant que votre sens de l'économie ne devienne automatique.

Malheureusement, c'est un mythe. Il semblerait que le chiffre ait été lancé par un gourou du développement personnel, Maxwell Maltz, dans son best-seller *Psycho-Cybernetics* paru en 1960[129]. Maltz prétendait estimer le temps qu'il fallait aux gens pour s'adapter aux changements dans leur vie, comme la chirurgie esthétique. Si le concept a eu beaucoup de succès, il ne repose pas sur grand-chose.

La recherche offre de meilleurs outils de connaissances. Pippa Lally, chercheuse postdoctorale dans mon laboratoire, a testé combien de fois il faut répéter les actions jusqu'à ce qu'elles paraissent automatiques. Elle a rémunéré quatre-vingt-seize étudiants de l'université de Londres environ 40 dollars chacun pour participer à une étude de trois mois[130]. Chaque étudiant a cité un geste bon pour la santé qu'il ne pratiquait pas, mais qu'il voulait adopter de manière régulière. Les participants ont ensuite choisi un événement quotidien de leur vie auquel ils pouvaient associer ce nouveau comportement. Un élève a décidé de manger un fruit tous les jours au déjeuner. Un autre a choisi de courir pendant quinze minutes juste avant le dîner. Un autre encore a décidé de boire une bouteille d'eau au déjeuner.

À la fin de chaque journée, les participants devaient se connecter au site de l'étude et indiquer s'ils avaient ou non fait ce qu'ils avaient prévu. Les étudiants devaient également dire dans quelle mesure ils avaient agi « de manière automatique », « sans réfléchir » et « en s'engageant dans l'action avant même d'en avoir conscience ».

Au début de l'étude, les étudiants ont indiqué des valeurs très basses, de l'ordre de 3 points sur l'échelle d'automaticité (qui va de 0 à 42 points). Ils expérimentaient un nouveau comportement et les automatismes ne semblaient pas fonctionner parfaitement. Cependant, comme on pouvait s'y attendre, plus les actions étaient répétées, plus les participants acquéraient ce sentiment d'automatisme. C'est pendant les premières semaines de répétition que l'automaticité augmentait le plus. La troisième fois que les participants ont effectué une action, ils ont peut-être gagné un point sur l'échelle ; la quarantième fois, seulement de l'ordre d'un demi-point. C'est lorsque l'action est la plus difficile à réaliser, c'est-à-dire au début, que votre mémoire des habitudes en apprend le plus.

Soit dit en passant, on peut relever avec une pointe d'ironie que de nombreux étudiants n'ont pas suivi le programme suffisamment longtemps pour fournir des données sur la formation des habitudes. Cela montre à quel point il est difficile de répéter un nouveau comportement chaque jour. Quatorze des quatre-vingt-seize étudiants ont abandonné le programme. Les quatre-vingt-deux autres ne se sont connectés qu'un jour sur deux en moyenne. Une nouvelle action est difficile à installer dans la durée lorsque les seules forces motrices sont de l'ordre de la motivation interne (a) à vouloir l'accomplir, (b) à savoir que c'est bénéfique et (c) à vouloir obtenir de l'argent pour contribuer à financer ses études. Les étudiants n'ont pas fait en sorte de mobiliser des forces externes pour les pousser à poursuivre et à maintenir l'action, lesdites forces prenant par exemple la forme d'un jogging le soir (permettant de promener le chien ou relever le courrier) ou d'une consommation accrue de fruits (en se rendant pour le déjeuner à une cafétéria proposant des fruits comme accompagnement standard).

Le plus rassurant pour ceux d'entre nous qui tentent de prendre une nouvelle habitude est de voir que les participants à l'étude ont pu manquer un jour ou deux sans compromettre définitivement ce qu'ils avaient entrepris. Le jour où ils ont recommencé, l'automaticité était presque aussi élevée que lorsqu'ils ont interrompu le processus. Les manquements occasionnels ne faisaient pas disparaître l'habitude naissante.

C'est un point crucial. Vous pouvez manquer un jour ou deux sans pour autant revenir à zéro. Une omission n'équivaut pas à un permis de tricher ou à un passeport pour l'échec. Votre habitude en cours de formation n'est pas à ce point fragile qu'elle exige la perfection. Elle exige de la persévérance, de la répétition et des astuces pour modifier votre environnement comme expliqué dans le précédent chapitre. Si vous manquez une journée ou retombez dans vos travers, ne désespérez pas. Profitez plutôt de l'occasion pour rendre votre environnement plus porteur. Votre habitude est encore en train de se former.

On constate, dans le cadre de l'étude sur la formation des habitudes, que les différents comportements ont nécessité des quantités différentes de répétitions pour devenir automatiques. En matière d'alimentation, les participants devaient répéter l'action de manger sainement pendant environ soixante-cinq jours avant de le faire sans réfléchir. La consommation automatique d'une boisson saine a nécessité un peu moins de répétitions, soit environ cinquante-neuf jours. L'exercice physique, en revanche, nécessitait plus de quatre-vingt-onze jours de répétitions pour devenir largement habituel.

Il est assez évident que certaines actions sont plus longues à rendre automatiques que d'autres. Si vous apprenez à jouer du piano, vous ne serez pas étonné qu'un concerto de Chopin nécessite plus de pratique qu'une chanson enfantine. Nous apprenons des comportements simples plus rapidement que des comportements complexes. Les actions à composantes multiples, comme aller au gymnase et s'entraîner, peuvent être des habitudes particulièrement difficiles à acquérir.

L'évaluation du caractère automatique d'une action ne fournit qu'une seule réponse à notre question. En moyenne, il a fallu aux participants soixante-six jours de répétition d'un simple comportement relatif à leur santé pour qu'ils ressentent celui-ci comme automatique. Adoptez un nouveau comportement, répétez-le pendant deux mois et une semaine, et vous aurez considérablement augmenté ce sentiment d'automatisme.

Il existe d'autres moyens permettant d'évaluer le temps nécessaire pour acquérir une habitude. Au lieu de se demander ce que l'on ressent lors d'une action, on peut réfléchir aux processus cognitifs qui motivent celle-ci : quand la prise de décision cesse-t-elle d'opérer, faisant que nous n'agissons plus de manière consciente ? Une étude menée auprès de 2 228 donneurs de sang canadiens nous donne un élément de réponse[131]. Les donneurs reçoivent un appel d'Héma-Québec les informant quand il y a une collecte de sang locale et leur proposant de se présenter au lieu de don habituel. Le Québec met ainsi en place des forces motrices pour pérenniser les dons en programmant et en encourageant la participation des gens.

Les participants à l'étude ont été sélectionnés parmi ceux qui ont donné du sang pendant la semaine du 21 au 26 avril 2003. Tous avaient donc donné leur sang au moins une fois, avec une moyenne de quatorze fois dans le passé, allant de zéro à quatre-vingt-dix-sept fois. Les participants ont fait part de leurs intentions de donner du sang au cours des six prochains mois. Les chercheurs ont ensuite suivi ce qu'ils avaient réellement fait l'année suivante.

Comme on pouvait s'y attendre, les donneurs débutants agissaient de manière consciente, donnant leur sang s'ils avaient de solides raisons pour le faire et s'abstenant dans le cas contraire. Cela s'était vérifié pour ceux qui avaient effectué moins de vingt dons dans le passé. Au-delà, leurs actions sont devenues moins délibérées, chaque don supplémentaire minorant la décision préalable à un nouveau don. Pour le groupe qui avait donné quarante fois ou plus dans le passé, l'intention n'avait à peu près plus aucun impact : ses membres continuaient de donner leur sang indépendamment de toute décision consciente.

Là encore, il n'y avait pas de ligne de démarcation claire entre ce qui relevait ou non de l'habitude. Au lieu de cela, les habitudes semblaient se développer et prendre le dessus, contournant progressivement les décisions conscientes. Plus les participants avaient fait de dons dans le passé, plus ils étaient susceptibles de se présenter sans s'interroger sur leurs intentions.

Pour ceux d'entre nous qui veulent acquérir une habitude, quarante répétitions sonnent plus optimistes que soixante-six. Ces différentes estimations proviennent de contextes, d'actions et de mesures très différents en matière de formation des habitudes, de sorte qu'il n'y a pas de chiffre exact. On note simplement que l'estimation la plus basse s'inscrit dans un contexte de don de sang marqué par d'importantes forces motrices, ce qui facilite la répétition de l'action de manière routinière. Cela signifie que vous pouvez réduire votre nombre magique en mobilisant des forces qui vous poussent à répéter l'action de la même manière à chaque fois. Avec des indices plus importants et plus significatifs, votre habitude est susceptible de mûrir plus rapidement.

Il n'est cependant pas facile de faire en sorte que la répétition se produise. Comme l'a fait remarquer le professeur Chen, ancien directeur de la recherche économique de l'entreprise Uber, « le conducteur médian ne tient pas plus de dix courses. Il est difficile de faire adhérer les conducteurs. Cela a toujours été le principal coût [pour Uber]. Il y a beaucoup moins de gens prêts à conduire leur propre véhicule que de gens prêts pour faire un tour quelque part. Cela coûte très cher d'attirer un conducteur. Il faut faire une vérification des antécédents, demander à un mécanicien d'inspecter la voiture, faire un tas de choses. J'investis donc 1 000 dollars dans votre carrière de chauffeur, et vous ne faites que huit voyages. Je viens donc de perdre une énorme somme d'argent[132]. »

De nombreux conducteurs d'Uber ne semblent pas comprendre les forces de retenue qui existent lorsqu'ils prennent ce travail. « La question est, dit Chen, de savoir où est l'obstacle. Au début, c'est une tâche difficile. C'est socialement gênant. Un étranger est soudainement assis à l'arrière de votre voiture et vous devez trouver comment gérer cette relation de ramassage et de dépôt. » Uber a donc modifié l'environnement en ajoutant des forces externes pour que les conducteurs continuent à travailler. « Une approche consiste à concevoir des ramassages en continu », explique M. Chen. Vous l'avez probablement remarqué : avant que votre chauffeur ne vous dépose, sa course suivante est déjà planifiée. C'est comme avec Netflix. C'est automatique. Uber mène énormément d'analyses pour permettre à ses chauffeurs d'enchaîner plusieurs trajets. C'est une bonne chose pour plusieurs raisons. Parmi elles, le fait qu'il n'y a plus de temps mort, ce qui donne la possibilité aux chauffeurs de gagner plus d'argent.

Cela a aussi l'avantage d'être automatique : « Bien sûr que je vais te déposer, ouais, fantastique, maintenant je passe prendre le prochain gars. » Et puis, deux heures plus tard, le chauffeur déclare : « Arrêtez de m'envoyer des trajets, je dois faire une pause pipi. » « Nous avons passé beaucoup de temps à concevoir l'interface chauffeur pour éviter les temps morts, explique M. Chen. Nous ne gagnons de l'argent que lorsque le conducteur gagne de l'argent. L'idée est de ne pas leur donner le temps de basculer sur Lyft ou de se mettre en off pour le reste de la journée. »

Dans le cas d'Uber, le nombre magique des forces extérieures semble avoir été réduit à dix. C'est beaucoup moins que soixante-six. Cela montre bien ce qui devient possible quand des esprits brillants se penchent sur la formation des habitudes. Mais en réalité, n'êtes-vous pas le plus grand expert mondial de votre propre vie ? Vous savez certainement comment organiser des dîners en famille et réduire vos dépenses. Votre chiffre magique est susceptible de chuter avec chaque élément de contexte que vous vous créez.

Un mois de dîners d'ailleurs de moins en moins pénibles vaut bien une tradition familiale enrichissante qui s'installe dans la durée. Ou bien un mois où vous vous sentez un peu moins pauvre chaque fois que vous décidez de ne pas gaspiller votre argent pour quelque chose dont vous n'avez pas vraiment besoin.

*

Une nouvelle habitude saine doit cependant tenir compte d'autres éléments. Il reste très peu dans nos vies d'espaces vides qui ne soient déjà occupés par des habitudes mineures ou embryonnaires. À l'âge adulte, la quasi-totalité de notre journée – et la façon dont nous la remplissons – est le résultat d'une lutte entre diverses habitudes contradictoires et qui se déroule juste sous la surface de notre conscience.

Au départ, vous rêviez de grandes discussions à l'occasion des dîners en famille et des liens durables que vous créeriez entre les personnes que vous aimez le plus. Ou bien vous étiez fier d'imaginer votre patrimoine augmenter et étiez satisfait de pouvoir rembourser tous les mois intégralement l'encours de vos cartes de crédit. Mais la réalité s'impose et vos sentiments commencent à changer. Les regards maussades de vos enfants, soir après soir, ou le rejet de votre carte dans vos magasins préférés affaiblissent votre détermination. Vous n'êtes plus aussi enthousiaste quant aux avantages de vos décisions audacieuses. Votre première pensée n'est plus « Je dois faire ce changement ». C'est maintenant « Tout ça pour ça ? ».

Outre le défi permanent que représente l'adoption de nouveaux comportements, il vous faut encore lutter contre les anciens. L'ancienne habitude – celle que vous vouliez changer – n'a pas immédiatement disparu avec votre décision de faire quelque chose de mieux pour votre famille ou vos finances. Elle a refait surface dès que votre volonté a commencé à faiblir. Insensiblement, vous revenez à votre point de départ.

C'est là que la répétition de la nouvelle action devient un outil particulièrement utile (et pas seulement une description vide de sens de ce à quoi ressemblent nos habitudes). Après un certain temps, la résolution des conflits commence à favoriser le nouveau comportement. Comme nous l'avons vu au chapitre 3, cela s'explique par la vitesse de traitement de ces conflits.

Les habitudes se transmettent vite au psychisme. Il suffit d'appréhender le contexte pour que la réponse se déclenche automatiquement. Prendre une décision, en revanche, prend un peu plus de temps et nécessite davantage de contrôle cognitif et d'efforts. Et la prise de décision est particulièrement difficile lorsque vous vous interrogez sur la pertinence de réunir votre famille à table ou de préparer un repas tout simple à la maison.

La rapidité avec laquelle les habitudes se transmettent au psychisme leur confère un avantage. Lorsque les gens agissent par habitude, ils éprouvent moins de conflits avec leur désir de faire quelque chose de différent[133]. Nous nous retrouvons à agir avant d'avoir eu la chance d'examiner si c'est vraiment ce que nous voulions faire. Cette rapidité est une bénédiction lorsque les habitudes coïncident avec ce que nous voulons faire, mais un fléau lorsqu'elles correspondent à quelqu'un chose d'indésirable et qu'il nous faut les contrôler.

La répétition ne doit donc pas être considérée comme une sorte d'amorce magique pour les habitudes, mais plutôt comme un moyen de déclencher une action mentale rapide. La deuxième fois que vous faites quelque chose réclame moins de temps et d'effort mental que la première. La troisième demande moins que la deuxième. Et ainsi de suite. Cela crée une condition mentale favorable pour qu'une habitude s'installe et prenne le dessus. La dixième fois (ou la soixante-sixième), vous y pensez à peine : l'habitude s'est installée.

Pour mettre en évidence la dynamique de la vitesse, il a été demandé à des étudiants néerlandais dans le cadre d'une étude si le vélo était un moyen adapté pour se rendre en six lieux différents de la ville[134]. Tous ont répondu par l'affirmative – les Néerlandais sont de grands cyclistes – mais certains ont réagi plus rapidement que d'autres. Quatre semaines plus tard, les étudiants furent interrogés pour savoir combien de fois ils s'étaient rendus à vélo dans ces différents lieux. Les étudiants qui avaient répondu le plus rapidement aux questions au début de l'étude étaient ceux qui utilisaient le plus souvent ce moyen de transport. De manière plus révélatrice encore, lorsque le vélo s'est imposé prioritairement à leur esprit, il s'est avéré que les étudiants ont choisi cette option sans tenir compte de leurs déclarations au début de l'étude, à savoir s'ils avaient l'intention d'utiliser le vélo, les transports en commun ou la voiture. Ces étudiants à qui le vélo est venu en premier à l'esprit ont simplement enfourché leur bicyclette sans s'interroger au préalable sur leurs intentions. Chacun d'entre eux pouvait bien sûr décider de ne pas faire de vélo ce jour-là et de prendre plutôt le tramway. Mais la vie est déjà assez compliquée et il est généralement plus facile d'agir simplement en se fondant sur la première pensée qui vous vient à l'esprit.

Non pas que le premier comportement qui vienne à l'esprit soit toujours le bon. Parfois, nous devons combattre cette manière de réagir systématiquement en fonction du contexte pour supprimer des habitudes qui ne sont pas souhaitables. Prenons un exemple : un soir, une voisine avait prévu de me rejoindre à la réunion parents-enseignants de l'école primaire. Elle habitait à côté de l'école et je me souviens l'avoir regardée avec une pointe d'amusement quitter sa maison, monter dans sa voiture et se diriger vers le parking – alors que sa porte d'entrée était plus proche de l'école que l'endroit où elle devait se garer ! Elle avait tellement intégré l'habitude de circuler en voiture qu'elle n'envisageait pas d'autre option, quel que soit l'endroit où elle allait.

La vitesse n'est pas le seul facteur à l'œuvre. Elle est associée avec une autre conséquence de la répétition : la rationalisation de la prise de décision. Nous cessons d'envisager des actions alternatives. Dans la plupart des cas, cela s'avère efficace et fonctionnel. Mais parfois, nous rationalisons les décisions alors que nous aurions intérêt à envisager davantage d'options.

Dans le cadre d'une autre étude relative à l'usage du vélo chez les Néerlandais, les étudiants ont été invités à indiquer la fréquence à laquelle ils utilisaient leurs vélos pour se rendre en cours et se déplacer en ville[135]. Les étudiants devaient ensuite indiquer comment ils se rendraient de leur domicile à un magasin pris au hasard, les possibilités étant la marche, le bus, le vélo, le tram et le train. Avant de se décider, les participants avaient la possibilité de cliquer sur trente informations différentes pour connaître leur destination. Ils n'étaient jamais venus à cet endroit auparavant, il était donc logique qu'ils recueillent autant de données que possible, notamment sur la durée du voyage, la fatigue du trajet, le temps qu'il prendrait et la probabilité qu'il y ait des retards.

L'étude a montré que les étudiants qui se servent souvent du vélo n'avaient pas besoin de beaucoup de données pour décider. Ils se sont surtout concentrés sur les informations concernant le vélo. Ils n'ont pas sérieusement envisagé les autres options avant de prendre une décision. Ils ont examiné environ quatorze informations au total. Au final, 82 % d'entre eux ont choisi de prendre leur vélo – comme ils le faisaient de manière habituelle. Les étudiants qui utilisaient moins souvent ce mode de transport se sont davantage interrogés. Ils ont cliqué sur dix-neuf éléments d'information avant de se décider. Ils se sont concentrés de la même manière sur toutes les options en explorant les avantages et les inconvénients de chaque mode de déplacement. Seuls 50 % de ces élèves ont finalement choisi le vélo.

La répétition a favorisé un choix limité, déterminé par ce que les étudiants avaient fait précédemment de manière habituelle. Les motards, par exemple, ne se sont pas arrêtés sur d'autres options. Dès qu'ils ont fait leur premier choix, ils s'y sont arrêtés, sans prendre en compte une autre option. Cela est apparu même lorsque les chercheurs ont demandé aux participants d'examiner toutes les options qui s'offraient à eux. Néanmoins, les habitudes ont quand même permis de pondérer la prise de décision par environ cinq éléments d'information, soit une économie de près d'un quart.

Ce type de vision étroite bénéficie aux dirigeants d'organisations de toutes sortes. Dans une étude, on a demandé à des titulaires de MBA ayant environ six ans d'expérience en gestion d'imaginer qu'ils travaillaient dans une société informatique s'apprêtant à lancer un nouvel ordinateur portable[136]. On leur a remis un prototype à tester et qu'ils devaient comparer avec trois autres, équivalents en qualité et déjà présents sur le marché. 50 % des participants ont choisi le prototype comme étant le meilleur et ont jugé que le conseil d'administration de l'entreprise voterait de la même façon. Comme tous les ordinateurs portables étaient en fait équivalents, la première option n'aurait dû être privilégiée que dans 25 % des cas dans le cadre d'une évaluation objective. Pour comprendre pourquoi ces gestionnaires en herbe prenaient des décisions aussi biaisées, les chercheurs ont codé leurs pensées. Il s'est avéré que plus les managers négligeaient les autres portables pour se concentrer sur le seul prototype, plus leurs jugements étaient favorables à celui-ci. Et ils ne se contentaient pas de faire ce qui leur semblait le plus simple. Ils pensaient que le conseil d'administration serait d'accord avec leurs jugements, signe certain d'une vision limitée.

Cela ne vous aura pas échappé au vu de l'expérience décrite au chapitre 2 : pour la plupart d'entre nous, nous avons tendance à aller voir le dernier article que nous examinons dans un magasin et à le déclarer de la plus haute qualité. Alors, pourquoi les managers s'en tiennent-ils à leurs options initiales ? Parce que le contrôle cognitif nécessaire à la prise de décision demande du temps et de l'énergie et que les managers ont à prendre de nombreuses décisions. Dans le monde réel, ils n'ont pas le temps d'envisager des alternatives. Cependant, ils ont le choix entre un grand nombre d'options dans un grand nombre de contextes différents. Il n'est pas surprenant que le fait d'opérer des choix de manière rapide et irrévocable fasse partie de leur style de leadership. Exactement comme lorsque nous avons des habitudes ancrées dans notre esprit, le choix de la première option réduit la perte de temps associée au passage en revue des alternatives.

À la maison, un environnement adapté fera de votre premier choix le meilleur. Cela peut être aussi simple que de cacher la télécommande et de mettre sur le dessus de la pile le roman que vous essayez de terminer. Même mon fils très motivé par les courses cyclistes trouve utile de caler à l'avance ses séances d'entraînement du soir. Il installe son vélo d'entraînement dans le salon le matin, de sorte que c'est la première chose qu'il voit en rentrant à la maison après sa journée. Ainsi, la première option qu'il envisage est celle qui répond à ses objectifs. En organisant votre environnement, vous pouvez orienter la tendance à rationaliser la pensée à votre avantage. Vous pouvez faire de votre premier choix le meilleur, toujours.

*

La répétition a un autre effet important pour nos objectifs : elle modifie notre expérience d'une activité, de sorte qu'elle semble plus facile. En 2005, une étude a suivi pendant trois mois quatre-vingt-quatorze membres d'un club de gym récemment ouvert au Royaume-Uni afin de déterminer comment les gens s'accrochent à leur entraînement[137]. Les membres du club avaient payé un bon prix pour s'inscrire et, dans les premiers temps au moins, entendaient se tenir à leurs bonnes résolutions.

Vous devinez ce qui s'est passé ensuite : le taux d'abandon a été colossal. (Ne nous mentons pas : le business des clubs de gym surfe sur ce type de comportements !) Cependant, 29 % des personnes interrogées ont fréquenté la salle de sport chaque semaine pendant trois mois.

Qui sont ceux qui ont réussi à persévérer ? Pas nécessairement les plus volontaires (si l'on se fonde sur l'expression initiale de leur engagement) ni les plus fondus de sport – au départ, les 71 % restants – les décrocheurs – étaient tout aussi motivés.

Le tiers des personnes ayant persévéré ont déclaré au départ qu'elles maîtrisaient leur programme d'exercices et qu'elles étaient tout à fait capables de s'entraîner régulièrement. Pour quelles raisons ces personnes pensaient-elles présenter un niveau élevé de contrôle comportemental perçu (comme les psychologues appellent ce genre de jugement) ? L'étude ne l'a pas dit. Mais nous savons qu'ici, ce ne sont pas des forces internes – le goût pour l'exercice ou l'intention de se rendre à la salle – qui sont à la base de cette persévérance. Je soupçonne que cela était plutôt de l'ordre du contrôle situationnel, du genre de celui que l'on exerce en libérant dans son emploi du temps une plage pour favoriser le fait d'aller à la salle. Il est possible que les quelques personnes qui ont persévéré aient réservé l'heure du déjeuner certains jours pour faire de l'exercice ou aient fait en sorte de se libérer pour passer à la salle après le travail. Les actions semblent plus faciles lorsque nous mettons en place des forces externes pour nous pousser à agir ainsi.

Les 29 % ont tous fait une chose essentielle : ils sont allés régulièrement à la salle pendant au moins cinq semaines.

Ils avaient pris l'habitude de faire sport. Ils ont persévéré, quelle que soit la force de leurs intentions initiales. C'est le schéma habituel : grâce à la répétition régulière, nous cessons de nous interroger sur nos intentions et continuons simplement à agir (bien que considérer que cinq semaines soient suffisantes pour la formation d'une habitude soit très optimiste !).

Ce qui est vraiment intéressant, ce sont les effets « en aval » de la fréquentation régulière du club. À l'issue de l'étude, lorsque les participants ont rempli le questionnaire d'évaluation, nos 29 % ont déclaré qu'ils se sentaient encore plus capables et qu'ils maîtrisaient encore mieux leurs exercices qu'au début. Ils avaient acquis une plus grande confiance dans leurs capacités.

Pour les membres qui ont abandonné, cependant, la perception d'un point de friction a en fait augmenté. Lors de l'évaluation finale, les 71 % qui avaient échoué voyaient l'exercice physique comme quelque chose d'encore plus difficile et plus éprouvant qu'au début de l'étude.

Plus surprenant encore, les participants qui ont réussi à prendre l'habitude de s'entraîner au cours des douze semaines écoulées ont déclaré vouloir aller davantage encore à la salle de sport.

Non seulement ils ont fait de la salle leur premier choix pendant plusieurs semaines d'affilée, mais cette régularité a renforcé leur désir de continuer à y aller.

Les résultats de cette étude peuvent sembler évidents. Les gens qui vont à la salle… finissent par y aller de plus en plus souvent. Mais si vous lisez ceci à la lumière de ce que nous avons développé jusqu'à présent, vous en verrez l'utilité : les habitudes viennent de la répétition. Le comportement engendre le comportement. Inutile de chercher quelque chose de plus compliqué, de plus rare ou de plus sophistiqué. C'est formidablement libérateur. Voilà qui devrait vous rendre optimiste. Si vous continuez à le faire, cela se fera de plus en plus facilement. Facilitez-vous la vie !

*

Justement parce que je ne voudrais pas surestimer le pouvoir de la répétition, permettez-moi d'ajouter une dernière mise en garde. La plupart d'entre nous s'attachent à transformer des comportements en habitudes afin de devenir de meilleures personnes – de meilleurs partenaires, des parents plus efficaces, des gens en bonne santé, plus productifs et plus solvables. La répétition peut rendre ces choses plus automatiques et nous aider à en profiter davantage.

Certains d'entre nous considèrent la répétition comme une voie rapide vers la grandeur et la performance de haut niveau. Cette idée a une longue histoire. Aristote est réputé pour avoir dit : « Nous sommes ce que nous faisons de manière répétée. L'excellence n'est donc pas un acte, mais une habitude » (pour reprendre la formule adaptée du grec ancien par l'historien Will Durant)[138]. Il est certainement exact qu'une pratique ou que des activités répétées visant à augmenter nos performances peuvent nous rendre meilleurs dans des activités aussi différentes que la musique, l'écriture ou l'athlétisme. Nous prenons l'habitude de répéter les actions autant que possible afin de laisser notre moi conscient libre d'interpréter les nuances d'une partition musicale, d'inventer des histoires et de bouger avec une grâce athlétique. Mais cette formule d'Aristote n'est pas tout à fait exacte (et peut-être, d'ailleurs, n'est-ce pas exactement ce qu'il voulait dire).

L'excellence et la répétition ne sont pas la même chose. Nous le savons par expérience. Nous avons tous vu beaucoup de gens s'engager dans quelque chose qu'ils ne font pas particulièrement bien. Ils le font peut-être par esprit de lucidité. Ou peut-être se sont-ils trompés eux-mêmes et peut-être les encourageons-nous poliment à se tromper ; mais l'excellence ? Non.

Nous savons tous que la répétition est nécessaire pour exceller dans quelque chose, mais il n'est pas évident qu'elle soit suffisante. L'opinion commune a pris une position forte : la règle des 10 000 heures de Malcolm Gladwell donne même un chiffre précis. Avec un tel niveau de pratique, a-t-il soutenu, la plupart des gens peuvent exceller[139]. Stephen Curry, l'un des joueurs les plus en vue de la NBA, réputé pour la qualité de ses tirs, semble incarner cette règle[140]. Petit et maigre à l'époque du lycée, il n'avait pas le physique de l'emploi. Il l'a rappelé dans une interview : « Aucun entraîneur d'un collège supérieur de division 1 ne voulait me recruter et me proposer une bourse[141]. » Mais Curry s'est obstiné et s'est fait remarquer pour sa discipline exceptionnelle et ses qualités de jeu[142]. Il pourrait être une publicité ambulante pour la règle des 10 000 heures. Toutefois, il est aussi cette personne sur un million née avec l'excellence qui n'attend que d'être exploitée. La recherche favorise cette dernière interprétation (surtout si l'on tient compte du fait que le père de Curry était un joueur professionnel reconnu).

Une analyse de quatre-vingt-huit études a permis de mettre en évidence dans quelle mesure la pratique volontaire était étroitement associée aux performances dans le domaine de la musique, des jeux, du sport, de l'éducation et de l'activité professionnelle[143]. Avec plus de pratique, les gens réussissaient mieux dans les jeux, en musique et dans les sports. Cependant, 75 %, voire davantage, de leur succès ou de leur échec étaient dus à des facteurs tels que les dons, les opportunités et le fait d'avoir été initiés à leur discipline par des enseignants de qualité. En matière d'éducation et de métiers, la pratique fait encore moins de différence. Cependant, comme on pouvait s'y attendre, la pratique volontaire a davantage bénéficié aux activités habituelles et codifiées (par exemple, la correction d'épreuves) qu'aux activités moins encadrées par des règles (la création littéraire). Il est évident que c'est trop espérer que la simple répétition fasse de nous tous des stars.

Cependant, la perspective d'acquérir de bonnes habitudes vous permettra de libérer des parties de votre vie auparavant polluées par des choses consciemment consenties dont vous n'aviez pas besoin. Vous serez en mesure de laisser vos habitudes gouverner une grande partie de vos journées.

C'est à vous de décider ce que vous ferez avec tout ce temps libre et cette énergie.... Peut-être l'utiliserez-vous pour revoir des matchs avec Stephen Curry et travailler vos tirs. Vous êtes peut-être, vous aussi, cette personne sur un million. Avec une vie réservant plus de place aux bonnes habitudes, vous aurez au moins plus de temps pour le découvrir !

CHAPITRE 8

LA RÉCOMPENSE

Je n'ai jamais travaillé un seul jour de ma vie.
Ce n'était que du plaisir.
THOMAS EDISON

La différence irréductible entre un ordinateur et vous, c'est que votre patience s'épuisera un peu plus tôt que celle d'un morceau de silicium semi-conducteur. La mienne aussi. Un logiciel ne se lassera jamais de faire la même chose autant de fois que vous le lui demanderez. L'infini, pour un ordinateur, n'est limité que par son alimentation électrique. Pour une machine, le fait de répéter une opération ne présente pas de différence essentielle avec celui de ne rien faire.

Il n'en va pas de même pour vous. Vous êtes fatigué de faire les mêmes choses. Vous êtes curieux. Vous voulez de la diversité et de la stimulation. Vous avez besoin de quelque chose de plus que la routine de la vie et son caractère répétitif.

Ce « quelque chose de plus » est la dernière des trois caractéristiques à prendre en compte quand se forme une habitude. Le contexte vous facilitera la tâche et la répétition fera démarrer le moteur. Cependant, si vous n'obtenez pas en cours de route une récompense, même minime, pour votre effort initial, cette habitude ne se développera pas d'elle-même.

Les récompenses ne prêtent pas à confusion. Nous connaissons le marché depuis le premier jour : nous faisons quelque chose que nous ne ferions pas spontanément par nous-mêmes pour obtenir quelque chose en retour. Si ce quelque chose vous semble assez bien, alors l'effort initial en vaut la peine. Mais, comme pour les autres éléments intervenant dans la formation des habitudes, ce qui est apparemment simple révèle en fait beaucoup plus complexe.

*

Pour jouer leur rôle dans la formation des habitudes, les récompenses doivent être plus importantes et plus intenses que celles que vous obtiendriez normalement. Certes, cela va probablement réclamer un peu de réflexion, de créativité et d'attention supplémentaire. Cela peut vous sembler peu romantique, mais si vous voulez renforcer l'intimité que vous avez avec votre conjoint, vous devez déployer des démonstrations d'affection qui aillent au-delà du simple baiser sur la joue quand vous vous retrouvez le soir. L'utilité de cette récompense inattendue est justement qu'elle est, eh bien, inattendue. Le montant de la récompense indique implicitement que les attentes de votre conjoint étaient trop faibles. C'est une invitation à recalibrer la chaleur et l'attention qu'il peut attendre de votre part en partageant avec vous le récit de sa journée au dîner ou en riant à vos blagues. Ce sentiment est le meilleur point de départ possible pour la formation d'une nouvelle habitude.

Voici comment cela fonctionne : dans cette situation, un surcroît d'affection est inattendu, de sorte que la manière qu'avait votre conjoint d'anticiper votre comportement habituel constituait en quelque sorte une erreur (appelée erreur de prédiction de la récompense). Dans le cerveau, la délivrance de récompenses inattendues stimule la libération de dopamine. La dopamine est un neurotransmetteur, ou signal chimique, qui facilite le passage de l'information d'un neurone à l'autre. Lorsque la dopamine est libérée d'un neurone dans une synapse (l'espace entre les neurones), elle est captée par des récepteurs dans un neurone récepteur. La transmission se fait par des voies dans notre cerveau. La formation de l'habitude implique plusieurs voies de la dopamine, en particulier la voie sensorimotrice, dans laquelle la dopamine libérée par les neurones du cerveau moyen est captée par des récepteurs dans le putamen, qui est lié aux domaines moteur et sensoriel (cortex sensorimoteur, pallidum)[144]. Plus une récompense inattendue est importante, plus la dopamine est libérée (avec d'autres produits chimiques) et plus les synapses de cette voie deviennent efficaces pour envoyer et recevoir un signal[145].

Le cerveau de votre partenaire enregistre votre démonstration d'affection gratifiante et inattendue en libérant de la dopamine. Il met alors en place les bases neurales pour la formation d'habitudes, car les neurones, les synapses et les voies fonctionnent ensemble pour enregistrer et réagir à ce qui vient de se passer. La dopamine est comme un signal d'enseignement qui ordonne aux zones neuronales impliquées dans la sélection des actions de favoriser le récit de la journée écoulée ou de rire de vos blagues lorsque les zones sensorielles rencontrent ces mêmes caractéristiques contextuelles (à savoir, vous à la table du dîner). Le signal des neurones dopaminergiques imprime les détails de la récompense dans la mémoire[146]. Le cerveau de votre conjoint est maintenant un peu différent. Il est prêt à recevoir et à reconnaître vos marques d'affection supplémentaires à venir. On peut dire que vous avez aidé le cerveau de votre partenaire à espérer davantage, à être plus optimiste, plus préparé à l'amour.

Votre conjoint apprend que le fait d'exprimer ses sentiments au dîner et de rire de vos tentatives d'humour suscite une affection qui n'aurait pas été possible autrement. Que votre conjoint soit du genre à se dévoiler ou que vous soyez vraiment drôle, cette récompense est susceptible d'encourager de nouveau ce comportement. Si elle se reproduit régulièrement, une véritable manifestation d'affection de votre part générera des associations entre l'heure du dîner et le fait de se livrer de manière intime et entre vos plaisanteries et l'envie de rire. C'est un moyen important pour les gens de renforcer leurs relations. La formation d'habitudes mutuelles se développe lorsque les deux parties sont des éléments importants du contexte de vie de l'autre. Il peut sembler déshumanisant d'en parler en ces termes, mais ce n'est pas forcément le cas. Votre second moi interagit avec celui de votre conjoint à tout moment, tout autant que vos intentions et votre volonté sont enchevêtrées avec celles de votre conjoint. Vous avez le pouvoir de laisser tous ces éléments activer et soutenir les autres.

Les récompenses inattendues fonctionnent dans tous les domaines de notre vie, y compris au supermarché. Obtenir un bon de réduction sur le lait ne changera pas vos habitudes d'achat. En revanche, une sortie shopping marquée par une promotion surprise active la dopamine et, si cette bonne affaire se représente, il se pourrait que vous preniez l'habitude d'acheter cette marque. La formation d'une habitude influence également la libération de dopamine dans d'autres zones du cerveau. À mesure que votre habitude d'achat se développe, d'autres zones de décision peuvent devenir moins actives, en particulier le cortex préfrontal (notamment le cortex orbitofrontal). Après une répétition, vous prenez automatiquement le lait de cette marque sans comparer les prix. Vous ne prenez plus de décision.

La dopamine nous aide également à tirer les leçons de nos erreurs. Lorsque nous agissons d'une manière qui ne nous apporte pas les récompenses que nous attendions, les neurones dopaminergiques diminuent leur activité, signalant qu'il faut éviter cette action à l'avenir[147]. Notre cerveau réagit si nous rentrons tard à la maison et manquons le baiser de notre conjoint ou si les réductions sur certains articles n'ont plus cours et que nous devons désormais payer le prix fort.

C'est le côté sombre des récompenses interpersonnelles. Le fait de refuser des témoignages d'affection et de réagir de manière blessante par rapport à son conjoint est un marqueur de relations de violence émotionnelle[148]. Lorsque les partenaires ne sont pas vraiment affectueux ou qu'ils utilisent l'affection de manière stratégique, il y a alors violence. Tout comme les addictions, dont nous parlerons au chapitre 13, ces relations abusives peuvent être des déformations, parfois tragiques, de nos réactions normales face à l'affection et aux récompenses.

La dopamine est parfois appelée l'hormone du bien-être dans la mesure où elle participe de notre expérience des récompenses. Néanmoins, l'information spécifique véhiculée par la libération de dopamine dépend du moment où elle intervient, des neurones d'envoi et des récepteurs concernés. Les effets de la dopamine se manifestent en quelques secondes, les premières étapes du traitement signalant la *saillance* ou tout autre chose à laquelle nous prêtons soudain attention[149]. La nouveauté comme la saillance physique activent les neurones de la dopamine, comme lorsque cette soudaine odeur de brioche à la cannelle au kiosque de l'aéroport vous surprend. La dopamine signale les récompenses qui permettent d'acquérir des habitudes et nous donne l'énergie et la force nécessaires pour poursuivre des actions qui ont des conséquences positives et nous permettent d'atteindre nos objectifs.

Tout cela signifie une chose importante pour nos objectifs : la dopamine fixe une échelle de temps pour l'apprentissage des habitudes. Elle fait immédiatement monter en flèche dans notre cerveau une récompense, en réaction à l'importance et à la valeur du stimulus que nous venons de recevoir. Sans préjuger des découvertes encore à venir concernant le timing neuronal, il est acquis que la dopamine favorise l'apprentissage des habitudes en moins d'une minute[150]. Les récompenses imprévues que vous recevrez dans l'avenir, comme une prime d'ici à deux semaines ou un trophée sportif, ne changeront pas les connexions neuronales de la même manière. Les récompenses doivent être ressenties juste après une action précise afin de créer des associations d'habitudes (contexte-réponse) dans la mémoire.

Compte tenu de ce timing, les récompenses les plus efficaces pour la prise d'habitudes sont souvent intrinsèques à un comportement ou font partie de l'action elle-même. Cela peut être le plaisir que vous éprouvez lorsque vous lisez une histoire captivante à vos enfants et que vous voyez leur joie ; ou encore la satisfaction que vous ressentez lorsque vous faites une bonne action, comme lorsque vous participez à une distribution de repas pour des personnes démunies. Vous n'êtes pas un rat. Si vous faites du bénévolat, vous n'allez pas ensuite vous acheter une grande tablette de chocolat en attendant que l'habitude d'aider gratuitement les autres se forme en vous. Laissez le bénévolat lui-même être la récompense. Profitez de l'humanité qui est en vous.

La « Fun Theory » (la « théorie de l'amusement » rendue célèbre par l'utilisation que Volkswagen en a faite en 2009 pour une campagne de marketing) met en lumière la manière dont agissent les récompenses intrinsèques. Dans le cadre de cette opération, le constructeur automobile a remplacé les escaliers mécaniques d'une station de métro d'Oslo par des escaliers dont les marches étaient des touches de piano[151]. Sans surprise, les voyageurs qui empruntaient les escaliers se sont rués sur cet escalier ludique. L'idée a été reprise dans un parc public, où les poubelles ont été programmées pour émettre un bruit semblable à celui d'un objet tombant dans un puits, ce qui a incité les passants à ramasser des déchets supplémentaires pour les jeter afin de pouvoir entendre de nouveau le bruit[152].

Dans le but d'évaluer les avantages des récompenses intrinsèques, une étude a examiné les habitudes d'exercice physique d'un groupe d'étudiants[153]. Comme on pouvait s'y attendre, ceux qui aimaient faire de l'exercice – qui le considéraient celui-ci comme une activité amusante leur permettant de se sentir bien – en faisaient plus souvent, présentant cela comme quelque chose d'habituel et automatique. Ils n'avaient pas besoin de réfléchir beaucoup avant d'aller faire un jogging ou de se rendre à la salle. Le plus intéressant est que les élèves qui faisaient de l'exercice tout aussi souvent, mais en indiquant qu'ils le faisaient surtout par culpabilité ou pour faire plaisir aux autres, n'ont pas réussi à prendre une habitude solide. Comme nous l'avons vu dans le chapitre précédent, la répétition est nécessaire pour que des habitudes se forment. Cependant, elle seule ne suffit pas.

Les étudiants qui n'ont pas perçu la récompense que crée la répétition automatique ont continué à aller courir ou à se rendre à la salle consciemment, mais sans qu'une habitude utile ne prenne le dessus. Un petit changement les aiderait à mieux profiter de leur expérience de la pratique sportive. Ils devraient continuer à faire ce qu'ils font – mais sans culpabilité ni obligation envers les autres. En se concentrant sur ce qu'ils veulent, ils donneraient à la récompense intrinsèque l'espace nécessaire pour se manifester et se faire sentir.

Des études en laboratoire montrent que, dans certaines conditions, les récompenses ont ce pouvoir. Comme nous l'évoquions au chapitre 5, des étudiants ont participé à un jeu vidéo consistant à choisir et à consommer des mini carottes de manière habituelle[154]. Certains des participants à l'étude ont également indiqué qu'ils souhaitaient vivement être en bonne santé et minces, ce qui constituait une récompense supplémentaire. Ces étudiants ont pris des habitudes de choix particulièrement solides et qui ont persisté même si, à la fin de l'étude, ils avaient la possibilité de choisir des M&M's. Plus les étudiants ont été récompensés pour le fait d'avoir choisi les carottes, plus ce choix réitéré s'est transformé en une habitude bien ancrée qui a perduré malgré la tentation du chocolat.

Les récompenses peuvent également être *extrinsèques*, c'est-à-dire qu'elles ne font pas partie intégrante d'un comportement. Certaines récompenses extrinsèques sont assez immédiates : si vous organisez des dîners de famille pour faire plaisir à votre conjoint, alors le compliment qu'il vous adresse en s'asseyant à table est une récompense extrinsèque instantanée. Un environnement attrayant constitue une autre forme de récompense extrinsèque. Certaines salles de sport ont ainsi des lobbys haut de gamme destinés à vous donner l'impression d'appartenir à un club exclusif lorsque vous vous entraînez. D'autres vendent des vêtements de fitness avec leur logo. Il s'agit là de récompenses extrinsèques immédiates. Elles jouent avec votre sentiment de classe et votre aspiration à une forme d'excellence. Qui n'aime pas se sentir spécial ?

Bien sûr, le paiement d'une activité est la récompense extrinsèque classique. C'est le genre de récompense qui gouverne des carrières, des vies et des sociétés entières. C'est grossier, mais efficace. Ce paiement peut être délivré immédiatement, mais le plus souvent, il ne se présente qu'au terme d'un délai, comme votre salaire qui arrive au bout d'un mois. Le délai qui s'écoule entre l'action et sa récompense, comme le montant invariable que vous recevez, fait que la dopamine ne peut pas faire son travail.

Il y a une autre raison de s'interroger sur l'utilité des récompenses extrinsèques. Elles affaiblissent ou minent le sentiment que nous agissons pour toute autre raison. Lorsque nous sommes payés pour accomplir une tâche, nous pouvons avoir le sentiment que ce n'est pas quelque chose que nous ferions sans rétribution. Si le paiement s'arrête, nous pouvons aussi tout simplement démissionner.

En pratique, la plupart des récompenses mélangent intrinsèque et extrinsèque. Vous pouvez rester tard au bureau parce que vous voulez donner le meilleur de vous-même sur un projet (intrinsèque), mais aussi parce que vous pensez à la reconnaissance que vous manifestera votre patron (extrinsèque).

Le délai entre l'action et la récompense peut expliquer le manque de succès des programmes qui payent les gens pour améliorer leur santé (du type arrêter de fumer, perdre du poids, faire de l'exercice ou méditer). Conformément aux lois de l'économie, nous ferons la plupart de ces activités lorsqu'elles seront suffisamment rémunérées, du moins au départ[155].

Prenons l'exemple d'un programme de régime sur six mois réunissant vingt-sept femmes et quatre hommes[156]. Leur poids initial moyen était de 95 kg. Les pesées étaient effectuées une fois par mois. Les participants qui avaient perdu l'équivalent de 1,8 kg depuis le mois précédent recevaient 100 dollars. L'argent était viré automatiquement sur leur compte bancaire.

Cette mesure d'incitation n'a pas donné des résultats spectaculaires. Au bout de six mois, les participants n'avaient perdu en moyenne que 2,2 kg.

Certes, la rétribution a eu un certain effet. Les résultats pour les membres du groupe rémunéré ont été meilleurs que pour ceux du groupe témoin. Ces derniers se sont prêtés à la même procédure de pesée mensuelle et ont donc été en mesure de savoir s'ils avaient atteint leur objectif personnel pendant le mois écoulé. En six mois, ils n'ont perdu en moyenne qu'un seul kilo.

Trois mois après la fin de l'étude, tout le monde a été pesé de nouveau. Les membres du groupe rémunéré avaient repris une partie du poids qu'ils avaient perdu. Ils ne pesaient plus que deux livres de moins qu'au début de l'étude, soit l'équivalent ou presque de la perte de poids des participants du groupe témoin.

Que s'est-il passé ? Il s'agissait d'une étude très ambitieuse, exemplaire à bien des égards. Le suivi des participants pendant neuf mois, avec des pesées régulières, a été un véritable challenge. Mais le programme n'a pas permis pour autant de créer des habitudes alimentaires saines. Si vous vous référez à ce que nous avons déjà appris sur la formation des habitudes, il est facile d'identifier les problèmes : répétition et récompense (en outre, peut-être le contexte, mais c'est moins clair).

La répétition n'a sans doute pas beaucoup joué dans le cadre de ce programme. Je pense que les participants ont commencé chaque mois en n'accordant que peu de considération à leur discipline alimentaire. Ce n'est qu'à l'approche du jour de la pesée qu'ils commençaient à suivre leur régime, allant même jusqu'à jeûner la veille. Après tout, 100 dollars, c'est beaucoup d'argent ! En procédant de cette manière, les participants n'adoptaient pas réellement de nouvelles habitudes alimentaires. Pour notre psychisme, une répétition de cette nature apparaît superflue. Peu importe s'il nous arrive d'avoir faim de temps en temps et si nous n'accordons qu'une attention intermittente à notre régime. Nous partons du principe qu'un déficit calorique est tout ce dont nous avons besoin. Mais si nous voulons acquérir véritablement des habitudes, nous devons répéter suffisamment l'action pour qu'elle s'automatise.

La récompense n'était pas non plus optimale dans le cadre de cette étude. Elle intervenait en fin de mois et n'était pas suffisamment associée à un comportement spécifique. Peut-être que les participants l'avaient parfois à l'esprit lorsqu'ils essayaient de suivre un régime. Mais le reste du temps, la récompense ne trouvait pas sa place dans leurs connexions mentales pour créer une association contexte/réponse. Par conséquent, les participants n'ont pas acquis de nouvelles habitudes ni adopté de nouveaux comportements[157]. Pour notre psychisme (et pour de nombreux économistes), une récompense d'un montant important devrait fonctionner. Il semble très motivant de gagner 100 dollars pour une perte de poids ou de s'offrir des places de concert pour avoir respecté une échéance de travail en un temps donné. Mais il ne s'agit pas là d'une habitude. La récompense n'est pas suffisamment liée à un comportement. Une récompense exceptionnelle, aussi importante soit-elle, ne peut pas générer une habitude durable.

Aux États-Unis, les programmes de bien-être proposés par de nombreuses entreprises à leurs salariés ne sont pas à la hauteur dans leurs tentatives visant à promouvoir de nouvelles habitudes, comme perdre du poids ou ne pas fumer[158]. Rares sont les programmes de ce type qui apprennent aux gens à répéter des actions spécifiques. Il y a donc peu d'habitudes qui se forment dans ce domaine.

Vous pouvez vous interroger sur les récompenses négatives ou les contrats dits de contingence. Vous acceptez un événement désagréable (payer) que vous pouvez éviter en faisant quelque chose (perdre du poids). Une variante est la « boîte à gros mots » que l'on trouve dans de nombreux foyers. Si quelqu'un jure, sa punition est de mettre une pièce dans une tirelire. Cela, ajouté aux inévitables moqueries familiales, est sans doute suffisant pour réduire la réaction du contrevenant à la dopamine et employer un langage plus châtié. Dans cet exemple, le comportement est lié à une conséquence immédiate (du moins lorsque les autres sont à portée de voix).

Le plus souvent toutefois, les contrats de contingence sont établis dans des termes qui ne favorisent pas un changement durable. Vous avez peut-être parié 100 dollars avec votre frère que vous réussiriez l'examen du barreau à la première tentative. Si vous échouez, cela vous coûtera cher. Vous espérez donc que cette menace va créer une nouvelle habitude d'étude. Ou peut-être avez-vous pris la résolution d'aller à la salle de sport. Si vous n'y allez pas trois fois par semaine ce mois-ci, vous ne pourrez pas acheter cette veste qui vous fait tellement envie.

Il peut s'agir de motivations efficaces à court terme. Mais il ne s'agit pas de récompenses qui forment de nouvelles habitudes. Elles sont trop éloignées du comportement que vous essayez de changer et ne sont pas nécessairement liées à une répétition particulière.

Étant donné la façon dont la dopamine fonctionne pour créer des associations d'habitudes dans la mémoire, le fait que la récompense soit immédiate pour des actions répétées est essentiel.

*

L'histoire de la dopamine ne se résume pas à l'immédiateté. Comme nous l'avons mis en évidence, la réponse de la dopamine à l'incertitude prend la forme d'erreurs de prédiction concernant les récompenses attendues, ce qui nous permet de tirer les leçons de l'expérience. Cela signifie que nous tirons les enseignements de récompenses inhabituelles ou inattendues, qu'elles soient plus importantes ou différentes de celles auxquelles nous sommes habitués. C'est peut-être l'idée la plus surprenante que nous ayons rencontrée jusqu'ici.

Avez-vous déjà managé quelqu'un ? Si oui, vous a-t-on déjà donné le conseil de lui exposer précisément vos attentes à l'égard de son travail, en lui détaillant les éventuelles récompenses qu'il peut en espérer ? Dans l'univers professionnel, les choses sont claires : les récompenses (ou rémunérations) doivent être transparentes, fiables et certaines. Les surprises sont exclues. Le caractère prévisible des choses est dans l'air du temps. C'est en respectant ces principes que vous pourrez tirer le meilleur parti de vos salariés et de vous-même.

La sagesse au travail est un facteur de renforcement de la confiance. Elle contribue à réduire les risques de confusion et de stress, mais ne constitue pas un moyen de créer efficacement de nouvelles habitudes. Les habitudes reposent en effet sur la surprise. Oui, les plus ennuyeux et les plus répétitifs de nos comportements naissent du fait que nous sommes perturbés et un peu déstabilisés. Et tout cela est lié à cette troisième et dernière caractéristique : les récompenses incertaines sont celles qui importent le plus.

L'incertitude de la récompense nous attire dans les casinos. Près de 70 % des bénéfices des jeux de hasard proviennent aujourd'hui des machines à sous électroniques et du vidéo poker[159]. Les machines sont programmées pour donner au joueur l'illusion permanente que le gain est à portée de main. Le fait d'être si près de gagner est déjà ressenti comme une forme de réussite, qui peut activer les voies de récompense de la dopamine et renforcer les habitudes qui nous maintiennent dans le jeu (voir les développements sur l'addiction au chapitre 13).

Pourquoi en va-t-il ainsi ? L'explication évolutionniste postule que tous les animaux sont sensibles aux récompenses incertaines. L'homme lui-même, à l'époque où il vivait dans la nature, devait pour sa survie arriver à surmonter toutes les situations de pénurie, qu'il s'agisse de trouver de la nourriture, de l'eau et des possibilités d'accouplement, et persister malgré des échecs répétés[160]. La dopamine, donc, peut nous motiver à continuer à essayer en dépit d'échecs répétés.

Nous sommes tous l'objet d'un phénomène de renforcement incertain. Cela est évident en dehors d'un contexte de travail. Quand avez-vous vérifié votre téléphone portable pour la dernière fois ? Les Américains le consultent 8 milliards de fois par jour, ce qui signifie une moyenne de quarante-six fois par personne[161].

L'utilisation du smartphone est au cœur de notre vie quotidienne. Pour beaucoup de gens, la première chose qu'ils font le matin, au réveil, est de vérifier leur téléphone. C'est aussi la dernière chose qu'ils font le soir avant d'éteindre. Pendant la journée, les gens ont tendance à vérifier leur téléphone dès qu'ils s'ennuient. Quelle est la récompense de toute cette activité ? De temps en temps, un courriel, un post, une photo ou un tweet intéressant. La plupart des informations sont de l'ordre du temps perdu. Mais l'espoir d'une information utile, d'une communication qui nous concerne personnellement constitue une récompense occasionnelle qui nous pousse à vérifier régulièrement notre téléphone.

La recherche sur les animaux a clairement démontré le pouvoir des récompenses incertaines. Dans le cadre d'une étude, des souris devaient appuyer sur un levier pour obtenir un granulé alimentaire. Cette récompense était délivrée à des intervalles de temps aléatoires. Parfois, une pression au bout de neuf secondes permettait de gagner un granulé et, parfois il fallait attendre trente secondes[162]. Cette intermittence est comparable à celle de certaines récompenses naturelles. Une abeille qui recueille le pollen d'une fleur doit attendre avant de retourner à cette fleur particulière afin de produire davantage de pollen. L'attente est parfois longue, parfois courte.

Lorsque les récompenses étaient données à des intervalles aléatoires, les souris finissaient par appuyer sur le levier plusieurs fois sans obtenir de nourriture. Elles ne pouvaient pas savoir quelle pression allait donner un résultat positif, de sorte qu'elles continuaient. Elles ont pris l'habitude d'appuyer sur le levier, même lorsque les récompenses ont cessé. Sur le lieu de travail ou à la salle de sport, c'est ce qu'on appelle la productivité.

Pour notre psychisme, des récompenses plus importantes et plus certaines, dont nous savons qu'elles sont à venir, sont motivantes. Mais les habitudes se perpétuent de manière incertaine. Imaginez que vous participez à une vente aux enchères avec des pièces en chocolat comme récompense. Vous pouvez enchérir sur un lot contenant cinq pièces ou sur un lot mystère contenant trois ou cinq pièces, ce que vous ne saurez pas avant que votre offre ne soit acceptée. En toute logique, le lot contenant cinq pièces vaut davantage.

Pourtant, les chercheurs de l'université de Chicago qui avaient organisé cette vente ont découvert que l'offre moyenne pour les lots garantis de cinq pièces était de 1,25 dollars, contre 1,89 en moyenne pour le lot mystère[163]. Interrogés, les participants ont déclaré que, pour eux, l'enchère incertaine était plus excitante. Sans augmenter la valeur réelle de la récompense, elle a simplement rendu le jeu plus amusant. Les participants ont payé plus cher pour jouer et se sont déclarés intéressés pour participer de nouveau à l'enchère. (Le secret, cependant, était de se laisser prendre dans le processus. Lorsque les participants planifiaient leur enchère, ils préféraient la récompense certaine.)

La « ludification » s'appuie sur ces notions concernant la récompense. De nombreux jeux vidéo, organisés selon le principe d'une récompense incertaine, engendrent de fortes habitudes. En 2018, le secteur des jeux vidéo représentait plus de 130 milliards de dollars[164].

Les jeux éducatifs bénéficient également de cet effet d'incertitude. Lorsque des étudiants de l'enseignement supérieur ont essayé d'apprendre des notions en jouant à un jeu, une réponse correcte a permis de gagner soit un nombre de points déterminé, soit un nombre de points dépendant d'un lancer de dés[165]. Lorsque les récompenses étaient déterminées par les dés (et donc incertaines), les étudiants passaient plus de temps à répondre aux questions et étaient plus précis. Le jeu est aujourd'hui utilisé dans toutes sortes de programmes de formation professionnelle, par exemple pour des pilotes de chasse, des mécaniciens automobiles et des chirurgiens spécialisés en laparoscopie. Ces jeux offrent de nombreux types de récompenses différentes, y compris des badges et des systèmes de points. Cependant, seuls quelques jeux à finalité éducative comportent des récompenses incertaines et, peut-être à cause de cela, ces jeux ne sont souvent pas plus efficaces que les programmes d'enseignement standard[166].

En bref, l'incertitude sollicite les systèmes de récompense dans le cerveau d'une manière qui peut ne pas sembler rationnelle, mais qui nous permet néanmoins de continuer à faire ce que nous faisons.

*

Les récompenses sont également un excellent moyen de mesurer la force d'une habitude. Dans le chapitre précédent, nous avons vu comment les habitudes peuvent s'installer en nous sans que nous en soyons pleinement conscients. Cela ne veut pas dire que nous ne pouvons pas mesurer leur force.

Pour les scientifiques, l'insensibilité à la récompense est le meilleur test possible pour identifier une habitude[167]. La seule façon de savoir avec certitude si une action est habituelle ou non est de tester ce qui se passe lorsque la récompense change. Si nous persévérons même lorsque nous n'accordons pas d'importance à la récompense ou qu'elle n'est plus disponible, alors c'est que l'habitude s'est installée.

Comme nous l'avons mentionné au chapitre 3, ce phénomène a été découvert à l'occasion de recherches effectuées sur des rats de laboratoire. Dans le cadre de cette étude, des rats ont été entraînés à appuyer 100 ou 500 fois sur un levier pour obtenir des granulés alimentaires[168]. Après cette première expérience, les animaux ont reçu quelques granulés, puis une toxine qui les rendait malades leur a été injectée. Les rats ont rapidement développé une aversion pour les granulés. Ce qui avait une récompense était devenu du poison.

Après cette expérience, les rats entraînés à n'appuyer qu'une centaine de fois ont agi logiquement : ils ont cessé d'actionner le levier pour éviter de prendre une boulette qui les rendrait malades. Les rats entraînés à presser 500 fois le levier l'avaient actionné assez souvent pour en avoir pris l'habitude. Même après que la nourriture a été associée à quelque chose de toxique, ils n'ont pas modifié leur comportement. Simplement, quand ils recevaient une boulette et commençaient à manger, on observait que ces animaux la recrachaient avec dégoût. Il est clair que ce n'était plus une récompense.

Les habitudes des rats ont été modifiées par l'expérience. Après quelques minutes de pression sans obtenir de récompense, les animaux semblaient comprendre que le levier ne leur procurait plus rien et ils abandonnaient.

Ce genre d'études met en lumière une caractéristique fondamentale des habitudes : l'action est déclenchée indépendamment du fait qu'elle soit souhaitée ou non à ce moment-là. C'est comme si le fantôme des récompenses précédentes restait dans les parages. Concernant les rats, le fait d'actionner le levier s'est imposé à leur esprit, sans délibération préalable. Cela montre comment l'effet des récompenses peut persister et s'étendre dans le futur. Les récompenses sont extrêmement efficaces de cette manière : elles continuent à fonctionner sur nos habitudes bien après la dernière fois où nous les avons obtenues. Une récompense adéquate est comme un investissement solide et régulier.

Mon collègue David Neal et moi avons décidé de tester exactement ce type de récompense dans le cadre d'une expérience sur les friandises que les gens consomment au cinéma[169]. Nous sommes allés au cinéma local sur le campus et avons donné aux spectateurs du pop-corn à manger. Le pop-corn rassis a un goût désagréable, mais il ne rend pas les gens malades.

Nous en avons donc fabriqué en faisant éclater des pop-corn et en les faisant « vieillir » dans notre laboratoire pendant une semaine.

Le cinéma nous a permis de projeter des bandes-annonces en début de séance. Nous avons annoncé aux participants que l'étude avait pour but de connaître leurs préférences en matière de films. En guise de remerciement, chaque spectateur se voyait remettre un cornet de pop-corn et une bouteille d'eau. La moitié des participants a reçu des cornets de pop-corn rassis et l'autre moitié, des frais. Après avoir visionné les bandes-annonces, les participants ont rendu leurs sacs avec les restes de pop-corn, afin que nous puissions mesurer la quantité qu'ils avaient mangée. Les spectateurs ont également évalué la fréquence à laquelle ils mangeaient du pop-corn au cinéma – l'indicateur dont nous avions besoin pour mesurer la force de l'habitude.

Les participants qui avaient déclaré ne pas avoir l'habitude de consommer du pop-corn au cinéma ont agi de manière rationnelle et ont mangé beaucoup plus de pop-corn frais que de pop-corn rassis. Ils ont consommé en moyenne 70 % du cornet de pop-corn frais et environ 40 % du cornet de pop-corn rassis. C'était un campus, après tout, et le fait que la friandise soit offerte explique probablement que même le pop-corn rassis ait été mangé. En revanche, les cinéphiles habitués au pop-corn ont mangé la même quantité, plus de 60 % de leur cornet, que le pop-corn soit frais ou rassis.

Plus tard, tous les participants nous ont déclaré qu'ils détestaient le pop-corn rassis. Mais cela ne les a pas empêchés de conserver leurs habitudes. Quand ils se sont retrouvés dans le cinéma, ils ont mangé du pop-corn comme ils le faisaient toujours. Ils étaient totalement insensibles à ce que l'on pourrait appeler la satisfaction immédiate. On aurait pu s'attendre à ce qu'ils portent une appréciation sur ce qu'ils consommaient et que, par conséquent, ils continuent à manger ou au contraire, choisissent de s'arrêter. Au lieu de cela, l'atmosphère a agi à plein, avec les lumières éteintes, le clignotement des bandes-annonces et le cornet de pop-corn à portée de la main : ils se sont comportés comme à leur habitude.

Dans le cadre d'une seconde étude, nous avons procédé à un ajustement mineur visant à créer une friction par rapport à l'alimentation habituelle : nous avons mis le pop-corn dans des sacs en papier dotés de poignées. La moitié des spectateurs ont été invités à tenir la poignée avec leur main dominante (généralement la droite) et à manger avec l'autre. Essayez de temps en temps – c'est un peu comme si vous commenciez à utiliser des baguettes alors que vous mangez généralement avec un couteau et une fourchette. Les autres participants ont été incités à faire le contraire, c'est-à-dire tenir le sac avec leur main non dominante et se servir de la dominante pour manger, c'est-à-dire comme ils le faisaient habituellement.

Ceux qui mangeaient avec leur main non dominante se retrouvaient dans l'impossibilité de manger comme d'habitude. Ils devaient aller chercher les grains au fond du sac et les porter à leur bouche en faisant attention. Avec cette friction supplémentaire, ceux qui avaient une grande habitude de la consommation de pop-corn ne consommaient que 30 % du contenu des sacs renfermant des grains rassis et 40 % du contenu des sacs renfermant des grains tout juste grillés, soit une diminution significative par rapport à leur mode de consommation habituel. En perturbant leurs habitudes alimentaires, ces gestes les ont obligés à réfléchir à ce qu'ils étaient en train de faire. Soudain, ils agissaient en fonction de leur expérience du moment – leur aversion pour le pop-corn rassis – et non sur leur vieille habitude de manger du pop-corn.

Les médias grand public adorent rendre compte de ce genre de recherche et la nôtre a obtenu son quart d'heure de célébrité. Malheureusement, les résultats n'ont pas été interprétés correctement. Les magazines de santé ont conclu que l'étude sur la poignée des sacs de pop-corn prouvait le bénéfice en termes de perte de poids qu'il y avait à manger avec la main non dominante. Selon eux, cela fournissait une astuce pour manger moins. Lorsqu'ils m'ont contactée pour des interviews, j'ai essayé de leur faire remarquer que cela se retournerait contre moi : manger avec notre main non dominante semble nous inciter à faire attention au goût de ce que nous mangeons. Les participants n'ont pas beaucoup aimé même le pop-corn frais de notre étude et ont détesté le rassis. Il est donc logique qu'ils aient moins mangé en faisant attention à ce qu'ils faisaient, même lorsque le pop-corn était frais. Mais pour les gens qui aiment vraiment manger ? Il se peut que, lorsqu'ils se montrent attentifs au moment présent, ils mangent encore plus que d'habitude. Manger avec sa main non dominante n'est pas une technique de régime. C'est une façon de perturber une habitude de manger automatiquement – pour être plus conscient de ce qu'on mange.

La diminution de l'effet des récompenses explique pourquoi notre sens de l'économie retrouvé persiste longtemps après le remboursement de l'encours de notre carte de crédit et que la fierté d'économiser de l'argent n'est plus qu'un lointain souvenir. Notre comportement est désormais en pilotage automatique. Même les très riches peuvent se retrouver engoncés dans de telles habitudes de frugalité. L'un des hommes les plus riches du monde, Warren Buffett, PDG de Berkshire Hathaway, vit toujours dans la maison qu'il a achetée pour 31 500 dollars en 1958. Charlie Ergen, fondateur et président de Dish Network, apporte encore chaque jour un déjeuner préparé chez lui, composé d'un sandwich et d'une boisson énergisante. Il se dit qu'Hilary Swank, Lady Gaga et Kristen Bell, toutes trois des célébrités qui gagnent très confortablement leur vie, utiliseraient leurs coupons de réduction quand elles font leurs courses. Pourtant, des habitudes moins souhaitables persistent également. Une habitude qui s'est formée en regardant les saisons captivantes de *Game of Thrones* continue même lorsqu'il n'y a pas de programmes qui puissent rivaliser avec celui-ci. Notre moi des habitudes ne s'en rend pas compte. Nous continuons à être collés devant les écrans le soir au lieu de lire ou d'écouter de la musique.

*

Une fois que vous avez compris comment les récompenses fonctionnent pour contribuer à créer des habitudes, cela devient facile. Le lavage des mains au savon est l'un des gestes sanitaires parmi les moins chers et les plus efficaces que l'on puisse trouver. Comment rendre cette pratique suffisamment incitative pour que les enfants se lavent les mains de manière répétée ?

Des chercheurs particulièrement inventifs ont donné des pains de savon translucide à des enfants de 4 ans issus d'une communauté pauvre de la province du Cap-Occidental, en Afrique du Sud[170]. Les savons distribués à certains de ces enfants étaient de couleur vive et un jouet (balle, poisson en plastique) était clairement visible au centre de la savonnette. D'autres ont reçu ces mêmes jouets, mais séparément du savon. Au début de l'étude, les enfants se lavaient rarement les mains avant les repas ou après être allés aux toilettes. Après avoir reçu un nouveau pain toutes les deux semaines pendant deux mois, les enfants utilisant le savon ludique se sont lavé les mains plus souvent que ceux utilisant le savon ordinaire. Le lavage des mains est devenu immédiatement gratifiant, car il rapprochait les enfants du jouet qui se trouvait à l'intérieur.

Et les récompenses pour le lavage des mains pour les adultes ? La station de lavage des mains de Mrembo, conçue pour être utilisée dans les zones rurales du Kenya, comporte un miroir disposé au-dessus du lavabo[171]. Lorsqu'elle est installée à l'extérieur des toilettes, la station récompense les utilisateurs en leur permettant de voir leur propre visage pendant qu'ils se lavent les mains. Et en fait, quoi de plus gratifiant que de contempler son image ?

Les habitudes se construisent dans l'instant, à partir de notre expérience du plaisir. La règle qui régit la sélection est simple : nous ne retenons que ce que nous trouvons agréable. En bref, nous apprenons de manière habituelle lorsque nos actions nous apportent de manière répétée plus de plaisir que ce que nos systèmes neuronaux attendent.

CHAPITRE 9

ÊTRE RÉGULIER

La stabilité n'est pas l'immobilité.
KLEMENS VON METTERNICH

Votre moi des habitudes a des appétits différents des vôtres. Cette différence est essentielle lorsque nous tentons d'orienter tout notre être vers nos comportements préférés. Comme nous l'avons vu, les habitudes prospèrent en récompensant l'incertitude. Au-delà de cela, non seulement les habitudes n'ont pas besoin de variété, mais elles détestent celle-ci. La variété affaiblit l'habitude. Elle diminue sa capacité à orienter vos comportements. Elle est l'ennemie d'un environnement stable, qui, comme nous l'avons vu dans le chapitre 6, est la condition *sine qua non* des habitudes. Si vous n'organisez pas votre vie de manière à ce que la nouvelle habitude que vous souhaitez acquérir soit solide, alors cette habitude ne s'installera jamais. Ce n'est qu'en conservant à votre vie un caractère aussi régulier que possible que votre habitude se développera. Dans le cas contraire, vous prenez le risque qu'elle ne se développe que lentement, comme une plante qui manque de lumière.

Vous et moi avons une cuisine. Probablement que, comme moi, vous vous y faites un café au réveil. Mais vos repères familiers dans cet environnement ne sont pas forcément les mêmes que les miens. Si vous utilisez une cafetière filtre, les vôtres sont le paquet de café, le filtre que vous remplissez, l'eau que vous versez dans le réservoir et la machine elle-même. Pour moi, qui utilise une machine à expresso, ce sont l'eau, le café, un tamper, la machine et un émulsionneur à lait. Il y a peut-être, comme chez moi, un endroit, toujours le même, où vous vous asseyez en attendant que le café soit prêt. Pour ma part, je dois me lever pour faire l'expresso et faire mousser le lait. Ce sont tous des éléments d'environnement immuables qui nous facilitent la tâche, vous comme moi, pour faire le café. Avec suffisamment de répétition, ces signaux s'intègrent dans nos habitudes matinales.

Ce matin, vos enfants ont peut-être laissé leur train électrique traîner sur le sol de la cuisine, ce qui vous a fait trébucher. Ou vous avez oublié de racheter des filtres la dernière fois que vous êtes allé faire des courses. Ces changements modifient votre routine. Vous êtes obligé de réfléchir soudainement à ce que vous faites. Est-il préférable de ranger le train ou de l'enjamber ? Allez-vous improviser un filtre avec une serviette en papier ? Avez-vous même envie d'une tasse de café dans ces conditions ou pouvez-vous en prendre une en allant au bureau ?

Tout changement dans vos indices contextuels vous oblige à réfléchir. Vous ne pouvez plus agir simplement par habitude. Vous devez même décider si vous voulez boire un café maintenant. Si c'est trop compliqué, vous pouvez décider d'attendre plus tard.

Mais après le café, vous faites peut-être un petit jogging. Si vous n'avez pas de café, vous ne faites pas de jogging. Et quand vous faites du jogging, vous utilisez généralement une application téléphonique pour suivre les kilomètres. L'application émet un signal sonore et vous savez que vous avez terminé. Votre téléphone fait partie du contexte de votre course. Le bip est un repère qui vous indique quand vous devez vous arrêter. Il rend votre course presque automatique.

Mais du jour au lendemain, votre téléphone est passé à un nouveau système d'exploitation. Vous ne recevez plus le bip de bienvenue. Oui, c'est un petit changement, mais ces changements de repères vous obligent à prendre des décisions. Cela vaut-il la peine de regarder en ligne pour savoir comment mettre à jour l'application ? Peut-être pouvez-vous vous contenter ce matin d'estimer la distance.

Ou peut-être que votre jogging du matin implique un partenaire. Vous vous dirigez vers votre point de rendez-vous habituel. C'est un repère humain qui vous pousse à accélérer le rythme. Le moment de la journée est un autre élément déclencheur de votre course. Si vous traînez devant votre café matinal, vous allez manquer votre rendez-vous et vous ne rentrerez pas à temps pour prendre une douche avant le travail. Encore d'autres repères, qui déterminent toutes les actions que vous effectuez : finir votre café, accompagner vos enfants jusqu'au bus, mettre vos chaussures. Vous n'irez pas courir tant que tout cela n'est pas fait.

Des lieux, des appareils, des personnes et le facteur temps : tous ces éléments sont liés à vos habitudes matinales. Le fait que l'un d'entre eux varie peut affecter votre habitude, du moins sur le moment. Si l'un d'eux est affecté de manière permanente, l'habitude qui y est associée peut disparaître.

Dans ce chapitre, nous allons voir à quel point il est important de maintenir avec le plus de stabilité possible l'environnement favorable à vos habitudes. Si votre environnement est immuable, les repères familiers peuvent être le carburant qui vous aidera à faire décoller vos nouvelles habitudes à une vitesse fulgurante. Notre esprit peut commencer à développer ces raccourcis contextuels qui automatisent la réalisation de nos objectifs.

*

L'indice contextuel de l'horaire est déterminant pour prendre l'habitude de fréquenter la salle de sport[172]. Pendant douze semaines consécutives, des membres nouvellement inscrits à une salle de sport s'y sont rendus à des heures régulières de la journée. L'un d'entre eux a déclaré s'y rendre « tous les matins à 7 heures » et un autre, « tous les soirs après le dîner ». D'autres ont indiqué y aller de manière moins régulière, seulement chaque fois qu'ils pouvaient trouver du temps. Au bout de douze semaines, ceux qui avaient fait de l'exercice aux mêmes heures de la journée disaient qu'ils le faisaient sans y penser beaucoup ou sans se dire qu'il fallait qu'ils y aillent. Pour eux, l'exercice était devenu automatique. Ceux qui y allaient de manière sporadique n'ont pas eu cette chance. Ils retombaient dans ce vieux travers dont nous avons tous essayé de nous débarrasser : ils n'allaient à la salle qu'à condition qu'ils le décident ou qu'ils s'y forcent.

Le timing est également très important quand nous devons prendre régulièrement un médicament. Il est particulièrement difficile de suivre ce rythme quand il s'agit de prendre des comprimés contre la tension artérielle ou une pilule contraceptive, car il n'y a ni symptômes ni maladie qui se rappelle à vous pour déclencher le réflexe. Pourtant, le fait d'oublier la dose quotidienne peut conduire à un désastre dans les deux cas.

Là encore, le timing est un élément clé de ces habitudes. Une étude particulièrement éclairante sur ce point a testé l'incidence des repères temporels sur la prise de médicaments contre l'hypertension. Les chercheurs ont remplacé les bouchons des tubes de médicaments par des bouchons spéciaux qui enregistraient la fréquence et l'heure à laquelle les patients prenaient leur médicament[173]. En général, le taux d'observance était élevé. 76 % des patients ont pris leur traitement à l'heure prescrite. Néanmoins, les patients qui avaient déjà l'habitude de prendre leur médicament à un moment précis de la journée sont ceux qui se sont montré les plus stricts dans leur observance. Une étude similaire réalisée sur les contraceptifs oraux a révélé une observance moindre, la moitié des participantes admettant qu'il leur arrivait chaque mois d'oublier leur traitement[174]. Parmi celles qui l'oubliaient deux fois ou davantage, 44 % seulement prenaient leur pilule toujours au même moment, alors que 90 % de celles qui ne manquaient jamais une prise s'en tenaient à un repère temporel fixe. Le moment où les femmes prenaient la pilule ne constituait pas en soi un critère, quel que soit le moment de la journée. C'est le fait de la prendre au même moment qui était déterminant.

Pour notre psychisme conscient, la stabilité des repères importe peu. Le fait de faire varier le moment où vous prenez votre traitement n'est pas en soi un problème si vous êtes suffisamment motivé (et quoi de plus motivant que votre santé cardiaque ?). En fait, les chercheurs qui ont conçu les tubes factices de pilules contre l'hypertension s'attendaient à une plus grande observance de la part des patients qui croyaient en l'efficacité du médicament. Mais les croyances des patients n'ont pas eu d'impact sur la prise de médicaments[175]. Au lieu de cela, c'est la stabilité des repères temporels qui explique l'observance de ces patients.

Ces études illustrent bien que « contexte » ne signifie pas seulement « environnement physique ». Le lieu est important, mais le contexte peut aussi être constitué de choses moins tangibles : l'heure de la journée, par exemple, ou votre état d'esprit. Vos interactions avec les autres peuvent figurer parmi ces éléments de contexte.

Les personnes qui vous entourent peuvent constituer des repères stables, surtout dans les relations marquées par la proximité. Pour votre conjoint, vous êtes un repère qui déclenche certaines réactions. En retour, votre conjoint est un repère qui active certaines de vos réponses. Il ou elle peut vous envoyer une liste de courses par SMS et vous donner ainsi un signal pour que vous vous arrêtiez au magasin et fassiez les emplettes pour le dîner. Vous pouvez aussi faire le plein d'essence en rentrant du bureau, ce qui permettra à votre conjoint d'aller chercher les enfants à l'école, repère qui vous indique qu'il est temps de préparer le dîner. Bien entendu, nous ne vivons pas nos relations comme une suite de signaux et de réponses, ce qui, avouons-le, ne serait pas très romantique. Lorsque nous commençons une relation avec quelqu'un, nous pensons aux sentiments et aux attentes de l'autre personne à notre égard. Nous ne nous attendons pas à ce que nos partenaires potentiels nous envoient une liste de courses par SMS et, s'ils le font, nous devrons peut-être réfléchir longuement à ce que cela signifie pour eux et pour la relation. Mais une fois que nous sommes plus proches, nous établissons une sorte d'interdépendance comportementale avec nos partenaires, de sorte que nos actions s'entremêlent insensiblement[176]. Les interconnexions deviennent de plus en plus fortes. Nous en venons souvent à compter sur notre conjoint pour les choses importantes et ce, de nombreuses manières différentes. Chacun des deux constitue un repère stable pour la réaction de l'autre, lequel, de son côté, s'adapte à nous.

Au fil du temps, ces interactions automatisées se reproduisent et s'organisent jusqu'à devenir relativement automatiques et à se faire en dehors de la conscience. La manière automatique dont le conjoint envoie des signaux à l'autre explique un mystère dans les relations : comment des gens peuvent-ils être très proches, dans l'harmonie, tout en n'ayant qu'une conscience limitée de cette intimité et de cette proximité ? L'une des réponses à cette question est que nous n'avons pas besoin d'être pleinement conscients de nos habitudes de séquences d'interactions coordonnées avec nos conjoints[177]. Elles se font automatiquement, chaque membre du couple facilitant les actions de l'autre. Les couples qui réussissent interagissent donc de manière relativement irréfléchie, sans trop se soucier de ce qu'ils font ou de la raison pour laquelle ils le font. Nous attendons de nos partenaires qu'ils continuent à être les personnes enrichissantes et merveilleuses que nous avons appris à aimer. En conséquence, notre réaction à la dopamine reste pratiquement neutre. En vertu de la logique de l'erreur de prédiction de récompense, nous réagissons aux récompenses que nous n'attendons pas, mais pas autant aux récompenses prévisibles.

L'idée que les couples qui réussissent soient irréfléchis peut sembler bizarre, mais pensez un instant aux couples les plus fusionnels que vous puissiez imaginer. Ceux qui ne se quittent jamais, qui se regardent à tout moment les yeux dans les yeux, qui sont surpris et ravis par le moindre geste de l'autre…

Que nous évoquent-ils ? Des adolescents. Roméo et Juliette. Le premier amour. Brillants et pleins d'espoir (et il faut l'espérer, à juste titre).

Pourtant, nourrir des attentes à l'égard de notre conjoint gratifiant et merveilleux a quelque chose d'involontairement ironique : les couples qui réussissent peuvent ne pas ressentir beaucoup de passion l'un pour l'autre[178]. C'est comme s'ils continuaient à s'apporter les mêmes fleurs et les mêmes cadeaux, mais qu'aucun des deux ne le remarquait plus. Dans la vie quotidienne, bien sûr, l'interdépendance est susceptible d'impliquer que l'un des partenaires paie les factures à temps tandis que l'autre fait la vaisselle. Mais cela ne change rien sur le fond. Les relations peuvent s'automatiser de sorte que les émotions et l'intimité deviennent latentes, en ce sens que les conjoints sont étroitement liés, mais ne vivent pas consciemment leur passion l'un pour l'autre.

En fait, les couples qui réussissent peuvent ne pas avoir beaucoup plus d'intimité au quotidien que les couples vivant chacun de leur côté, dans le cadre d'un mariage devenu une coquille vide où les partenaires n'ont que peu de relations réelles ou d'impact significatif l'un sur l'autre[179]. Dans le meilleur des cas, ces signaux et ces réponses sans heurts sont la base de la sécurité et de la confiance dans une relation. L'inconvénient potentiel de cette situation, comme nous l'avons vu au chapitre 11, est l'ennui qui peut s'installer et le fait de considérer la relation comme acquise. La variété est peut-être l'ennemi de votre moi des habitudes, mais c'est toujours le piment de la vie. N'oubliez pas que vous ne pouvez pas vous contenter de vos habitudes. Comme toujours, nous devons nous rappeler que la meilleure façon dont nos habitudes peuvent être un soutien est qu'elles nous aident à libérer une plus grande part de notre attention et de notre vigilance pour d'autres choses.

*

Notre esprit fonctionne de telle manière qu'il a tendance à se concentrer sur l'accessoire plutôt que sur l'essentiel. Nous nous focalisons sur les indices et finissons par ne plus voir le tableau d'ensemble. Une grande partie de notre vie se déroule dans une sorte de paysage surréaliste où des indices géants brouillent les proportions de la réalité sous-jacente.

Le tableau de René Magritte, *Les Valeurs personnelles* (1952), reproduit ci-dessous illustre cette caractéristique des marqueurs d'habitude. Les indices qui activent nos habitudes ont une influence très importante. Que voit-on dans ce qu'on imagine être une chambre au petit matin ? Un blaireau, un savon, un verre et un peigne, beaucoup plus grand que le lit sur lequel il est posé. Aujourd'hui, le peintre aurait peut-être représenté sur la table de chevet un téléphone servant de réveil. Il est temps de se lever. Votre esprit n'enregistre rien d'autre (au moins jusqu'au café).

Nous sommes bien conscients de certaines choses qui attirent notre attention. Lorsque nous avons faim, nous regardons avec envie le stand de sandwichs qui se trouve devant la quincaillerie. Lorsque nous avons soif, il nous est difficile de faire abstraction de ceux qui, tout à côté, boivent une boisson fraîche. Les signaux déclencheurs de l'habitude, parce qu'ils sont fondés sur notre mémoire des récompenses, attirent également l'attention. Comme nous l'avons vu au chapitre 8, lorsque nous sommes récompensés, en particulier lorsque la récompense est inattendue, nos systèmes neuronaux réagissent en émettant des signaux de dopamine. Cette substance neurochimique aide à établir des connexions mentales entre le contexte et les réponses, contribuant ainsi à la formation des habitudes dans la mémoire. Mais elle fait plus que cela. La dopamine nous sollicite. Elle veille à ce que nous répondions aux signaux associés à des récompenses dans le passé. Les systèmes neuronaux activés par de tels signaux envoient eux-mêmes d'autres signaux pour influencer nos réactions. C'est pourquoi les signaux d'habitude se déclenchent avant même de décider sur quoi se concentrer[180]. Ils accaparent notre attention plus rapidement que de nombreux autres aspects de notre contexte quotidien.

L'attraction exercée par les signaux qui nous ont valu des récompenses dans le passé a été démontrée par un test en laboratoire[181]. L'exercice proposé était facile : il fallait trouver un cercle rouge ou vert parmi les nombreux autres cercles colorés représentés, puis appuyer sur une touche pour indiquer si la ligne à l'intérieur du cercle était horizontale ou verticale. Les participants qui identifiaient le cercle recevaient une récompense importante, tandis que ceux qui identifiaient le cercle rouge recevaient une récompense modeste. Pour certains, les récompenses étaient inversées.

Les participants – des étudiants – se sont prêtés à l'exercice jusqu'à 240 fois – assez souvent pour prendre l'habitude de cliquer sur une touche de l'ordinateur lorsqu'ils voyaient un cercle rouge ou vert. Ce faisant, ils ont gagné quelques dollars. Huit jours plus tard, les étudiants sont revenus pour un autre test. Cette fois, la couleur des figures géométriques ne présentait pas d'importance. L'exercice consistait à trouver à l'écran une forme différente des autres, par exemple un triangle parmi les cercles. C'était simple en apparence, mais cela n'a pas été facile pour tout le monde.

Pour les étudiants qui avaient eu une grosse récompense lorsqu'ils avaient identifié les cercles verts à l'occasion de la première étude, ces cercles faisaient diversion. Lorsque l'un d'eux apparaissait à l'écran, ils avaient des difficultés à terminer le test et à identifier la forme différente. Ce cercle vert était là, attirant leur attention, ralentissant leur capacité de réaction. C'était la première chose qu'ils voyaient, avant la forme qu'ils recherchaient. La même chose s'est produite lorsque le rouge et non le vert a été la couleur la plus récompensée dans la première étude. À présent, si un cercle rouge était à l'écran, les étudiants mettaient du temps à identifier la forme différente des autres. Ce cercle rouge monopolisait leur attention.

Logiquement, cela n'aurait pas dû arriver. La seconde étude ne prévoyait pas de récompenses. La première étude, qui en comportait, avait eu lieu huit jours plus tôt. Les signaux ont cette résilience.

Cela fonctionne aussi en dehors d'un laboratoire. Quand vous entrez dans votre bureau et voyez un client important assis dans la pièce, votre attention est immédiatement dirigée vers lui. Vous vous surprenez à le saluer avant de faire attention aux autres personnes qui peuvent se trouver là. Vous ne percevez tout simplement pas le monde de manière objective.

Il existe un terme dans l'armée, en particulier dans l'armée de l'air, pour désigner les superpositions générées par ordinateur dans votre champ de vision. On appelle cela l'affichage tête haute (HUD). Cette technique permet de communiquer au pilote les données les plus importantes, par exemple, sans l'obliger à regarder les instruments. Inévitablement, cette technologie est de plus en plus présente à bord des voitures. De nombreux modèles récents intègrent la projection de votre vitesse sur le pare-brise, de sorte que vous n'ayez pas à jeter un coup d'œil vers le tableau de bord pour vérifier le compteur.

Notre psychisme le fait pour nous, mais de façon encore plus invisible. De la même manière que vous pouvez programmer l'affichage tête haute dans votre nouvelle voiture, en acquérant des habitudes, vous pouvez entraîner votre psychisme à sélectionner certains indices dans l'univers de votre choix, qui se détacheront toujours nettement dans votre champ de vision.

Notre esprit est également sensible à des paramètres plus larges qui signalent quels indices et réponses spécifiques font l'objet d'une récompense. Dans une autre étude, certains étudiants n'ont été récompensés pour les cercles verts que lorsque ces derniers apparaissaient sur le fond d'une photo en noir et blanc représentant une forêt[182]. Lorsque l'arrière-plan était une image de ville, ce sont les cercles rouges qui donnaient matière à récompense. Quand, plus tard, le test fut réalisé avec des instructions indiquant que ni les cercles rouges ni les cercles verts ne donnaient matière à récompense, il s'est avéré que les cercles verts ne faisaient diversion que lorsque le fond présenté était une forêt. Les cercles rouges, de leur côté, ne faisaient diversion que lorsque l'arrière-plan était une ville. Ainsi, le signal, rouge ou vert, n'attirait l'attention que dans le contexte où il avait été associé à une récompense dans le passé. Dans l'autre configuration, la couleur n'était pas associée à une récompense, de sorte qu'elle n'a pas retenu l'attention. La rigidité de la réponse habituelle est compensée, semble-t-il, par sa spécificité. Elle nous oriente de manière adaptative vers les indices particuliers qui, dans un contexte donné, maximisent nos chances d'obtenir une récompense. Ainsi, si le tableau de Magritte représentait un blaireau, un savon, un verre et un peigne dans notre cuisine ou notre salon, ces articles ne se détacheraient pas aussi nettement. Ils ne sont gratifiants que tôt le matin dans la chambre. Les repères et le contexte sont associés dans notre esprit à une sorte de caricature inspirée par l'habitude du monde réel dans lequel nous vivons.

Oui, la recherche sur les cercles impliquait une tâche abstraite informatisée. Rien de tel pour économiser de l'argent que de ne pas regarder les chaînes de télé-achat ou pour travailler plus dur et plus efficacement, que de ne pas procrastiner ou vérifier son compte Twitter toutes les heures. Mais c'est là toute la beauté de la recherche en laboratoire. Nous pouvons y mesurer les effets d'une simple histoire de récompense. Nous apprenons que notre attention est captée par des contextes et des indices, même abstraits et insensés, qui ont fait l'objet d'une récompense dans le passé. Nous les identifions plus rapidement et y répondons avant que nous ayons le temps de penser à faire autre chose.

Il y a dans notre environnement toute une série d'indices contextuels qui produisent le même effet que lorsqu'on aperçoit un client important. Quand nous avons perçu à plusieurs reprises une récompense pour l'utilisation de certains objets dans notre environnement, ceux-ci attirent automatiquement notre attention. Lorsque nous avons l'habitude d'économiser, notre attention se porte automatiquement sur les offres spéciales dans les magasins. Nous ne jetons qu'un œil distrait aux publicités promotionnelles qui apparaissent lorsque nous surfons sur le Web. Nous réagissons aux signaux qui, par le passé, ont suscité chez nous un sentiment de satisfaction, c'est-à-dire les signaux qui ont activé les achats que nous avons déjà pu faire. Grâce à cette focalisation de l'attention, les indices nous font répéter des actions bénéfiques.

Nous ne sommes pas, bien sûr, le jouet des repères qui nous entourent. Si nous comprenons le pouvoir des repères stables, nous pouvons alors l'exploiter pour acquérir plus facilement les habitudes souhaitées en contrôlant les contextes de notre vie. L'acquisition d'habitudes consiste précisément à établir des repères stables susceptibles de soutenir les actions souhaitées.

*

Les avantages de la régularité et de la stabilité sont clairement visibles dans les réalisations d'artistes exceptionnels. Vous êtes-vous déjà demandé comment les musiciens parviennent à jouer de mémoire de longs morceaux pour pouvoir se produire sans problème en concert ? Il s'agit d'une mémorisation efficace, bien sûr, et d'années de pratique intensive. Toutefois, ils ne se contentent pas de regarder une partition lorsqu'ils pratiquent. Les musiciens accomplis s'entraînent de manière à établir des repères stables dans la partition. Cela ressemble à la façon dont nous élaborons nos propres cartes mentales du monde, en accordant une attention particulière aux panneaux de signalisation et aux bâtiments caractéristiques au fur et à mesure que nous apprenons à naviguer dans une nouvelle ville.

Je me suis entretenue avec le docteur Tania Lisboa, violoncelliste professionnelle et chargée de recherche au Royal College of Music de Londres, sur la façon dont elle apprend un morceau de musique[183]. Elle m'a expliqué : « Les étudiants, surtout les plus jeunes, jouent inlassablement le morceau du début à la fin, de manière presque automatique. S'ils s'arrêtent à un moment donné, ils ne peuvent pas recommencer au milieu. Ils doivent revenir au début et recommencer. » Les débutants, semble-t-il, « photographient » le morceau dans leur esprit et jouent simplement le tout. Ils n'ont pas d'autres repères que le début et la fin. Leur expérience ressemble beaucoup à celle qui consiste à vous demander le quatrième chiffre de votre numéro de téléphone. Pour le retrouver, il faut commencer par le premier chiffre.

La mémoire peut défaillir. Nous, les humains, sommes fragiles et nous nous laissons facilement déconcentrer (sans parler du fait que, lors des concerts, le public tousse beaucoup). Mais les musiciens expérimentés ne restent pas bloqués lorsqu'ils hésitent ou ont des trous de mémoire. Ils prennent des repères stables dans la partition. « Les interprètes confirmés jouent un morceau du début à la fin, explique Tania Lisboa, mais ils travaillent aussi par sections. On commence et on s'arrête à des séquences – du début d'une phrase jusqu'à la fin. » Les repères peuvent aussi être les moments de tristesse ou de joie ou les changements de tempo, d'inclinaison et de doigté. « En jouant par sections, indique Tania Lisboa, vous avez des repères d'exécution qui guideront votre mémoire. Vous êtes sur pilote automatique lorsque vous jouez, mais vous avez ces points de repère. Ces points vous ramènent aux actions que vous devez faire pour jouer la pièce ou pour faire ressortir l'esprit de votre interprétation. »

Les musiciens confirmés apprennent à regrouper des morceaux plus petits des ensembles de contextes et de réponses. Leur performance n'en pâtit pas si les autres musiciens font des erreurs ou s'il y a quelqu'un qui tousse dans le public. Même en musique, les indices contextuels sont utiles. Ils peuvent déclencher automatiquement la lecture de la phrase musicale suivante.

*

Il existe une autre technique de régularité contextuelle qu'il ne faut pas négliger. Elle découle de l'idée que les réponses elles-mêmes peuvent devenir des repères pour des réponses supplémentaires. C'est un peu comme les séquençages (*chunkings*) que font les musiciens, mais on les pratique tout autour de nous, la plupart du temps sans s'en rendre compte.

Les associations de lutte contre les incendies mènent depuis des années des campagnes de sensibilisation pour inciter les gens à changer les piles de leur détecteur de fumée lorsqu'ils mettent leurs horloges à l'heure d'été et à l'heure d'hiver[184]. L'idée est d'utiliser un comportement existant comme un signal pour activer un geste anti-incendie. On superpose ainsi une action à l'autre, le réglage des horloges étant un repère stable, puisqu'il faut le faire deux fois par an. Avec le temps, cette association peut devenir un automatisme. Certains services d'incendie distribuent gratuitement des piles en mars et en octobre afin d'encourager la combinaison du changement d'heure avec le changement des piles du détecteur de fumée.

Lorsque vous répétez une activité combinée et que vous faites de la même manière à chaque fois, votre cerveau relie les différentes actions en une unité. Toute la séquence est traitée comme un seul élément dans votre esprit.

L'utilisation du fil dentaire offre un autre exemple de cette combinaison automatique d'actions. Beaucoup de gens qui se brossent les dents régulièrement ne font pas usage du fil dentaire[185]. Pour vérifier si le fait d'associer systématiquement les deux actions est susceptible d'augmenter le recours au fil dentaire, des chercheurs ont donné à cinquante participants britanniques, qui n'utilisent le fil en moyenne qu'une fois et demie par mois, des informations les encourageant à le faire plus régulièrement[186].

La moitié des participants devaient dans le cadre de l'étude utiliser le fil dentaire avant de se brosser les dents au coucher et l'autre moitié faire l'inverse. Notez que seule la moitié des participants superposaient réellement les deux actions, liant dans le cadre d'une réponse automatisée le fait de se brosser les dents avec une nouvelle action (utiliser le fil dentaire). Les autres, en l'absence d'un rappel automatique, devaient se souvenir d'utiliser d'abord le fil dentaire avant de se brosser les dents.

Chaque jour pendant quatre semaines, les participants ont indiqué par SMS s'ils avaient utilisé le fil dentaire la veille. À la fin du mois, ils avaient tous eu recours au fil dentaire en moyenne vingt-quatre jours. Huit mois plus tard, ceux qui associaient les deux actions utilisaient encore le fil dentaire onze jours par mois environ. Chez eux, l'action nouvelle était soutenue par l'habitude existante. Les autres participants, qui devaient passer le fil dentaire avant de se brosser les dents, ne le faisaient plus qu'une fois par semaine environ.

Dans le domaine du marketing, la juxtaposition est connue sous le nom de *piggyback* (que l'on peut traduire par « commercialisation par portage », « asilage » ou « ferroutage »). Deux sociétés différentes s'associent pour que les services proposés par une entreprise de transport amènent à utiliser les prestations complémentaires d'une entreprise de coursiers. Le piggyback explique comment PayPal a si rapidement gagné en popularité. Il a été intégré à eBay très tôt. En achetant sur eBay, les gens se sont habitués à utiliser ce service de paiement en ligne. Au fur et à mesure, de nombreux acheteurs ont pris l'habitude d'utiliser PayPal pour régler leurs achats sur eBay, puis PayPal s'est étendu bien au-delà des achats sur eBay.

Cette stratégie contribue à expliquer la croissance rapide de nombreux réseaux sociaux. Instagram a d'abord été interdit sur Facebook, mais l'application a fini par être accessible *via* Facebook, de sorte que ce dernier est devenu un signal déclencheur pour actionner les fonctionnalités d'Instagram. De la même manière, YouTube est entré en interaction avec Myspace et a finalement pris le relais en tant que principal site d'affichage de vidéos.

De nombreux business se lancent en utilisant le piggyback. C'est ce qui se passe par exemple si vous commencez par travailler en tant que freelance pour une société déjà établie. L'idée est alors de profiter du savoir-faire de l'entreprise qui vous fait travailler de manière à automatiser certaines des nombreuses tâches nécessaires au lancement d'une entreprise. Vous pouvez, par exemple, tirer parti de leur marketing et de leurs relations clients tout en développant vos propres compétences, en perfectionnant votre pratique et en acquérant un sens aigu des affaires. Ensuite, lorsque vous êtes prêt à sortir du modèle freelance, vous pouvez créer votre propre entreprise (en évitant bien sûr les conflits d'intérêts avec votre ancien client).

Lier un nouveau comportement à des repères existants est un moyen utile de prendre une nouvelle habitude. Le nouveau comportement devient rapidement automatique. Après tout, l'automatisme est déjà en place. Il suffit d'ajouter une étape.

La superposition est plus efficace lorsque le nouveau comportement est compatible avec une habitude existante[187]. Vous prenez des médicaments avant le coucher ? Vous y penserez d'autant mieux que vous les placerez sur votre table de nuit et que vous poserez un comprimé sur votre téléphone portable que vous consulterez nécessairement avant de vous mettre au lit. Si vous quittez le bureau à 10 heures pour aller prendre un café chez Starbucks, faites en sorte de répondre préalablement à au moins un courriel que vous avez remis à plus tard. Les indices contextuels s'accumuleront, et bientôt l'effort de répondre à un e-mail problématique sera systématiquement compensé par le fait de prendre un café. Ni vu ni connu, vous aurez ainsi acquis une nouvelle habitude.

Procter & Gamble a sollicité mon laboratoire pour tester la manière dont fonctionne la superposition avec de nouveaux produits. L'entreprise nous a fourni des vaporisateurs d'un nouveau produit désodorisant pour tissus. Les étudiants qui participaient au test devaient l'utiliser pendant un mois[188]. Avec une seule pression, ils pouvaient éliminer les odeurs de leurs vêtements. Mais ils devaient se souvenir d'utiliser le produit. Afin de leur faciliter la tâche, certains étudiants ont reçu pour instruction de placer le vaporisateur sur le panier à linge sale. De cette manière, ils pouvaient se dire : « Quand je ramasse mon jean par terre, je le rafraîchis avant de le mettre. » Ou encore : « Au lieu de mettre ma chemise dans le panier pour la laver plus tard, je vais la désodoriser et l'accrocher dans le placard. »

À la fin de chaque semaine, les étudiants nous ont indiqué combien de fois ils avaient utilisé le nouveau produit. Les étudiants l'ont apprécié et l'ont utilisé assez souvent. Mais la superposition les a poussés à l'utiliser davantage. Cela a été en particulier le cas des étudiants qui ne pensaient généralement pas à leur linge et étaient donc du genre à oublier le vaporisateur. Grâce à la juxtaposition, ils ont eu le réflexe d'y recourir treize fois au cours du mois. Sans cela, leur taux d'utilisation chutait de 15 %[189].

Il existe une stratégie connexe visant à développer de nouveaux comportements à partir d'indices existants. Elle consiste à échanger un comportement contre un autre. Les signaux d'habitude qui ont activé de manière automatique une ancienne réaction peuvent être mobilisés pour activer une nouvelle réaction similaire. Ce mécanisme d'échange explique par exemple le succès du lait de soja. Sans y réfléchir vraiment, les consommateurs intolérants au lactose ont commencé à l'utiliser comme substitut du lait de vache. Le tofu a connu des débuts plus difficiles sur le marché américain. Il correspondait mal aux recettes américaines standard, car il ne se cuisinait pas comme les protéines animales ou le fromage. Finalement, le tofu a été incorporé dans la crème glacée et a gagné une certaine popularité comme substitut de produits laitiers.

Dans le cadre d'un test portant sur l'échange, Jen Labrecque et moi-même avons demandé aux consommateurs d'identifier deux produits qu'ils avaient récemment achetés, l'un effectivement utilisé, l'autre non[190]. La question était de savoir si chaque produit était susceptible de remplacer un produit dont le bénéfice était déjà connu. Par exemple, une liseuse se substitue facilement à des livres en version papier. Un nettoyant pour sols Swiffer permet de se passer d'un balai ou d'une serpillière. En revanche, pour quelqu'un qui veut faire de l'exercice à domicile, un nouvel appareil ne remplace pas nécessairement celui qu'il possède déjà. Comme nous nous y attendions, les nouveaux produits étaient plus susceptibles d'être utilisés lorsqu'ils remplaçaient complètement un produit existant. Ils se coulaient harmonieusement dans une habitude acquise.

La substitution est l'une des raisons pour lesquelles la diminution de la consommation de sodas sucrés par les Américains ces dernières années a correspondu à une augmentation de la consommation d'eau en bouteille[191]. L'eau est vendue en bouteilles individuelles dans les supermarchés et les épiceries – juste à côté des boissons alcoolisées – ce qui facilite la substitution. Les consommateurs peuvent ainsi avoir un réflexe santé grâce à leur habitude de faire leurs courses dans ce type de magasins.

Certaines substitutions n'ont pas fonctionné. Si vous n'êtes pas assez vieux pour vous souvenir du caroube, vous ne manquez rien. Il était censé remplacer le chocolat. Il ne l'a pas fait. L'échec du caroube (ainsi que celui de certaines de nos astuces domestiques, comme de penser que nous pouvons simplement remplacer les croustilles de maïs par des carottes dans le déjeuner de nos enfants et qu'ils ne le remarqueront pas) est une leçon concernant la manière dont toutes ces techniques d'accoutumance doivent être organisées. Lorsque nous échangeons un produit contre un autre, nous devons nous rappeler les principes de récompense développés dans le chapitre 8. Si une nouvelle option apparaît comme un déclassement, les neurones dopaminergiques diminuent leur activité, signalant qu'il faut éviter cette action à l'avenir. Lorsque nous tentons de créer un nouveau signal pour activer une réponse, nous devons nous souvenir de son contexte. Tous ces éléments aideront à établir la régularité récurrente, véritable pierre angulaire des repères d'acquisition des habitudes.

CHAPITRE 10

TOUT MAÎTRISER

Si nous regardons dans la bonne direction,
la seule chose que nous ayons à faire
est de continuer à avancer.
JOSEPH GOLDSTEIN

En restauration, on appelle cela la « mise en place ». Dans les cuisines professionnelles, les chefs ne commencent à officier que lorsque tout est en ordre : ustensiles en place, ingrédients rassemblés, pesés et disposés dans l'ordre que requiert la recette. La mise en place réduit les risques de frictions dans la cuisine. Elle neutralise les forces de retenue qui pourraient entraver la réalisation de la recette et libère les forces motrices qui la déclenchent automatiquement.

La mise en place est une notion d'une simplicité trompeuse. Mais les chefs débutants n'intègrent pas les frictions de manière instinctive. Les nouveaux étudiants que j'ai rencontrés au Culinary Institute of America à Sainte-Hélène, dans la Napa Valley, voulaient tous se lancer immédiatement dans une recette et faire de la grande cuisine. J'ai parlé avec Robert Jörin, doyen associé et professeur de boulangerie et de pâtisserie, de la façon dont ces étudiants travaillent. « Ils regardent la recette : d'accord, il faut de la farine, il faut du sucre… Alors, ils vont chercher le sucre et la farine. Puis ils commencent à mélanger. » Tout à coup, ils se rendent compte : « Zut, ils ne fallait que la moitié du sucre. Alors, ils doivent recommencer. » Les ingrédients sont gaspillés et du temps est perdu. « Ils ne regardent pas la recette dans son ensemble, du coup ils ne préparent pas les choses correctement. »

Robert Jörin, qui a de longues années d'expérience dans le métier, explique : « Ma première pensée est pour la mise en place : "De quoi ai-je besoin pour faire cette recette ?" Je commence par tout préparer dans la cuisine. Une fois que je suis sûr d'avoir tous les ingrédients et tous les ustensiles pour confectionner par exemple un nouveau dessert, je détermine mentalement dans quel ordre je dois logiquement les utiliser. Quand je commence à travailler, je suis sûr de n'avoir rien oublié. Tout est aligné devant moi pour que je n'aie pas à y penser. Donc, voici mon fond fait d'un biscuit croustillant, ma garniture et enfin, le glaçage qui va par-dessus. » Lorsque tous les éléments sont organisés sur votre poste, « vous pouvez vous concentrer sur la préparation du dessert plutôt que de vous demander si vous avez les bons ingrédients à la bonne place ».

Dès le premier jour, les élèves apprennent cette méthode propre à réduire les frictions. Jennifer Purcell, directrice pédagogique à l'Institut culinaire, explique : « Nous faisons de la répétition mentale. Nous répétons aussi les gestes techniques.

Tous les ingrédients sont à portée de main. Il faut économiser les mouvements, être capable de travailler rapidement, de manière confortable, avec le moins d'efforts possible. Un chef doit avoir un flux de mouvement qui devienne naturel, sans solliciter la réflexion. »

Les cuisines professionnelles fonctionnent sur un principe d'automaticité. L'objectif est de produire rapidement et en nombre les mêmes plats de qualité afin de satisfaire au mieux les attentes des clients. Pour ce faire, les chefs exploitent les facteurs externes de leur cuisine en créant un environnement stable qui favorise le déclenchement automatique de la bonne réaction.

Ce principe s'applique bien évidemment en dehors de la cuisine.

Robert Jörin explique comment il utilise la mise en place dans le cadre de son travail d'enseignant. « Chaque jour, quand je rentre chez moi, je mets en place mon tableau de service, tout mon cours pour le lendemain ou pour le lundi si c'est le week-end. Tout ce dont j'ai besoin pour le lundi matin est prêt sur mon bureau. C'est comme ça que je vis ma journée. Je veux savoir ce que je ferai le lendemain à 10 heures. Pour que les choses se fassent efficacement, il faut avoir un calendrier et se préparer aux tâches qu'on a à accomplir. »

C'est aussi comme cela que Robert Jörin dirigeait sa propre boulangerie avant de commencer à enseigner. « Vous ne pouvez pas gérer une entreprise si vous n'êtes pas organisé. Pour fidéliser les clients, il est impératif que tout soit organisé de telle sorte que les gens soient servis en temps et en heure, ce qui requiert un gros travail de préparation. C'est ce que vous apprenez dans ce métier. S'il y a 500 personnes qui attendent d'être servies, il faut qu'elles le soient. Vous ne pouvez pas leur dire non. »

La maîtrise des frictions offre une toute nouvelle façon de penser le changement de comportement, avec ce postulat qu'en modifiant les contextes qui créent des frictions dans notre vie, nous pouvons apprendre à reproduire automatiquement des actions bénéfiques. Cela suppose d'identifier ces contextes, ce qui n'est pas toujours évident.

Cela vous semble représenter beaucoup de travail pour votre psychisme conscient ? Vous avez tout à fait raison ! La préparation dans une cuisine exige de faire appel à la partie de nous-mêmes qui projette, planifie, identifie des process, anticipe les échecs, remédie aux faiblesses après les avoir diagnostiquées. Le point de départ de vos habitudes bénéfiques doit faire appel à votre rationalité et à votre moi conscient. L'avantage du moi des habitudes est qu'il s'appuie sur cette position de départ et qu'il permet finalement d'éviter la nécessité d'une attention continue. De nombreux investissements initiaux sont rentabilisés par des rendements passifs à long terme.

Parfois, l'information peut ressembler à une friction. Mais comme nous l'avons vu avec le programme cinq fruits et légumes par jour, il ne s'agit pas de la même chose. Il convient de distinguer *faire* et *savoir*.

Une bonne méthode pour faire des économies, par exemple, consiste à éviter d'utiliser les cartes de crédit. Le crédit a été conçu pour réduire les frictions en matière de dépenses, afin que les consommateurs puissent continuer à consommer même lorsqu'ils n'ont pas d'argent. Il est donc conseillé aux gens qui veulent épargner d'utiliser plutôt de l'argent liquide.

Mais qu'en est-il des cartes de débit ? D'une certaine manière, elles sont similaires à l'argent liquide. Que vous utilisiez de l'argent liquide ou une carte de cette nature, la quantité d'argent dont vous disposez diminue immédiatement et vous avez moins à dépenser à l'avenir. Les deux formulent sont donc équivalentes. Néanmoins, elles diffèrent par la facilité ou la difficulté avec laquelle vous pouvez faire un achat réel si on examine les choses sous l'angle de la friction. Une étude montre que les participants, des étudiants, s'attendaient à payer environ 30 % de moins pour leur café et leur bière lorsqu'ils utilisaient de l'argent liquide plutôt qu'une carte de débit[192].

Qu'est-ce qui, dans l'argent liquide, est générateur de frictions lors des achats ? Tout d'abord, nous en avons visiblement moins en poche après avoir acheté quelque chose. L'utilisation d'une carte en plastique n'a pas d'effets aussi tangibles. De plus, lorsque nous allons faire un achat en liquide, nous devons décider si nous utilisons de grosses ou de petites coupures et peut-être, nous munir en outre de petite monnaie. Tout cela crée des frictions lors de l'achat. Lorsque nous devons nous en dessaisir, nous ne sommes pas prêts à payer autant pour un article. Le fait de n'avoir que de l'argent liquide sous la main devient un moteur d'économie.

Les autres conseils que nous recevons ne sont pas aussi efficaces, parce qu'ils ne changent pas nécessairement la façon dont nous faisons quelque chose. Le fait qu'un aliment soit très calorique devrait logiquement nous encourager à en consommer moins. Depuis 2008, à New York, les informations relatives aux calories doivent figurer sur les menus des chaînes de restaurants. Une enquête menée auprès de plus de 7 000 clients fréquentant ces chaînes fait ressortir que lorsque le règlement a été initialement mis en œuvre, ces informations ont été vues par 51 % des personnes interrogées[193]. Ce pourcentage est tombé à 37 % en 2014.

Indépendamment de ce que les clients ont effectivement remarqué, l'étiquetage n'a aucun effet sur leur comportement. Une comparaison sur six ans des comportements d'achat entre les restaurants proposant des informations nutritionnelles et ceux qui n'en proposent pas montre que tous les clients, quel que soit l'établissement fréquenté, ont choisi des repas dont la teneur en calories avait augmenté. Le nombre de calories n'a pas non plus diminué la fréquence des sorties au restaurant chaque semaine.

Bien sûr, l'information peut nous influencer lors d'achats importants qu'on ne fait pas tous les jours. Pensez à l'autocollant apposé sur votre réfrigérateur ou votre machine à laver. Il donne toutes sortes d'informations utiles sur la consommation d'électricité et les coûts de fonctionnement de vos appareils. Pour les gros achats, nous prenons consciemment la décision de choisir un modèle ou un autre. Mais même ici, les effets ne sont pas aussi importants qu'on pourrait le souhaiter. Les consommateurs doivent mettre en balance des informations relativement abstraites concernant la consommation et les économies d'énergie futures d'un réfrigérateur, par exemple, avec des caractéristiques comme le prix, la couleur et la présence d'une machine à glaçons. Néanmoins, les informations concernant les performances énergétiques et la consommation d'eau incitent les consommateurs à acheter des produits plus efficaces[194].

Quelle que soit leur influence sur les consommateurs, les informations nutritionnelles sur les aliments et les évaluations énergétiques des appareils ménagers ne sont pas inutiles. Si les consommateurs ne manifestent que peu d'intérêt pour ces informations, il n'en va pas de même pour les fabricants. Ces données font partie d'une démarche responsable : la teneur en calories découle d'une préoccupation pour la santé. La performance énergétique est une indication de l'efficacité. Depuis que les informations nutritionnelles sont indiquées, certaines chaînes de restaurants ont modifié la taille de leurs portions, de sorte que nous voyons maintenant des pâtisseries plus petites chez Starbucks[195]. Maintenant que la consommation d'énergie figure sur les appareils, les fabricants d'appareils électroménagers ont commencé à fabriquer des produits plus efficaces[196].

C'est ce qu'on appelle les habitudes de ruissellement. Les entreprises ont changé les leurs et, ce faisant, ont modifié de manière invisible notre environnement. Le résultat est que vous et moi avons modifié nos habitudes d'achat.

*

La mise en place fonctionne pour les chefs, mais est-il possible pour vous et moi de contrôler les frictions sur nos propres comportements ? Angela Duckworth et ses collègues chercheurs ont demandé à un groupe d'étudiants de l'université de Pennsylvanie de dresser une liste d'objectifs académiques, tels que « travailler son français pendant une heure tous les soirs » ou « boucler tous ses devoirs la veille du jour de remise »[197]. Certains de ces étudiants avaient reçu pour instruction de modifier leur environnement de travail afin de réduire les tentations qui s'offraient à eux, tout cela pour mieux atteindre leurs objectifs. Ces étudiants ont modifié les forces extérieures dans leur environnement en définissant des rappels ou des alarmes, en installant des applications en ligne pour bloquer des sources de distraction comme Facebook ou en réservant une place pour aller étudier à la bibliothèque. Ils ont mis en place des forces motrices ou supprimé des forces de retenue. Un second groupe d'étudiants a été invité à ne compter que sur sa volonté et sa capacité à résister à la tentation. C'est, bien sûr, la façon dont la plupart d'entre nous essaient spontanément de travailler.

À la fin de la semaine de test, les étudiants ont été invités à évaluer sur une échelle de 1 (très mauvais) à 5 (très bon) dans quelle mesure ils avaient atteint leurs objectifs cette semaine-là. En moyenne, tous les étudiants ont assez bien réussi, mais ceux qui avaient une bonne maîtrise de leur situation ont obtenu un score supérieur d'environ 0,5 point par rapport à ceux qui ont dû batailler pour essayer de se discipliner.

Cette maîtrise de soi situationnelle[198] évoque une approche indirecte. Il s'agit de modifier le monde qui nous entoure au lieu d'agir sur ce qui importe vraiment, notre propre comportement. Comme pour les cuisiniers débutants (ou ma cousine sur Facebook), notre premier mouvement est d'intervenir immédiatement et d'agir d'après une nouvelle résolution. Les étudiants du projet de recherche ci-dessus ont eu la même tendance[199]. Lorsque des élèves du secondaire ont expliqué comment ils avaient récemment géré un défi de maîtrise de soi dans leur vie (principalement des conflits relationnels ou des problèmes scolaires), leurs réponses à cette situation ont été le plus souvent de travailler à se changer eux-mêmes : 38 % ont déclaré qu'ils avaient essayé de changer leur façon de penser, par exemple en se motivant pour faire leurs devoirs. 24 % ont dit avoir essayé de changer leur comportement en travaillant sur le contrôle de soi pour éviter de se venger d'un camarade avec lequel ils avaient été en conflit. Seuls 16 % ont dit avoir essayé de changer quelque chose à la situation et 12 % seulement ont essayé de créer une nouvelle situation.

Peut-être souhaitez-vous établir une relation plus harmonieuse avec votre conjoint ou partenaire ? Si vous comptez sur la motivation et le contrôle pour y parvenir, vous allez refréner votre impulsion à faire un commentaire critique lorsqu'il ou elle fait quelque chose d'irritant et vous efforcer plutôt de lui manifester votre approbation. Vous souhaitez arrêter de procrastiner au travail ? Si vous adoptez la même approche, vous refrénerez votre envie de consulter réseaux sociaux ou d'entamer la conversation avec votre collègue trop bavard. Nous nous fixons des objectifs clairs et contrôlons ensuite nos actions au prix de beaucoup d'efforts pour les atteindre.

Mais le changement de comportement par la maîtrise de soi, comme l'ont expérimenté les étudiants de l'université de Pennsylvanie, n'est pas aussi efficace que le changement de comportement par la modification du contexte. Même si c'était aussi efficace (ce qui n'est pas le cas), le fait de contrôler nos actions n'est tout simplement pas amusant. Cela signifie que nous devons continuellement lutter contre nos désirs. Cela signifie que nous devons être vigilants en permanence pour nous empêcher de faire ce qui nous vient sans cesse à l'esprit. Cela signifie que nous devons être des rabat-joie vis-à-vis de notre propre plaisir.

Il s'avère que les étudiants de l'université de Pennsylvanie qui ont changé de cadre de travail n'étaient pas dans cet état de guerre avec eux-mêmes. Après avoir adapté leur environnement physique et social pour supprimer les tentations de se distraire au lieu d'étudier, les étudiants ont déclaré qu'ils n'avaient pas ressenti beaucoup de tentations indésirables. Ils n'étaient pas, par exemple, tiraillés entre le fait de regarder un film avec des amis ou de préparer un examen. Ils étaient à la bibliothèque, loin des tentations. Ils n'ont pas été obligés de se forcer à faire ce qui était le mieux pour eux. Au lieu de cela, ils ont fait ce qui était le plus facile dans cet environnement, c'est-à-dire étudier. Ils n'ont pas eu à lutter contre eux-mêmes et à refréner leurs pulsions. Ils n'ont pas eu besoin d'être des rabat-joie, car ils n'avaient pas de feu à éteindre.

Pendant douze ans, j'ai eu une Honda Civic hybride, l'un des premiers modèles de ce type. J'étais fière de cette voiture et je n'avais pas envie de l'abandonner. Mon mari m'a finalement convaincue que j'avais besoin d'une voiture avec plus de dispositifs de contrôle. Ma nouvelle voiture émet un avertissement sonore lorsque je m'approche trop près d'un obstacle. Il s'avère qu'il y a des frictions dans la détection des collisions.

Au début, les bips m'agaçaient. Je me plaignais beaucoup de cette voiture, surtout auprès de mon mari. Mais j'ai fini par m'y habituer et je ne les entends même plus. La dernière fois que j'ai loué une voiture, elle n'était pas équipée d'un système d'aide au stationnement. Je n'ai remarqué son absence que lorsque j'ai heurté un mur en sortant d'une place de parking. À cause de l'absence de ce système auquel je m'étais habituée, j'ai enfoncé mon pare-chocs. Cet irritant signal sonore produisait une friction utile. Quand il a fait défaut, j'ai eu une grosse facture de réparation.

Une fois en place, les forces présentes dans notre environnement continuent d'agir comme un signal pour nous inciter à atteindre nos objectifs. Nous pouvons les ignorer ou tenir leur présence pour acquise, mais elles continuent d'agir de manière automatique. Et pourtant, beaucoup d'entre nous ignorent le rôle important que ces forces jouent dans notre comportement. Au lieu de cela, nous restons comme un soldat dans les tranchées, luttant pour rester motivés et garder le contrôle.

*

Au chapitre 5, nous avons parlé des personnes qui déclarent avoir un niveau élevé de « maîtrise de soi ». Elles montrent une très grande efficacité pour atteindre ces objectifs que sont une vie saine, la richesse et le bonheur. Leur vie est marquée par la réussite sur de nombreux fronts. Nous avons constaté que ces personnes n'atteignent pas ces résultats de la manière que l'on pourrait attendre, c'est-à-dire en exerçant activement leur volonté. Leur succès n'est pas dû à une quelconque capacité surhumaine à résister aux pulsions et aux actes non souhaitables. Comme nous l'avons appris, les personnes qui obtiennent un score élevé en matière de « maîtrise de soi » n'utilisent pas du tout le contrôle. C'est une erreur d'appellation. Au lieu de cela, elles prennent des habitudes pour automatiser leurs comportements. Ces habitudes leur permettent d'atteindre facilement leurs objectifs.

La réussite des gens qui ont une grande « maîtrise de soi » s'explique par la manière dont ils tirent parti de leur environnement. La capacité de ces personnes dépasse le simple fait de savoir comment prendre des habitudes bénéfiques. Leur réussite résulte de leur aptitude à comprendre comment choisir le bon environnement, avec les bonnes forces, pour atteindre leurs objectifs.

Dans le cadre d'une enquête en ligne, les personnes qui avaient obtenu un score élevé sur l'échelle de la « maîtrise de soi » se reconnaissaient également dans des déclarations telles que « Je choisis des amis qui me permettent d'atteindre mes objectifs à long terme » ou « Lorsque je travaille ou que j'étudie, je cherche un cadre me permettant de me concentrer » et « J'évite les situations dans lesquelles je pourrais être tenté d'agir d'une manière contraire à la morale »[200]. Ces personnes prenaient en compte le pouvoir des indices contextuels pour rendre les actions faciles ou difficiles. Ils reconnaissaient que, s'ils contrôlaient leur environnement, ils contrôlaient également leurs actions. Le fait de comprendre cela facilite l'acquisition d'habitudes bénéfiques. Les étudiants qui avaient obtenu un résultat faible en « maîtrise de soi » n'étaient pas de cet avis. Ils n'essayaient pas de se faciliter la vie en mobilisant les bonnes forces externes – celles qui suscitent les comportements souhaités et évitent les comportements dommageables.

Les personnes qui ont une grande « maîtrise de soi » ne se contentent pas de dire ce qu'il faut. Elles le mettent en pratique. Une étude a réuni des étudiants qui pouvaient gagner jusqu'à 25 dollars pour résoudre rapidement une liste d'anagrammes[201]. Ils devaient choisir entre commencer à travailler immédiatement dans une salle réservée à des étudiants diplômés qui avait l'inconvénient d'être bruyante ou attendre cinq minutes qu'une salle tranquille se libère. Les étudiants qui avaient obtenu de meilleurs résultats sur une échelle de « maîtrise de soi » décidaient pour la plupart d'éviter la salle bruyante. Ils préféraient attendre que soit disponible la salle où ils pourraient se concentrer, même si cela réclamait un peu plus de temps. La même chose s'est reproduite avec des étudiants qui devaient passer un test d'intelligence en ligne[202]. Ils avaient le choix de faire le test à partir de formes géométriques simples ou de formes plus élaborées et retravaillées par des artistes. Là encore, ceux qui avaient obtenu un score plus élevé en « maîtrise de soi » se sont montrés plus enclins à choisir le test de QI simple. La version dénuée de fantaisie leur permettait de se concentrer et de donner le meilleur d'eux-mêmes. Ils ont fait le bon choix dès le départ pour obtenir les meilleures performances, étant donné que les formes retravaillées ne pouvaient que les perturber.

En prenant de nouvelles habitudes, vous allez rapidement redécouvrir quelque chose que vous saviez intuitivement : la plus grande source de friction dans ce monde, ce sont les autres. Ils sont à la fois des forces utiles et néfastes pour nos propres désirs. Les personnes qui ont une grande « maîtrise de soi » non seulement le savent, mais agissent en conséquence. Une étude consistait à demander à des étudiants de choisir l'un des deux partenaires avec lesquels ils allaient travailler sur une tâche (en fait, des complices expérimentaux)[203]. Le dénommé Alex était indécis sur sa future spécialisation, passait son temps libre à jouer à des jeux vidéo et à faire la fête et généralement, dormait tard pendant les vacances d'hiver. Taylor, pour sa part, était étudiant en année préparatoire de médecine. En outre, il avait un emploi à temps partiel et faisait du bénévolat dans un refuge pour animaux, de sorte qu'il travaillait ses cours surtout pendant les vacances d'hiver. Les deux garçons semblaient tout aussi sympathiques. Mais les participants qui avaient déjà obtenu un score élevé en « maîtrise de soi » voulaient surtout avoir Taylor le bûcheur comme partenaire de travail, tandis que les participants ayant obtenu un score faible se montraient aussi disposés à choisir Alex le dilettante que Taylor le bûcheur.

Tout le monde ne reconnaît nécessairement pas la façon dont notre environnement nous influence. Mais comme les étudiants de l'université de Pennsylvanie, nous pouvons tous commencer à bénéficier de cette perspicacité et acquérir l'œil exercé de la personne ayant une bonne « maîtrise de soi ».

*

Si vous refermez ce livre en gardant en tête un seul mot, j'espère que ce sera celui de « friction ». Il est simple et intuitif et peut aider à accomplir des choses étonnantes. Les forces créées par les contextes dans lesquels nous vivons sont celles qui se rapprochent le plus de l'apport d'idées provenant de tous les domaines de la science des habitudes. Leurs résultats sont constamment visibles.

Une étude a été réalisée sur les clients d'un restaurant chinois proposant un buffet à volonté. Les résultats ont montré que 42 % des personnes obèses s'asseyaient face au buffet[204]. 27 % seulement des personnes de poids normal faisaient de même. Au contraire, les personnes plus minces s'asseyaient la plupart du temps dos au buffet ou sur le côté. En outre, 38 % des personnes peu corpulentes s'installaient à des tables avec banquettes. Si elles retournaient au buffet, elles devaient déranger leurs compagnons de table. Environ deux fois moins de clients obèses (16 %) prenaient place sur des banquettes. La plupart choisissaient des chaises, ce qui leur permettait de se lever plus facilement pour aller se servir. Les personnes plus minces étaient également plus enclines à disposer une serviette sur les genoux (50 %), alors que seulement 24 % des obèses le faisaient. Pourtant, une serviette n'empêche pas vraiment de se lever pour aller se resservir. Mais, comme nous l'avons vu, même de petits ajustements dans l'environnement peuvent faire une différence. La différence la plus frappante est que 71 % des personnes de poids normal ont fait le tour de l'ensemble du buffet pour voir ce qui était proposé avant de se mettre à table. Cela leur a permis de choisir ce qu'ils voulaient au lieu de se contenter de manger tout ce qui était disponible. Seul un tiers des personnes obèses ont fait de même. La plupart ont commencé à se servir immédiatement, sans observer d'abord tout ce qu'il y avait à manger. Ils se sont montrés moins sélectifs.

Contrôler les forces motrices et réduire les forces de retenue est possible, semble-t-il, même quand il s'agit d'un buffet à volonté. Bien que les personnes de poids normal n'aient pas pu supprimer les indices, elles ont pu limiter leur exposition à ceux-ci. Ce faisant, elles n'ont pas eu à prendre de décisions, mais ont pu manger comme elles le faisaient d'habitude, dans des conditions normales.

L'alternative pourrait être de mettre de côté tout ce que l'on sait de la formation des habitudes et de continuer à penser que nos destins sont régis par notre seule volonté. Vous pourriez ignorer les forces psychologiques à l'œuvre dans votre environnement et continuer à croire que chacun d'entre nous agit dans une sorte de grand vide, la seule pression venant de nos propres décisions et de notre propre volonté. Ainsi, lorsque vous trébuchez et que vous vous laissez distancer, vous pouvez vous sentir très mal dans votre peau. Et lorsque vous réussissez, vous pouvez vous sentir intrinsèquement supérieur aux autres personnes qui se battent. Est-ce que cela vous paraît bien ? Cela éveille-t-il quelque chose chez vous ?

Une bien meilleure solution existe.

Les habitudes mènent à une vie meilleure. Ce n'est pas seulement une question de productivité. Il vous arrive d'entendre des gens se plaindre qu'ils réfléchissent trop. Nous le faisons tous, parfois. Cela peut générer de l'anxiété et devenir un obstacle pour agir. Une nouvelle approche de la « pleine conscience » qui s'est développée ces dernières années se veut une sorte de panacée à cette menace de « surréflexion ». L'idée est d'être conscient de manière réfléchie et non pas perdu dans sa tête. Être attentif, c'est se concentrer sur le présent et non ruminer les erreurs du passé ou penser aux défis qui nous attendent.

Les habitudes sont peut-être le moyen le plus naturel et le plus efficace dont dispose l'homme pour atteindre cet état où tout n'est pas envahi par la réflexion et où l'esprit parvient à établir une hiérarchie entre les tâches à accomplir. Il sait déléguer. Il se tient au carrefour et assigne des itinéraires. Il n'est pas obsédé par l'heure à laquelle vous vous endormez, comme vous l'étiez sans doute dans votre enfance. Au lieu de cela, il réagit simplement aux signaux de sommeil en fonction du contexte et vous laisse vous assoupir comme vous le faites habituellement.

Si votre objectif est d'arrêter de vous disputer avec votre conjoint, il vous faudra prendre l'habitude d'écouter calmement. Vous prendrez plus facilement cette habitude si vous ne faites pas de chaque désaccord un sujet de rumination en essayant de déterminer qui est en tort et qui doit s'excuser. Si vous réfléchissez trop, il vous sera plus difficile d'être positif. Et, plus important encore, cela peut aussi vous empêcher d'acquérir les bonnes habitudes.

Une étude sur un jeu vidéo pour enfants mettant en scène la préparation de sushis a montré à quel point il est avantageux de ne pas trop réfléchir[205]. Le jeu comportait seize étapes, parmi lesquelles ajouter de l'eau, du sel et du sucre, remuer, étaler le riz et ajouter le saumon. Pendant que les joueurs s'entraînaient, l'avatar dans le coin supérieur gauche leur disait ce qu'ils devaient faire. Jen Labrecque, Kristen Lee et moi-même avions averti certains joueurs que, à la fin de l'étude, ils devraient être en mesure de faire des sushis eux-mêmes. Ils devaient donc intégrer cette contrainte et mémoriser les étapes de la préparation. D'autres participants, qui n'avaient pas reçu la même information, ont continué, allant juste qu'à jouer dix fois d'affilée.

Les participants à qui l'on a demandé de mémoriser les opérations n'ont pas acquis autant d'habitudes que ceux qui se sont contentés de répéter le jeu sans trop y penser. Nous l'avons mesuré grâce à un test évaluant les associations cognitives automatiques des joueurs. Les participants « ordinaires » passaient à l'étape suivante de la recette aussi rapidement que possible après l'étape précédente (vinaigre, puis sucre), alors que ceux qui savaient devoir mémoriser les opérations se montraient lents à réagir. Ils semblaient penser encore à la recette, même après avoir joué dix fois. Ceux qui se sont simplement exercés sans réfléchir étaient nettement plus rapides, ce qui laisse supposer que leurs choix s'effectuaient de manière automatique.

Pour établir que le fait de trop réfléchir empêchait l'acquisition d'habitudes, tous les joueurs ont été invités à modifier la recette et à ajouter un nouvel ingrédient, soit de l'huile pimentée, soit de la sauce soja. Pour cette partie du jeu, ils étaient seuls. L'avatar ne leur disait pas quoi faire. Sur trois essais, les joueurs ont oublié le nouvel ingrédient dans presque 20 % des cas. Mais tout le monde n'a pas trébuché de cette façon.

Les joueurs qui avaient reçu l'instruction de mémoriser les opérations ont mieux réussi à modifier la recette. Sans recourir à des associations cognitives automatiques, ils ont simplement modifié leur comportement. Parce qu'ils essayaient de garder tout en tête, sans utiliser les indices contextuels pour déclencher les étapes suivantes, ils n'ont pas acquis une habitude qui a persisté. Lorsque nous essayons de changer de comportement, nous sommes tentés d'agir comme ces participants, en planifiant chacun de nos mouvements. C'est comme si nous essayions d'apprendre le tango en réfléchissant à chaque pas de danse. Cela est tout simplement impossible.

En revanche, les joueurs qui se sont contentés de répéter le jeu se sont révélés plus susceptibles de se tromper en oubliant un nouvel ingrédient. Pour eux, l'étape suivante de la recette semblait évidente (ajouter du sucre !) et ils ont agi en conséquence avant d'avoir l'occasion de se dire : « Mince, je voulais ajouter l'huile pimentée maintenant ! » En effet, ils étaient guidés par l'habitude.

Cette recherche n'en est qu'à ses débuts et la science n'a pas encore révélé exactement comment une réflexion excessive peut entraver la formation d'habitudes. Mais rappelons-nous que même des rats acquièrent plus facilement des habitudes lorsqu'ils n'ont pas à surveiller de près leur comportement et à déterminer s'ils agissent de manière adaptée pour obtenir une récompense[206].

La conclusion est claire : les habitudes sont plus susceptibles de se former lorsque nous agissons de manière répétée, sans planification ni délibération préalable[207]. Nous sommes alors en mesure de céder le contrôle au contexte, ce qui permet à nos actions de se déclencher automatiquement. Après avoir mis en place les forces motrices et les forces de retenue dans les contextes que vous rencontrez, par exemple, il vous est facile, sans même y penser, d'avoir une alimentation saine, de travailler en respectant les délais et de témoigner de l'affection à votre famille. Il est bien sûr bénéfique de beaucoup réfléchir si vous voulez rester adaptable et ne pas prendre d'habitudes. Vous pouvez faire la même chose à plusieurs reprises, mais la pensée vous protège contre la formation d'une habitude.

*

Vous vous souvenez de l'objectif consistant à réunir votre famille à l'occasion des repas pour parler, partager, renforcer les relations entre les uns et les autres ? Cela fait maintenant partie de votre réalité habituelle. Vous avez établi les quatre éléments de base de l'habitude (1) en créant un contexte stable (un soir par semaine, à 19 h 30 précises) ; (2) en réduisant les frictions (avec vous dans le rôle de la force motrice ; en supprimant les forces de retenue en faisant toute la cuisine et le nettoyage vous-même) ; (3) en rendant la chose gratifiante (en servant les plats préférés de tout le monde ces soirs-là ; en laissant les enfants inviter des amis s'ils le désirent) ; et (4) en répétant l'opération jusqu'à ce que cela devienne automatique (même quand le reste de la famille était prêt à se révolter contre votre brillante idée).

Les mêmes principes s'appliquent pour faire de votre objectif de maîtrise des dépenses une réalité habituelle. Pour réduire les dépenses, vous : (1) avez créé un contexte stable (trouvé une enseigne de produits alimentaires bon marché, préparé des dîners plus abondants pour pouvoir servir les restes au déjeuner) ; (2) augmenté les frictions (en vous servant uniquement d'argent liquide) ; (3) rendu la chose gratifiante (en organisant des soirées de projection avec des amis amateurs comme vous de films indépendants) et ressenti de la fierté à solder l'encours de votre carte de crédit) ; (4) répété toutes ces actions jusqu'à ce qu'elles deviennent automatiques. Puis vous êtes allé plus loin. Vous avez souscrit au plan retraite de votre entreprise, vous avez commencé à apporter votre café préféré au bureau – vous avez fait un certain nombre de choses qui nécessitaient une décision initiale consciente, puis tout cela est devenu automatique, vous permettant d'économiser de l'argent aussi sûrement que si vous perceviez des produits à un taux d'intérêt fixe.

PARTIE 3

CAS PARTICULIERS, GRANDES OPPORTUNITÉS ET LE MONDE QUI NOUS ENTOURE

CHAPITRE 11

SAUTEZ PAR LA FENÊTRE !

Si vous vous retrouvez sur un bateau qui ne cesse de prendre l'eau, l'énergie que vous mettrez à changer de bâtiment sera vraisemblablement plus productive que celle que vous consacrerez à essayer de colmater les fuites.

WARREN BUFFET

À la fin de l'hiver 2014, deux jours durant, le métro londonien cessa de fonctionner. Le syndicat représentant ses employés décréta une grève et 171 des 270 stations du réseau fermèrent leurs portes. Les fermetures ne furent ni systématiques ni prévisibles. Certains membres du personnel continuèrent à travailler malgré la grève. L'arrêt ne fut pas total, mais il se révéla extrêmement perturbateur. De fait, dans tout système de transports, la fermeture d'une seule station est à même de désorganiser n'importe quel trajet.

Selon les points de vue, la grève fut un immense succès ou un lamentable échec. Pour nous, spécialistes de la science des habitudes, elle fut en tout cas une extraordinaire expérience en matière de changements d'habitudes[208]. Les usagers du monde entier sont des sujets d'étude extrêmement précieux, car, quel que soit l'endroit où ils vivent, ils souhaitent trouver un trajet rapide pour aller de leur domicile à leur travail – et vice versa. C'est particulièrement vrai pour ceux qui prennent le métro, moyen de transport généralement plus bruyant et fréquenté que les autres. Le métro de Londres ne fait pas exception à la règle. Pour ne rien arranger, il n'est pas toujours évident de s'orienter dans le *Tube* pour qui n'est pas un habitué. Les plans ne sont pas à l'échelle et montrent des positions relatives plutôt que des distances absolues. La durée du voyage est difficile à estimer, car la vitesse des trains est variable. Londres est une ville ancienne et étendue, dont la topographie n'a rien à voir avec celle d'une cité comme New York dotée d'un quadrillage rationnel.

Pour ne rien arranger, il pleut souvent. Ce fut évidemment le cas le premier matin de la grève et de nombreux voyageurs qui avaient prévu se rendre à leur travail à pied ou à vélo furent contraints de se réfugier dans le métro à cause de la météo. Il leur fallut trouver un nouvel itinéraire pour atteindre leur destination du fait des stations fermées. Leur trajet, cet aspect si routinier de leur journée, avait soudainement changé. Ce qui relevait autrefois de leur esprit d'habitude s'inscrivait désormais dans une perspective agentique.

À Londres, la plupart des usagers des transports en commun utilisent une *Oyster Card*, titre de transport rechargeable permettant d'obtenir un tarif intéressant quand on se déplace beaucoup. Grâce aux données de ces cartes, les chercheurs ont pu suivre plus de 18 000 usagers réguliers avant, pendant et après la grève. La perturbation s'est révélée très importante. Les jours de grève, environ 60 % des voyageurs ont pu partir depuis leur gare habituelle et environ 50 % sortir là où ils en avaient l'habitude. Les autres ont dû s'adapter. Étonnamment, les changements d'itinéraire ont rallongé les temps de déplacement de seulement 6 % en moyenne. Certains voyageurs ont même gagné sur leur temps de trajet habituel, notamment ceux utilisant des lignes généralement lentes ou circulant dans des zones moins bien desservies.

Évidemment, il ne faut pas forcément être confronté à une grève pour trouver un itinéraire alternatif. Seule l'habitude nous empêche de tenter autre chose. Dans la routine de nos vies quotidiennes, nous prenons rarement le temps d'essayer quelque chose de nouveau. Par souci de facilité, nous nous tenons à ce qui fonctionne bien et nous installons dans nos habitudes.

La fermeture du métro a rendu cela un temps impossible. C'est ce que l'on appelle la *discontinuité des habitudes* – un terme créé par le chercheur Bas Verplanken pour décrire comment nos habitudes sont perturbées par des changements de contexte[209]. Lorsque les repères habituels disparaissent, nous ne pouvons plus répondre de manière automatique. Nous devons prendre des décisions conscientes. Nous sommes ouverts au changement – et même, parfois, à des améliorations.

Ce chapitre montre comment ces discontinuités dans nos habitudes peuvent, paradoxalement, être extrêmement bénéfiques. Elles peuvent bousculer des habitudes « suffisantes » et nous pousser à chercher une nouvelle façon de faire, plus rapide et plus efficace.

*

Nul besoin d'être confronté à une grève pour faire l'expérience de la discontinuité et du renouvellement. Les grands événements – nouvel emploi, déménagement, mariage, naissance d'un enfant – ont le même effet, certains à plusieurs reprises au cours d'une vie. Ils détruisent les repères auxquels nous sommes habitués et suppriment la dimension prévisible de l'existence. Au chapitre 10, nous avons vu que, lorsque l'on souhaite essayer quelque chose de nouveau, il est bon de commencer par changer de contexte. Sans nos repères familiers pour nous guider, nous sommes obligés de réfléchir et de prendre de nouvelles décisions. Dans la pratique, il peut être difficile de supprimer volontairement certains repères, c'est pourquoi ces discontinuités sont si précieuses. Elles bouleversent tout et, pendant un instant, tous nos comportements sont comme en suspens, dans l'attente d'être redirigés.

Oui, les grands changements dans nos vies sont des moments de stress et d'incertitude. Mais ils constituent aussi des occasions de se réinventer et de restructurer nos existences. Sans nos anciens repères et les réactions automatiques qu'ils engendrent, nous pouvons adopter de nouveaux comportements… qui peuvent se révéler meilleurs.

Nous avons tous un grand nombre d'habitudes. Nous avons conscience d'une partie d'entre elles ; certaines ne sont plus vraiment utiles, mais nous les avons conservées de manière presque inconsciente. Les grands événements qui ponctuent une vie sont l'occasion de faire le ménage, de se libérer de certaines habitudes pour en prendre consciemment de nouvelles, plus productives.

Vous avez peut-être pris l'habitude de prendre un verre et de dîner tous les vendredis avec vos collègues de travail. C'était amusant au début et vous attendiez ce moment avec impatience. Mais depuis quelque temps, vous trouvez que les conversations tournent toujours autour des mêmes sujets. Vous ne supportez plus d'entendre, une fois de plus, les histoires de votre amie à propos de son fils ou les mêmes commentaires sur la vie au bureau. Chaque semaine, vous commandez les mêmes plats, car vous avez déjà essayé tout ce qui est à la carte. Cette habitude, accueillie au départ comme une bonne manière de commencer le week-end, est désormais vécue comme une obligation.

Ou peut-être aimez-vous regarder le coucher de soleil sur le lac près de chez vous. Vous avez décidé que c'était une merveilleuse façon de terminer chaque journée. Vous avez donc pris l'habitude de vous asseoir dehors tous les soirs pour admirer le spectacle. Mais avec le temps, ce coucher de soleil est devenu un peu moins captivant. Et maintenant, vous ressentez cette habitude comme une contrainte. Votre partenaire a cessé de se joindre à vous et vous avez commencé à passer ce moment à penser aux choses que vous pourriez faire au lieu de regarder le crépuscule. Vous avez le sentiment de vous être créé une obligation. Même les bonnes habitudes peuvent devenir des voies sans issue.

Félix Ravaisson, philosophe français du XIXe siècle, a formulé ce concept qu'il a baptisé « la double loi de l'habitude »[210]. Selon lui, si la répétition renforce notre tendance à agir, elle affaiblit aussi la sensation de l'acte. En d'autres termes, nous nous habituons. C'est un processus d'une complexité trompeuse qui a le pouvoir de saper la force et le sens des choses que nous avons tendance à continuer à faire longtemps après qu'elles ont perdu leur sens pour nous. Oui, il est possible de tirer parti de cette dynamique lorsque nous prenons de nouvelles habitudes, lesquelles deviennent plus faciles avec la répétition. Mais c'est une épée à double tranchant.

L'accoutumance est l'une des raisons pour lesquelles nous nous désintéressons des choses matérielles que nous avons achetées (en pensant que ces choses nous rendraient enfin heureux). Vous avez certainement aimé vous installer sur votre nouveau canapé le jour où il vous a été livré. Vous l'avez montré à vos amis lorsqu'ils sont venus chez vous. Mais après ? Vous ne le remarquez probablement plus beaucoup maintenant. Il fait littéralement partie de vos meubles. Vous y prenez place pour regarder la télévision ou consulter votre ordinateur.

L'accoutumance se produit également dans les relations entre les individus. Vous échangez régulièrement des salutations avec vos collègues au travail, vous allez chercher vos enfants à l'école et leur demandez comment s'est passée leur journée, vous appelez ou envoyez peut-être des SMS à vos proches à une heure précise. Vous établissez des interdépendances comportementales dans lesquelles d'autres personnes sont un repère de votre action et vous, un repère de leur réponse. « Comment s'est passé ton week-end ? — Super, et le tien ? » ou « Comment c'était à l'école ? — Bien, maman. » Avec le temps, vous en arrivez à penser de moins en moins à ces interactions. Vous faites simplement ce que vous avez toujours fait.

Les couples qui durent depuis un certain temps sont marqués par ce type d'interactions. Les conjoints font souvent les mêmes choses ensemble et pensent de moins en moins à ce qu'ils font.

Ils se lèvent ensemble, mangent ensemble et s'occupent des tâches quotidiennes sans trop y penser. Ils n'ont même plus à se demander ce que l'autre va faire. Ils le savent, simplement par expérience. Leurs émotions s'estompent avec le temps, à mesure que la double loi de Ravaisson s'installe[211]. Ils risquent de constater qu'ils ne ressentent plus la passion qui a marqué le début de leur relation. Au fur et à mesure que les actions s'automatisent, les couples ont moins besoin de réfléchir et leurs émotions s'atténuent.

Ce qui est regrettable, mais acceptable dans le cas d'un nouveau canapé peut devenir intenable dans un mariage. Il n'est pas acceptable de s'habituer à la présence de son conjoint.

Dans les mariages heureux, les discontinuités peuvent avoir un effet magique en réintroduisant l'intimité romantique qui s'est estompée avec le temps. Une brève séparation physique est une discontinuité temporaire – vous voyagez peut-être pour votre travail ou pour rendre visite à vos parents. Certains conflits peuvent également constituer des discontinuités, à condition qu'ils ne soient pas insolubles[212]. Ces changements incitent les partenaires à partager leurs sentiments et à agir d'une autre façon. Chacun recommence à penser à l'autre et à la relation, est incité à réfléchir à ce qui a motivé l'union. Pour la plupart des individus, c'est l'amour. Les couples expriment souvent un regain d'affection l'un pour l'autre lorsqu'ils se retrouvent ou se réconcilient après un conflit – sentiment d'autant plus fort qu'il est atypique. Il est possible de créer des discontinuités mineures avec de nouvelles expériences (leçons de voile, de bridge, groupe de lecture ?) qui nous incitent à faire de nouvelles choses avec notre partenaire, à partager nos sentiments et à rendre notre expérience de l'intimité plus intense. Les disputes peuvent déclencher ce type de dynamique, mais pourquoi ne pas plutôt prendre un cours de cuisine ensemble ?

Dans les mariages malheureux, cependant, les discontinuités n'ont pas ces effets positifs. Les conjoints prennent l'habitude d'entrer dans des cycles destructeurs qui se poursuivent même lorsqu'ils n'en ont pas l'intention. Les couples englués dans ces relations non satisfaisantes peuvent avoir conscience des schémas qui leur sont préjudiciables tout en se sentant impuissants à les changer. Ils s'habituent aussi aux émotions que leur réserve leur union et peuvent très bien vivre sans ressentir ni la détresse ni la peine causée par des interactions toxiques. Vous avez peut-être observé des couples qui se parlent avec aigreur et colère, tout en semblant ne pas ressentir beaucoup d'émotion dans leurs interactions. Ils s'y sont tout simplement habitués. Une discontinuité – séparation physique, bref conflit, nouvelle expérience – pourrait les faire basculer dans différentes directions : les libérer afin qu'ils s'attaquent à leurs schémas relationnels problématiques ou les amener à se séparer pour de bon.

La discontinuité des habitudes nous permet d'avancer en nous exposant à la réalité sous-jacente des raisons qui nous poussent à faire ce que nous faisons et à aller là où nous allons. La vie devient une expérience plus intense lorsque nous ne sommes plus en pilotage automatique. Mais elle est aussi moins prévisible. Notre moi conscient prend les commandes quand nous pensons, évaluons les options et déterminons comment atteindre au mieux les objectifs que nous nous sommes fixés. La discontinuité supprime les schémas établis de notre vie et, en nous donnant à réfléchir, « resynchronise » nos habitudes avec nos objectifs et nos projets.

*

La « destruction créatrice » est un concept qui décrit un phénomène en permanence à l'œuvre dans les économies de marché. Il met en évidence les inévitables moments de fracture, douloureux lorsqu'ils se produisent, car synonymes d'effondrement boursier, de pertes d'emplois, de disparitions de secteurs entiers de l'industrie. Pourtant, cette destruction contient aussi en elle les germes d'une nouvelle croissance. L'innovation peut ressembler à un échec – demandez à n'importe qui dans la Silicon Valley, où l'échec a presque été érigé en philosophie !

Le moi des habitudes constitue un creuset pour ce genre de destruction. Quand vous en aurez compris le mécanisme, vous serez en mesure de contrôler le rythme de cette destruction, mais aussi de la création.

Lorsque vous avez pris l'habitude de vous rendre au travail en voiture, vous mettez en place des automatismes : vous montez dans votre véhicule et suivez toujours la même route. Faire autrement demande un effort. Pour prendre le bus, par exemple, vous devez connaître les horaires, le prix des billets, savoir si vous avez besoin d'un titre de transport spécial et l'heure à laquelle vous devrez vous lever le matin. Vous n'êtes pas confronté à ces questions lorsque vous suivez le schéma d'habitudes qui est le vôtre lorsque vous conduisez.

Déménager représente l'une des grandes discontinuités d'une vie. Une étude a comparé les habitudes de transport de soixante-neuf employés dans une petite université anglaise, lesquels avaient tous déménagé l'année précédente, à celles de 364 résidents établis[213]. Les chercheurs ont commencé par évaluer les valeurs de tous les participants en matière d'environnement ; ils ont constaté que certains étaient assez « éco-conscients », tandis que d'autres ne se souciaient absolument pas du sujet. La ville disposait de moyens de transport pratiques pour se rendre à l'université, notamment un bon réseau de bus, ainsi que des pistes cyclables et des sentiers pédestres. Personne n'avait besoin de conduire. Néanmoins, 60 % des résidents établis se rendaient en voiture sur le campus. Écologistes convaincus ou non, ils prenaient pour la plupart leur voiture.

Cependant, ceux qui avaient déménagé récemment adoptaient une autre attitude. Seuls 37 % des individus se disant très soucieux de l'environnement se rendaient au travail en voiture. Les nouveaux venus étaient plus enclins à prendre le bus, faire du vélo ou marcher que les autres. Sans habitudes dans la ville, ils avaient été amenés à prendre de nouvelles décisions : leurs valeurs écologiques l'emportaient. Parmi ceux ayant déclaré ne pas se soucier de l'environnement, 73 % avaient opté pour la voiture. En l'absence d'habitudes, ils se montraient également fidèles à leurs valeurs et n'avaient pas essayé les moyens de transport plus respectueux de l'environnement.

Dans de nouveaux contextes, nous choisissons des comportements qui correspondent à nos objectifs. Il est plus difficile de répéter des manières de faire adoptées dans le passé et nous devons mettre en adéquation nos actions avec qui nous sommes à cet instant T. La discontinuité induite par le déménagement a en fait amené les individus à faire face à leurs convictions et à agir en conformité.

Pourtant, même si les discontinuités sont souvent bénéfiques, nous ne les accueillons généralement pas volontiers ni ne les recherchons. Au mieux, elles nous procurent un sentiment d'ambivalence. Et c'est bien normal, étant donné la double nature de la discontinuité. Les changements nous donnent peut-être l'occasion de découvrir un nouvel itinéraire pour aller au bureau, retrouver l'amour de notre partenaire et agir dans le respect de nos valeurs, mais ils sont des perturbateurs dans le contexte du quotidien. Ils peuvent engendrer confusion et incertitude quant à la manière d'agir. Il est important de bien comprendre ces effets.

*

La plupart d'entre nous cherchent à être efficaces lorsque nous faisons nos courses hebdomadaires au supermarché. Une étude portant sur 275 clients équipés d'appareils électroniques a déterminé qu'ils parcouraient en moyenne seulement 37 % de la superficie totale du magasin où ils faisaient leurs achats[214], se cantonnant aux rayons où ils avaient un article à prendre et ignorant les autres. Faire les courses est une corvée et nous voulons sortir du magasin le plus simplement et le plus rapidement possible.

Mais la discontinuité apparaît lorsque les articles changent d'emplacement. Les chercheurs ont évalué ce qui se passerait si les fruits prenaient la place des légumes, les produits de boulangerie celle des céréales, la viande celle des salades toutes prêtes[215]. Les acheteurs devraient désormais faire une pause, réfléchir à ce qu'ils voudraient acheter et savoir où chercher. Avec les changements d'agencement dans les magasins, ils se trouveraient face à des produits qu'ils n'ont pas l'habitude de voir ou d'acheter. Ils ne pourraient plus suivre leur parcours habituel et automatique. Les chercheurs ont estimé que les dépenses non planifiées augmenteraient d'environ 7 % par personne. Malgré l'agencement déjà bien pensé des supermarchés, ces discontinuités pourraient encore faire grimper les ventes. Cependant, ces changements peuvent aussi irriter les acheteurs, en particulier ceux de plus de 50 ans, qui risquent de perdre patience lorsqu'ils ne trouvent pas ce qu'ils veulent[216].

Nos habitudes de shopping sont également perturbées par les nouveaux packagings des produits. Les emballages radicalement différents rendent difficile l'identification d'un article que nous achetons régulièrement. En 2009, par exemple, la marque Tropicana a changé le design de ses bouteilles de jus d'orange Pure Premium sur lesquelles apparaissait une paille plantée dans une orange. Le nouvel emballage figurait un verre de jus de fruits et un affichage plus visible de la mention « 100 % orange pure et naturelle ». Les consommateurs n'ont pas apprécié et l'ont fait clairement savoir : après s'être apparemment interrogés sur la signification de l'expression « pure et naturelle », ils ont remis en cause le goût du jus d'orange et se sont demandé s'ils ne devraient pas finalement essayer une autre marque. Tropicana aurait perdu 30 millions de dollars de revenus dans l'affaire[217] et cela uniquement pour avoir décidé de mettre en avant une caractéristique positive de son produit.

Malgré ces évidences, force est de constater que nous avons tous été attirés par un nouveau gadget qui nous a semblé indispensable. Après tout, nous vivons à l'ère de l'iPhone et le cycle des nouveautés s'organise autour du lancement, à intervalles réguliers et en grande pompe, d'une innovation technologique présentée comme révolutionnaire. Pour autant, le phénomène dépasse largement l'arrivée de nouveaux produits dans nos vies. Les nouveautés sont difficiles à lancer. Les longues queues de fidèles qui se forment devant les boutiques Apple à chaque lancement d'un nouvel appareil constituent un succès étonnant – un succès qui contredit la façon dont la plupart des gens abordent les nouveautés du marché.

Les nouveaux produits engendrent des perturbations lorsque leur utilisation exige que nous modifiions notre comportement. Lancé en 2001, le Segway était vraiment nouveau et quelqu'un comme Jeff Bezos, patron d'Amazon, en fit grand cas[218]. Steve Jobs (Apple) prédisait quant à lui que les villes devraient évoluer pour s'adapter à l'utilisation massive de l'engin. En 2004, cependant, seules 10 000 unités avaient été vendues et le Segway était clairement destiné à n'être qu'un produit de niche. Comparons-le aux très populaires scooters électriques, adaptés des engins Razor pour enfants. Le fabricant de scooters Bird a vu sa valeur passer de 300 millions de dollars en mars 2018 à 1 milliard de dollars en mai de la même année, puis à 2 milliards de dollars à la fin du mois de juin[219]. Des entreprises de transport comme Uber et Lyft ont aussi lancé leurs modèles. La différence de succès entre les deux engins pourrait être le fruit du hasard – les scooters électriques sont arrivés sur le marché quinze ans plus tard. Toutefois, des études ont montré que les consommateurs n'ont pas forcément l'intention d'acheter des produits vraiment nouveaux et, lorsqu'ils disent qu'ils en ont l'intention, sont finalement peu susceptibles de le faire[220]. Nous ne savons tout simplement pas quelle utilité nous pourrions avoir d'une véritable nouveauté et cette incertitude nous donne à réfléchir et repenser nos intentions d'achat. Nous agissons par conséquent de manière imprévisible.

*

La discontinuité possède aussi une facette plus sombre et les chercheurs ont ainsi constaté qu'elle peut nuire au comportement des bons citoyens. Les habitants de Montevideo (Uruguay) reçoivent trois à six avis d'imposition par an, pour les biens, les véhicules, les individus et les eaux usées. Chaque facture est généralement acquittée en personne dans l'un des bureaux locaux de l'administration fiscale. Le système n'est pas efficace : en 2014, chaque foyer avait en moyenne environ six paiements de retard et seulement 70 % des avis avaient été réglés en temps et en heure.

En 2004, la ville a voulu encourager un plus grand nombre de ses habitants à se conformer à la loi. En utilisant la loterie nationale, Montevideo a dispensé les gagnants qui avaient acquitté leurs impôts à temps l'année précédente de payer ce qu'ils devaient pour l'année en cours. Cette expérience a permis aux chercheurs de comparer les comptes de 3 174 individus bénéficiaires de la récompense entre 2004 et 2014 à 3 189 comptes dont les titulaires avaient dû continuer à payer leurs impôts[221].

La perspective d'une année d'exonération fiscale aurait dû être une motivation suffisante pour encourager les Montévidéens à continuer à payer leurs impôts, que ce soit par gratitude ou par civisme. Mais cela n'a pas vraiment été le cas. Les chercheurs ont constaté que les gagnants de la loterie, dispensés d'impôts pendant un an, s'avéraient moins susceptibles de régler leurs impôts les années suivantes ! Apparemment, l'interruption des paiements les avait incités à réfléchir à leurs impôts… et à se dispenser de les payer. Recommencer leur a semblé compliqué : ils devaient se remémorer où aller, combien et quand payer. Les effets ont été négligeables : les gagnants à la loterie ont bénéficié d'une réduction de 4 % sur leurs futurs impôts. En revanche, cela a eu un effet sur les contribuables modèles qui, eux, avaient réglé leurs impôts dans les temps. Les gagnants de la loterie qui avaient opté pour le prélèvement automatique n'ont pas été concernés. Leur compte était prélevé avant qu'ils aient gagné et leurs paiements ont naturellement repris une fois l'exonération fiscale terminée. De plus, la réduction n'était pas significative pour l'impôt sur les véhicules, le seul pour lequel les gagnants de la loterie devaient continuer à verser un montant minimal.

Les citoyens, semble-t-il, prennent l'habitude d'interagir avec l'administration, ce qui ne manque pas d'entraîner des conséquences importantes. « Le manque d'attention aux habitudes peut avoir des conséquences perverses pour les décideurs politiques[222] », ont noté les chercheurs.

Après avoir pris connaissance des résultats de l'étude, Montevideo est passé de l'exonération fiscale à l'octroi de remises en cas de paiement rapide. Les effets de discontinuité sur les gagnants de la loterie se sont heureusement dissipés avec le temps. Environ deux ans après avoir gagné, les bons contribuables recommençaient à s'acquitter de leurs impôts comme ils le devaient.

Les défis de la discontinuité sur la conduite des citoyens sont également notables en ce qui concerne les élections aux États-Unis. Le mauvais temps décourage le vote. Les individus jettent un œil au ciel et décident de rester chez eux. Les comtés ruraux et pauvres sont particulièrement touchés. Dans les zones non urbaines, les électeurs doivent parcourir une distance plus grande pour aller voter et les plus modestes n'ont pas forcément accès aux transports qui leur permettraient d'éviter les intempéries.

Comparons la participation aux élections présidentielles entre 1952 et 2012 dans des comtés où il a plu à celle de comtés plus ensoleillés : on estime qu'un seul millimètre de pluie a fait chuter le nombre de votants de 0,05 %[223]. Et cette perturbation a affecté les votes ultérieurs. Lorsque les individus étaient restés chez eux à cause de la pluie un jour d'élection présidentielle, ils étaient moins aptes à se rendre aux urnes pour le scrutin suivant.

C'est la double nature de la discontinuité des habitudes. La perturbation des repères dans nos quotidiens peut être bénéfique en nous libérant pour nous permettre d'agir de manière plus authentique. Mais elle peut aussi s'avérer néfaste en bouleversant nos rapports à la citoyenneté, en transformant les contribuables en fraudeurs et en augmentant le nombre d'individus n'allant pas voter. C'est ce qui arrive lorsque les repères fondamentaux régissant le côté automatique de la vie quotidienne disparaissent. Ces doubles effets reflètent un fait essentiel en ce qui concerne les habitudes : elles ne sont par essence ni bonnes ni mauvaises. Nos habitudes couvrent un spectre qui va du bénéfique au nocif et il en est de même pour les perturbations qui les remettent en question. La discontinuité, cependant, ne concerne pas seulement le moi des habitudes. Le contrôle exécutif et le moi agentique jouent aussi un rôle.

*

Si les grands changements qui se produisent dans nos vies arrivent souvent de manière inattendue, nous conservons tout de même une certaine maîtrise, au moins sur la façon dont nous y faisons face. Une fois que nous avons compris le mécanisme de la discontinuité, nous pouvons utiliser ces mêmes dynamiques de manière sélective pour garder nos meilleures habitudes et changer les autres.

La conservation des habitudes revêt de multiples formes, comme le suggère une étude portant sur les étudiants ayant rejoint la Texas A & M University[224]. Leona Tam, Melissa Witt et moi-même avons contacté ces étudiants un mois avant et un mois après leur transfert afin d'évaluer l'évolution de leurs habitudes quotidiennes, notamment en matière d'exercice physique et de télévision. Deux mois après avoir déménagé, la plupart d'entre eux déclaraient que ce changement dans leur vie avait entraîné une pratique moins régulière de leur activité sportive ou du temps passé devant la télé. Mais tous n'avaient pas perdu leurs habitudes. Pour certains, le contexte spécifique dans lequel ils faisaient de l'exercice ou regardaient la télévision demeurait le même, quel que soit l'endroit où ils se trouvaient : ils pouvaient continuer à s'entraîner dans une salle de sport ou à courir sur un stade, ils pouvaient continuer à regarder la télévision dans leur chambre. Lorsque les repères étaient demeurés stables, il en était allé de même pour les habitudes. Il est impossible de dire si les étudiants avaient choisi de manière délibérée de nouveaux contextes similaires aux anciens ou si cela avait été le fruit du hasard, mais le résultat était clair : avec des repères stables, les habitudes étaient préservées.

Toutes les habitudes ne méritent pas d'être conservées. Nous voulons tous, ou presque, garder l'habitude de faire du sport, mais regarder la télévision n'apporte rien de particulièrement bénéfique à des étudiants. Cependant, la constatation a été la même, que l'habitude ait été bonne ou non : le changement de contexte a contribué à bouleverser les habitudes et la stabilité, à les préserver. Le fait est désormais bien établi : le mécanisme des habitudes ne fait pas la différence entre les bonnes habitudes et les mauvaises.

Les étudiants de l'enquête ont aussi illustré une autre manière de conserver des habitudes, à savoir concrétiser délibérément ses intentions. Même sans les repères familiers de leur ancienne université, ils pouvaient toujours décider de faire du sport ou de regarder la télévision. Dans de nouveaux contextes, certains se remettaient au travail et pouvaient, par la même occasion, prendre une nouvelle habitude dans leur nouveau lieu de résidence.

Lorsque l'on comprend mieux les repères qui y sont attachés, il est possible de conserver les habitudes auxquelles nous tenons, même lorsque des disruptions surviennent dans nos vies. Mais parfois, nous recherchons le changement. Nous pouvons provoquer des disruptions en changeant de contexte par exemple. Et c'est ce que nous faisons ! Chaque année, environ 11 % des Américains déménagent[225], ce qui signifie qu'ils vivent au même endroit onze ans en moyenne[226]. Nous changeons d'emploi encore plus souvent, en moyenne tous les quatre ans[227]. Ces ruptures constituent une fenêtre d'opportunités pour rompre avec les mauvaises habitudes et reconsidérer celles qui sont devenues obsolètes. La disruption est notre alliée lorsque nous voulons du changement. Nous pouvons vouloir arrêter de fumer, quitter notre emploi et démarrer une nouvelle carrière, sortir d'une relation violente. Dans ces cas, nous pouvons tirer parti de la disruption. En conséquence de notre capacité à préserver les bonnes habitudes dans les périodes difficiles, nous pouvons également en profiter pour rompre avec des habitudes auxquelles nous ne tenons plus.

Pouvez-vous vous remémorer une occasion au cours de laquelle vous avez réussi à apporter un changement soudain et radical dans votre vie ? Comment y êtes-vous parvenu ? Était-ce par pure détermination et esprit de décision ou un changement de contexte vous a-t-il aidé ?

À l'inverse, y a-t-il eu un moment où vous n'avez pas réussi à apporter un changement pourtant bien nécessaire à votre vie ? Avez-vous perdu votre sang-froid ou trouvé trop difficile de changer toutes les choses qui devaient l'être ?

Ce sont les questions que des chercheurs ont posées à 119 adultes de la Harvard Extension School[228]. Les participants ont décrit de nombreux changements les ayant affectés, notamment dans leur carrière, leur éducation, leurs relations et leur santé.

Lorsqu'ils ont évoqué des changements réussis, les participants ont mentionné pour plus d'un tiers d'entre eux des changements de contexte : 36 % des succès concernaient le choix d'un nouveau logement et le déménagement qui s'était ensuivi, même si ce n'était que pour quelques mois. Racontant le processus qui l'avait amené à arrêter de fumer avec succès, l'un des sujets a déclaré : « J'avais le sentiment qu'il serait plus facile d'arrêter dans un nouvel environnement, sans les associations et repères habituels. » Une autre participante a décidé de changer d'orientation parce que, dit-elle, « je détestais la fac de droit. J'ai été physiquement malade pendant une bonne partie du premier semestre – à cause du stress, je suppose. J'étais également déprimée. Je me suis fait peu d'amis dans ce milieu trop compétitif et trop froid ». De plus, 13 % des personnes interrogées ont déclaré avoir apporté d'autres changements à leur contexte de vie, par exemple en trouvant un nouveau groupe d'amis ou un autre emploi.

Les récits d'échecs se sont révélés très différents. Seuls 13 % des sujets ont déclaré avoir déménagé et aucun n'a mentionné une modification de son environnement immédiat. La plupart des participants ont évoqué les raisons pour lesquelles ils ne pouvaient pas faire évoluer leur situation. « Quitter mon emploi avec la situation économique actuelle me semblait risqué, car j'ai un loyer et des factures à payer », a révélé l'un d'eux. Un autre : « Il m'a semblé plus facile de me rabattre sur un ancien emploi au lieu de risquer d'échouer dans une nouvelle recherche ou de choisir un autre domaine d'activité. » Les histoires d'échec s'accompagnent souvent du sentiment d'être coincé dans un environnement donné. Au total, 64 % des personnes ayant échoué dans leur tentative de changement ont évoqué des circonstances extérieures.

Ces récits individuels de réussites et d'échecs donnent un aperçu de l'importance considérable du contexte. Les personnes qui ont réussi à modifier leur comportement ont su tirer parti de la possibilité d'une discontinuité dans leurs habitudes. Elles ont changé de contexte en partant un certain temps, en quittant leur emploi, en déménageant. En éliminant leurs repères habituels, elles se sont donné la liberté de prendre de nouvelles décisions.

Pourtant, ces récits dépendent des souvenirs de leurs auteurs… et les souvenirs sont sujets à la création de mythes personnels. Nous avons tous tendance à organiser nos histoires de vie en récits plus intelligibles qu'ils ne l'étaient réellement au moment des événements. Pour un chercheur, les données objectives sont plus fiables. Et heureusement, les données concrètes sur les avantages et les défis liés aux changements de contexte sont aussi des données chiffrées.

La ligue majeure de baseball aime les statistiques et ce sport constitue, de fait, un bon « laboratoire » pour mesurer les effets de la disruption des habitudes dans la vie d'un joueur professionnel, lequel peut être amené à intégrer une nouvelle équipe. Ce changement perturbe toute une série de repères – coéquipiers, terrains de jeu, entraîneurs, dirigeants d'équipe, fans et lieu de vie.

Des chercheurs souhaitant analyser l'impact des transferts sur les performances des joueurs se sont penchés sur 422 professionnels, de 2004 à 2015, dont les performances n'avaient cessé de décliner avant leur transfert[229].

Ils ont ainsi étudié la moyenne des joueurs à la batte, leur capacité à atteindre la base et leurs facultés à l'attaque par rapport aux autres joueurs, avant et après leur transfert. Les sportifs dont les performances étaient en baisse et qui ont changé d'équipe ont montré des améliorations significatives dans ces trois indicateurs. En l'espace de deux ans, les moyennes à la batte sont par exemple passées de 0,242 à 0,257 – à titre de comparaison, Mike Trout, l'un des joueurs les mieux payés de la discipline, affiche une moyenne de 0,312. En revanche, les 922 joueurs d'un groupe témoin dont les résultats avaient également baissé, mais qui, eux, n'avaient pas changé d'équipe ont fait preuve d'améliorations moindres.

Certains joueurs avaient décidé eux-mêmes de changer d'équipe. D'autres avaient fait l'objet d'un transfert. La discontinuité des habitudes a fonctionné, quelle qu'ait été la raison du changement. Les nouveaux repères sont allés de pair avec l'amélioration des performances. Là encore, un effet de symétrie s'est produit avec la disruption, qui a eu un impact sur les bonnes habitudes comme sur les mauvaises. Dans un second temps, les chercheurs ont suivi 290 joueurs dont les performances étaient stables ou en progression d'une saison à l'autre. Pour ces sportifs, changer d'équipe n'a produit aucun effet positif ; cela a même engendré une baisse de la moyenne à la batte et des autres paramètres offensifs[230]. En deux ans, leurs moyennes sont ainsi passées d'un maximum de 0,276 à 0,263. Cette baisse a été beaucoup plus importante que celle enregistrée par un groupe témoin de 1 103 joueurs qui avaient des antécédents similaires et étaient restés dans leur équipe.

Encore une fois, le fait que les joueurs aient été transférés ou soient partis de leur propre chef n'a fait aucune différence. Les bonnes performances ont été perturbées par le changement de contexte. Les joueurs ont été moins bons. L'herbe ne s'est pas avérée plus verte ailleurs et ce « changement de décor » a nui à ceux qui avaient de bons résultats.

Après s'être débarrassés de leurs mauvaises habitudes, les joueurs de baseball professionnels, qui sont des individus hautement qualifiés et entraînés à atteindre des objectifs, sont devenus plus productifs. Ils ont tiré parti du nouvel environnement lié à leur changement d'équipe. Mais la discontinuité peut également anéantir les succès fondés sur les habitudes. Même les athlètes professionnels y sont sensibles : ceux dont les performances étaient en hausse et qui ont rejoint une nouvelle équipe ont enregistré un recul.

On peut donc en conclure que la discontinuité des habitudes est un phénomène incontestablement puissant. Elle modifie l'équilibre de l'habitude et du processus de décision dans nos vies. La disruption nous donne à réfléchir. Ce faisant, elle peut rendre la vie plus intéressante et nous permettre d'agir de manière à être plus en accord avec nos valeurs et nos centres d'intérêt. Toutefois, elle peut aussi mettre en danger des habitudes bénéfiques. La disruption d'une habitude n'est, bien sûr, que la première étape d'un processus de changement ; elle permet de mettre de l'ordre dans nos habitudes et de les oublier. La façon dont nous utilisons cette opportunité dépend de ce que nous ferons ensuite. En comprenant les phénomènes de disruption, vous serez en mesure (1) de préserver vos bonnes habitudes afin qu'elles vous aident à surmonter les changements, (2) de vous servir des disruptions pour abandonner vos mauvaises habitudes.

Dans ce chapitre, nous avons évoqué des discontinuités souvent malvenues dans nos vies. Le fait de perdre son emploi ou de déménager peut constituer un énorme défi pour la stabilité. En abordant ces changements du point de vue des habitudes, nous constatons qu'ils font aussi d'excellentes occasions de se réinventer, de devenir littéralement la personne que nous aspirons à être. Nous sommes plus souples et nos habitudes sont plus faciles à maîtriser. La fin du statu quo auquel nous sommes habitués est tout à fait réelle, mais le renouveau qui en découle dépend entièrement de nous.

Avez-vous déjà subi une panne d'Internet à votre domicile pendant quelques jours, voire quelques heures ? Vous êtes-vous déjà rendu dans une maison de vacances dont le routeur Wi-Fi était à ranger au rayon des antiquités ? Après avoir éliminé la fausse bonne idée (« Pas de Wi-Fi ? Je vais me préparer un verre ! »), vous réalisez que ces précieux moments d'un nouveau comportement obligé du fait d'une disruption peuvent ouvrir une nouvelle voie. C'est l'occasion de mettre en place des solutions auxquelles vous voudrez vous tenir à l'avenir.

Alors, vous avez peut-être ouvert un exemplaire de *Moby Dick* que quelqu'un avait oublié là. Vous avez commencé à lire. Après quelques pages, votre agacement s'est estompé. Vous avez réalisé, avec un peu de culpabilité, que c'était la première fois depuis plusieurs années que vous vous replongiez dans un classique. Vous êtes sur le point de prendre une nouvelle habitude de lecture – une habitude que vous auriez pu prendre depuis longtemps, mais il a fallu cette disruption pour vous aider à réaliser à nouveau à quel point vous aimiez simplement lire un bon roman.

CHAPITRE 12

LA RÉSILIENCE PARTICULIÈRE DES HABITUDES

Rappelez-vous, la tempête est une bonne occasion pour le pin et le cyprès de montrer leur force et leur stabilité.

Hô Chi Minh

La vie n'est pas un long fleuve tranquille. Rien n'a jamais l'air se dérouler comme prévu. La réalisation de nos désirs semble généralement être le fruit du hasard. Les événements ne suivent aucun cours prévisible. Grâce aux outils dont nous disposons aujourd'hui, on peut l'affirmer : oui, la vie est stressante. Dans un récent sondage réalisé aux États-Unis, environ 25 % des personnes interrogées ont déclaré être extrêmement stressées[231]. La plupart des gens se sentent plus stressés qu'en bonne santé. Les causes sont assez prévisibles. En 2017, plus de 60 % des Américains déclaraient être stressés par l'avenir de leur pays, les problèmes financiers et les difficultés professionnelles. Les Japonais ont même un mot pour désigner le stress extrême au travail qui conduit à la mort : *karoshi*. Les symptômes de stress – colère, anxiété, fatigue – sont de plus en plus souvent apparents. Le corps réagit en libérant un flux d'hormones, dont l'adrénaline et le cortisol, qui affectent nos pensées, nos sentiments et nos actions. Le stress influe de manière négative sur les processus cognitifs supérieurs en œuvre lorsque nous planifions et agissons pour atteindre nos objectifs[232].

Si les effets du stress sur la santé sont aujourd'hui mieux pris en compte, des solutions peinent à être trouvées. On peut suivre une retraite – à condition d'en avoir les moyens –, adopter certains comportements bénéfiques, mais ces méthodes ne fonctionnent que sur certaines personnes et dans certaines conditions.

Ne serait-il pas plus utile que chacun possède les outils nécessaires pour se créer un « refuge anti-stress » personnel, quelles que soient les circonstances extérieures ? Ne serait-ce pas l'endroit idéal pour mettre en place les comportements que l'on souhaite avoir dans les bons et les mauvais jours, des comportements qui permettraient d'atteindre des objectifs à long terme ?

Ce « refuge », en réalité, est déjà en chacun de nous. Les habitudes sont nos havres de paix en période de stress. Elles ne sont pas affectées par le stress comme notre moi plus conscient, elles sont même plus performantes lorsque notre mental est mis à rude épreuve[233]. Cette qualité si particulière fait des habitudes un outil bien adapté pour nous aider au mieux à faire face au quotidien.

Tout comme les discontinuités des habitudes perturbent les repères de performance (chapitre 11), le stress a un effet perturbateur sur notre moi conscient, du fait qu'il modifie l'équilibre entre l'habitude et la pensée consciente. Sous l'effet du stress, les habitudes persistent, même si la conscience est mise à mal. Pour les chercheurs, ce schéma est un signe qui questionne sur la dissociation entre habitudes et réflexion. Pour le commun des mortels, il présente des avantages pratiques évidents : avec une habitude, on ne se trouve jamais sans réponse, même lorsque le stress, la distraction ou la fatigue mentale font dérailler notre esprit conscient.

Pour étudier l'espace d'intersection entre le stress et l'habitude, des chercheurs ont demandé à des étudiants de plonger leurs mains jusqu'aux poignets dans de l'eau glacée pendant trois minutes minimum, voire plus longtemps s'ils pouvaient le supporter[234]. Pour ajouter à leur malaise physique, les sujets étaient filmés par quelqu'un qu'ils ne connaissaient pas. En parallèle, les étudiants d'un groupe témoin n'étaient soumis à aucun de ces stress et avaient simplement dû mettre leurs mains dans de l'eau à température ambiante.

Dans la seconde partie de l'étude, chaque étudiant se livrait à un exercice sur ordinateur dans lequel il devait sélectionner certaines formes à l'écran. Tous avaient une paille à la bouche et chaque bon choix donnait droit à une gorgée de jus d'orange ou de lait chocolaté, tandis qu'en cas de mauvais choix, les participants recevaient une boisson sans saveur ou rien. Tous ont appris rapidement à choisir les formes amenant une récompense et le stress des débuts n'a pas gêné l'acquisition de cette habitude.

Après cinquante fois, les récompenses ont cessé. Les choix de chacun n'avaient plus d'importance. Les étudiants qui n'avaient pas subi de stress l'ont compris après environ cinq essais. Ils ont d'abord agi par habitude, mais après plusieurs choix sans récompense, ils ont adapté leur réponse. Ils ont commencé par penser que s'ils sélectionnaient une autre forme, ils pourraient peut-être de nouveau obtenir la récompense. Ils ont cessé de réagir selon une habitude et ont essayé une autre approche, choisissant délibérément des formes différentes dans l'espoir d'en trouver une qui apporterait une récompense. Ils se sont adaptés aux nouvelles conditions qui leur étaient données. Les étudiants stressés, en revanche, ont simplement continué selon l'habitude qu'ils avaient prise. Leur esprit conscient était toujours tourné sur l'expérience douloureuse qu'ils avaient subie (l'eau glacée) et ils s'avéraient incapables d'envisager des alternatives.

Dans la « vraie vie », le stress produit des effets similaires. Lors d'une étude portant sur 174 décisions difficiles prises par des dirigeants d'entreprise relatives à des acquisitions, des lancements de produits ou des restructurations, les sujets qui se sentaient anxieux et sous pression (comme l'ont déterminé des entretiens avec leurs conjoints et des rapports des entreprises) se sont révélés moins susceptibles de prendre des risques stratégiques[235]. Ils ont continué à faire ce qui avait toujours fonctionné, évitant d'explorer des innovations et perspectives de croissance[236]. Ce type de démarche, qui consiste à privilégier les pratiques acquises aux nouveaux modèles, a tous les risques de limiter les possibilités de développement d'une entreprise.

Le stress produit ce type d'effets, car il influe sur les parties actives du cerveau. Sous l'effet du stress, l'activation neurale déserte les régions impliquées dans la prise de décision et la poursuite des objectifs (cortex orbitofrontal, cortex préfrontal médian, hippocampe)[237]. L'activation augmente cependant dans les neurones striés à l'œuvre dans la réponse aux habitudes et les récompenses. Cette combinaison engendre une sorte de pilotage automatique. Les systèmes de prise de décision tendent vers ce qui a fonctionné dans le passé. En cas de stress, l'esprit va chercher à arrêter ce qui perturbe ou à s'en éloigner. La réponse au stress passe au premier plan et nous prêtons moins attention à ce qui se passe autour de nous.

Malheureusement, dans le monde moderne, les facteurs de stress nous placent souvent dans des situations qui exigent un niveau de réflexion rapide et complexe. Par exemple, si un membre de votre famille est hospitalisé, vous devrez prendre des décisions dans l'urgence. Si vous avez été licencié récemment, vous devez trouver au plus vite un nouvel emploi pour faire face aux factures qui arrivent. Votre stress est peut-être dû à l'insatisfaction de votre partenaire, au fait que vous êtes potentiellement au bord de la rupture. Ces facteurs sollicitent votre processus conscient de prise de décision. La situation ressentie comme une menace monopolise votre attention, vous obligeant à vous concentrer sur la répétition ou la répression de l'expérience et à ne penser à rien d'autre.

Vous êtes comme les étudiants de l'expérience, vos mains sont plongées dans l'eau glacée[238]. Vous devez trouver comment faire face au stress. Les habitudes peuvent vous aider. Dans la suite de l'étude, les étudiants ont recommencé à obtenir une récompense après dix choix négatifs. Ceux qui n'étaient pas stressés ont rapidement pris conscience du changement et ils ont repris l'habitude qu'ils avaient au début au lieu de continuer à explorer d'autres pistes. Leur capacité d'adaptation leur a permis de revenir à la bonne stratégie après une période d'expérimentation. Les sujets stressés, en revanche, n'ont jamais abandonné la stratégie qui les avait fait gagner au départ. Ils ont simplement continué à reproduire leur habitude, laquelle leur valait désormais une récompense. On ne peut que louer l'imagination et la capacité d'initiative des étudiants du premier groupe. Nous aimerions tous avoir la présence d'esprit nécessaire pour nous adapter à notre environnement et chercher de nouvelles stratégies. Mais nous vivons dans un monde où le stress est présent et, de ce point de vue, la réponse du groupe d'étudiants stressés est plus intéressante. Malgré les disruptions, malgré le stress, malgré les récompenses, puis leur disparition, l'habitude qu'ils avaient prise a perduré, y compris lorsque leur esprit était occupé par un sentiment de malaise et de gêne. L'habitude s'est montrée résiliente, envers et contre tout.

Imaginez maintenant votre situation de stress – problèmes de santé, revers professionnels, difficultés relationnelles. Imaginez que vous avez pris le type d'habitudes saines qui vous permet de maintenir le cap en dépit de la complexité de votre source de stress. C'est exactement le genre de travail difficile que votre deuxième moi peut faire en silence et, comme nous l'avons vu précédemment, ce travail peut s'accomplir même lorsque les zones les plus conscientes de votre esprit sont soumises à un stress. Cette excellente nouvelle doit vous rendre optimiste pour les temps difficiles que vous pourriez être amené à traverser. Vos habitudes et tout ce que vous avez mis en œuvre pour atteindre vos objectifs à long terme ne vont pas disparaître.

Les bonnes habitudes demeurent, quoiqu'il arrive. L'habitude agit alors comme un système de repli qui permet de continuer à agir malgré les défis. C'est ce que vos deux moi souhaitent.

*

Il y a quelques années, j'avais pour voisine une cycliste professionnelle. Lorsqu'elle prenait un jour de repos, nous partions ensemble en balade à vélo. Ces jours-là, elle ne voulait pas forcer et prenait non pas l'un de ses vélos de course, mais sa bicyclette ordinaire.

Au début de la promenade, nous trouvions un rythme facile, nous bavardions, c'était amusant. Au bout d'une heure, lorsque nous prenions le chemin du retour, ma voisine se mettait toujours à accélérer. Elle avait rapidement une longueur d'avance sur moi, on ne pouvait plus avoir de conversation. Elle avait retrouvé sa vitesse de course. Quand je lui ai demandé pourquoi, elle m'a expliqué que pendant la première partie du trajet, elle essayait consciemment de ralentir. Mais au fur et à mesure que nous roulions, l'effort conscient qu'elle devait faire pour se maintenir à mon rythme devenait trop important. Ses jambes accéléraient automatiquement. Elle était tout simplement trop fatiguée mentalement pour rouler plus longtemps à la même vitesse que moi. Elle fournissait un travail physique plus important, mais par habitude, cela lui paraissait paradoxalement plus facile.

Lorsque nous sommes fatigués et stressés, nous nous attendons à ce que nos mauvaises habitudes reprennent le dessus. Nous avons tous fait l'expérience de ce genre de comportement. En retard à un rendez-vous, on appuie sans cesse sur le bouton de l'ascenseur comme si cela allait le faire arriver plus tôt. Impatient d'arriver à destination, on presse frénétiquement le signal d'appel piéton pour pouvoir traverser la rue. Frustré dans un embouteillage, on ne cesse de klaxonner alors que l'on sait pertinemment que les autres automobilistes sont aussi bloqués. Nous agissons par habitude, que ce comportement soit bénéfique, nuisible ou sans effet. Le mécanisme de l'habitude ne fait pas de distinction entre les réactions qui pourraient être positives ou non dans une situation donnée.

Dans le cadre d'un test visant à déterminer comment le stress et la lassitude jouent sur les bonnes et les mauvaises habitudes, les étudiants de l'école de commerce de UCLA ont décrit leur routine matinale[239]. Pendant sept semaines, ils ont noté ce qu'ils mangeaient au petit déjeuner et quelles rubriques du journal ils lisaient avant de se rendre en cours. Deux de ces semaines étaient particulièrement éprouvantes, car elles correspondaient à une session d'examens. On a constaté que, durant ces périodes de stress, les habitudes se renforçaient. Ceux qui prenaient systématiquement ou presque un petit déjeuner équilibré étaient alors encore plus susceptibles de le faire.

La constatation fut la même pour ceux qui consommaient des aliments moins sains. Idem pour les habitudes en matière de lecture. Les étudiants ayant l'habitude de lire une rubrique « sérieuse » du journal, comme l'actualité internationale, étaient plus à même de continuer à le faire pendant les semaines d'examens, tout comme ceux ayant l'habitude de lire des sections plus divertissantes. Quant à ceux qui n'avaient pas d'habitudes alimentaires ou en matière de lecture, ils ne changeaient pas non plus.

L'augmentation du temps de lecture est surprenante. On peut imaginer que, pendant les semaines d'examens, les étudiants révisaient probablement plus et avaient moins de temps pour lire le journal. Et pourtant, ceux qui en avaient pris l'habitude se sont montrés plus susceptibles de continuer à lire. C'est compréhensible quand on pense à la façon dont le stress affecte les habitudes. Pendant la période d'examens, les étudiants étaient moins à même de prendre des décisions conscientes sur ce qu'ils devaient lire. Les étudiants intéressés en temps ordinaire par les pages économiques, par exemple, pensaient moins à lire un article se rapportant à un fait divers local, même si le sujet les intéressait. Ils s'écartaient par conséquent moins souvent de leurs centres d'intérêt habituels. Ils se réveillaient et lisaient la rubrique économique comme ils l'avaient toujours fait, probablement en ruminant sur les études et les examens à venir.

Dans une autre enquête menée auprès d'étudiants de l'université de Duke, les participants devaient identifier quatre comportements qu'ils souhaiteraient adopter pour atteindre un objectif important et quatre comportements qu'ils aimeraient éviter[240]. Ils devaient également évaluer la force de l'habitude pour chacun des comportements en notant combien de fois ils l'avaient eu dans le passé. L'étude dura quatre jours. À la fin de chaque journée, les sujets devaient dire si oui ou non ils avaient eu les comportements qu'ils avaient énumérés.

Pendant deux jours, on demandait aux étudiants d'utiliser leur main non dominante pour effectuer des actions simples : passer un appel depuis leur portable, déplacer une souris d'ordinateur, ouvrir une porte. L'exercice était mentalement fatigant, car les participants devaient réprimer l'impulsion d'utiliser leur main dominante au profit de leur autre main. Tous avaient signé un contrat et s'étaient créé des « rappels » pour ces exercices. Au cours de ces deux jours, les étudiants eurent davantage de comportements relevant de l'habitude (autant de comportements souhaités que non souhaités) que pendant les deux autres jours de l'étude. Fatigués par les efforts continus pour utiliser la main requise, ils se laissèrent aller à leurs mauvaises habitudes tout en conservant les bonnes. La fatigue mentale, tout comme le stress, favorisa la prise d'habitudes, reflétant les pouvoirs limités de la pensée consciente et la puissance de l'automatisme.

*

La résilience des habitudes semble plutôt une bonne chose, mais elle évoque aussi une tendance malheureuse que nous possédons pour la plupart, une tendance exacerbée par la multiplication des distractions dans le monde qui nous entoure. Le téléphone signale une notification et nous voilà entraînés vers une nouvelle connexion sociale…

La distraction, en termes d'habitude, est une apparition du moi des habitudes à un moment où nous préférerions, si nous étions maîtres de nous-mêmes, qu'il reste au second plan. Personne n'est à l'abri, car personne, ou presque, n'est assez fort pour maîtriser complètement ses habitudes. Pour la plupart d'entre nous, le fait d'être distrait n'est pas bien grave. Mais certaines personnes vivent leur vie dans un abîme de distraction, leurs décisions sont souvent déviées par celle-ci. Il existe même une échelle pour mesurer cette tendance[241]. Faites le test sur www.ocf.berkeley.edu/~jfkihlstrom/ConsciousnessWeb/Meditation/CFQ.htm. Si vous répondez « très souvent » à de nombreuses propositions, vous faites probablement partie des gens qui pensent de manière chronique à autre chose qu'à ce qu'ils sont en train de faire.

Dans la vie quotidienne, le fait d'être distrait est le plus souvent une source d'agacement sans grandes conséquences. Vous montez dans votre voiture pour aller faire une course, vous recevez un SMS, votre attention est détournée… et vous vous engagez sans y penser sur l'autoroute qui vous mène à votre bureau. Vous pénétrez dans une pièce pour prendre quelque chose lorsqu'une chanson que vous aimez passe à la radio… et vous prenez sans réfléchir un autre objet. Les personnes qui ont consigné ce type de « dérapages » en signalaient environ un par jour[242].

Dans certaines situations, la distraction peut être plus dommageable. Lorsque vous allez chez le médecin, ce dernier a probablement un œil sur son ordinateur. La plupart des établissements hospitaliers établissent désormais des dossiers électroniques. C'est une bonne chose dans la mesure où ils permettent de garder en mémoire l'historique de vos soins, mais remplir un formulaire nécessite l'attention de votre médecin au moment où vous en avez le plus besoin.

La distraction du personnel médical va au-delà. Les professeurs et les internes d'un prestigieux hôpital universitaire ont été interrogés sur l'utilisation de leur téléphone portable pendant les visites aux malades[243]. Ils sont respectivement 12 % et 19 % à estimer avoir négligé des informations importantes sur leurs patients parce qu'ils étaient distraits par leur appareil.

Dans ces conditions, une intervention chirurgicale peut s'avérer risquée. Dans une enquête menée auprès de techniciens médicaux, environ la moitié d'entre eux ont admis avoir utilisé leur portable pendant une opération cardiaque alors qu'ils étaient censés surveiller les moniteurs[244]. Ils ont aussi reconnu envoyer des SMS dans les mêmes proportions, et ce, en dépit du fait que 78 % d'entre eux aient reconnu le danger afférent.

Par ailleurs, certaines personnes finissent aussi à l'hôpital du fait de leur propre distraction. Les admissions pour des blessures liées à l'utilisation du téléphone portable par des piétons ont triplé entre 2004 et 2010[245], Les dossiers d'admission sont remplis de ce genre de mésaventures : « Homme de 28 ans ayant percuté un poteau en parlant au téléphone ; lacération du front » ; « Jeune homme de 14 ans qui marchait en parlant sur son portable, tombé depuis un pont de 3 mètres dans un fossé, a atterri sur la poitrine et l'épaule ; contusion de la paroi thoracique » ; « Homme de 23 ans marchant au milieu d'une route tout en parlant au téléphone, heurté par une voiture ; contusion de la hanche ».

Lorsque la technologie nous rend distraits, nous continuons à agir par habitude. Souvent, cette habitude est simple et mécanique et se résume à continuer d'avancer. Il n'y a pas de problème lorsque la route est plate et sans obstacles. Mais lorsque le terrain change et qu'il faut prendre une décision réfléchie, le risque d'accident grave, ou du moins d'embarras, est bien réel.

En 1984, une étude a analysé les lettres de soixante-sept personnes affirmant avoir été accusées à tort de vol à l'étalage[246]. Beaucoup ont soutenu avoir mis par inadvertance des objets dans leurs poches ou leurs sacs sans avoir l'intention de les voler. Plus de la moitié ont attribué l'incident à la distraction. Bien sûr, il n'y avait pas de smartphones à l'époque, mais plusieurs personnes ont par exemple déclaré qu'elles venaient de perdre leur enfant dans le magasin. L'une d'entre elles avait renversé un présentoir. Une autre a dit avoir vu son ex-mari dans le magasin avec une autre femme. De tels événements peuvent faire réagir les individus à des signaux d'habitude sans réfléchir, de sorte qu'ils quittent le magasin en oubliant leurs achats ou leur monnaie, qu'ils partent de chez eux sans argent ni carte de crédit, qu'ils prennent le caddie de quelqu'un d'autre ou un article ressemblant à celui qu'ils voulaient, voire qu'ils sortent d'une boutique sans payer ! La distraction est au cœur de ces comportements et la résilience de l'habitude, au cœur des effets de la distraction[247].

La distraction associée à des habitudes bien ancrées ne pose généralement pas de problème. De fait, nous rentrons le plus souvent chez nous avec nos achats et notre portefeuille. Mais par définition, l'habitude peut seulement reproduire ce qu'elle connaît. Un nouveau packaging peut nous leurrer et nous nous trompons alors sur ce que nous pensions acheter. Ou bien nous manquons une bonne affaire en choisissant automatiquement un article sans nous rendre compte qu'un autre, que nous préférons peut-être, est en promotion au même moment.

La distraction peut être encore plus gênante sur Internet. Nous recevons tous des e-mails de phishing (hameçonnage). Ils semblent légitimes, mais demandent des informations sensibles ou installent des logiciels malveillants sur nos ordinateurs lorsque nous cliquons sur un lien qui semble inoffensif.

> Sujet : S'il vous plaît, vérifier votre compte
>
> Cher(e) étudiant(e),
>
> Un problème technique s'est produit sur votre compte mail universitaire. Suivez le lien ci-dessous pour le réinitialiser et régler la question dans les deux jours.
>
> http://mxni.nm/90SJOjk
>
> Merci.

Dans le cadre d'une étude, des étudiants de l'université de Buffalo ont reçu des messages de phishing similaires à celui-ci[248]. 83 % d'entre eux ont cliqué sur le lien. Ceux qui utilisaient fréquemment le courrier électronique se sont révélés plus susceptibles de le faire, en particulier lorsqu'ils ont déclaré ne pas vraiment prêter attention au courriel et décider rapidement s'ils devaient y répondre. Quand nous sommes déconcentrés dans notre prise de décision consciente, nos habitudes nous rendent plus vulnérables.

Nos habitudes sur les médias sociaux nous rendent également plus fragiles. Des messages de phishing ont été envoyés sur le compte Facebook d'un autre groupe d'étudiants[249]. Chacun a d'abord reçu une demande de quelqu'un pour devenir « ami ». Deux semaines plus tard, on leur a adressé du même compte une demande d'informations personnelles assortie de l'éventualité d'un stage : « Si vous êtes intéressé par un stage et souhaitez obtenir plus de détails, communiquez votre numéro de carte d'étudiant, votre nom d'utilisateur de courrier électronique et votre date de naissance dans les trois prochains jours. » Les utilisateurs réguliers de Facebook, ceux qui consultent le site fréquemment et généralement tous les jours à la même heure, se sont révélés plus susceptibles de répondre et de donner des informations personnelles à quelqu'un qu'ils ne connaissaient pas, alors qu'ils s'étaient tous dits être préoccupés par la question du respect de la vie privée sur ce même site.

Dans la vie quotidienne, nous comptons tous sur nos habitudes parce qu'elles nous permettent de réagir rapidement lorsque nous avons l'esprit occupé. Pourtant, notre capacité à prendre des décisions conscientes est loin d'être inébranlable. Elle diminue sous l'effet du stress, en cas de fatigue mentale, en cas de distraction provenant des réseaux sociaux et avec notre propre distraction. La conscience n'est pas forcément à la hauteur de la tâche à accomplir.

*

Nous subissons tous les effets du vieillissement. L'acuité mentale, tout comme la force physique, diminue avec l'âge. Le cerveau montre des signes de cette tendance inexorable, certaines zones rétrécissent et il perd de sa plasticité.

Une étude a comparé la capacité de participants âgés en moyenne de 22 ans à celle de participants âgés en moyenne de 69 ans à trouver leur chemin dans un environnement de réalité virtuelle[250]. Chacun avait pour consigne d'emprunter le chemin le plus court possible. Les sujets commençaient par s'entraîner à prendre un certain itinéraire jusqu'à ce qu'ils puissent le suivre facilement. Des raccourcis sont ensuite apparus. Les plus jeunes les ont empruntés environ 90 % du temps où cela était possible ; les plus âgés, seulement 20 % environ. Les participants plus âgés étaient, semble-t-il, moins souples dans leur façon de penser. Il leur manquait les aptitudes nécessaires pour reconnaître rapidement qu'un raccourci les mènerait plus vite à destination. Ils étaient réticents à prendre une décision au pied levé.

Le déclin de l'acuité mentale est un aspect naturel du vieillissement, qui rend parfois confus, parfois plus lent. Les habitudes sont dans ce sens une bonne chose pour les personnes âgées. Elles évitent de devoir réfléchir à la manière de faire les choses et permettent d'agir avec automaticité. Où sont les pantoufles ? Sous le lit. Où sont les clés ? Sur le crochet près de la porte. Où sont les lunettes ? Dans le coffret sur la table, comme depuis quinze ans. Pour un cerveau vieillissant, les schémas d'habitudes rendent la vie plus efficiente malgré une mémoire et une capacité de décision déclinantes.

La résilience des habitudes illustre un point important sur la nature des habitudes en général : elles ne constituent pas toujours la meilleure option dans une situation donnée, en particulier une situation complexe nécessitant une démarche critique. Les habitudes sont une solution dans la durée ; nous misons sur le fait que leurs effets, accumulés au fil du temps, généreront une solution que nous n'aurions pas cherché à atteindre autrement. Pourtant, une habitude peut aussi constituer un frein à la performance.

Fort de tous les exemples de résilience qui précèdent, retenez qu'il ne faut pas désespérer lorsque vous vous sentez épuisé par la vie, lorsque vous ne semblez pas pouvoir prendre les meilleures décisions. Soyez certain qu'une partie de vous-même ne cesse d'œuvrer pour faire face aux problèmes et trouver une solution viable. De la même manière, le caractère résilient des habitudes vous offre une nouvelle façon de considérer votre côté distrait. La distraction ne constitue pas un test de votre capacité cognitive. Elle est simplement l'occasion de faire émerger des habitudes résilientes, des habitudes que vous pourriez vouloir ignorer si vous preniez le temps de considérer la situation.

Les habitudes ne sont ni malléables ni créatives, mais elles permettent d'atteindre des objectifs. Lorsque nous prenons des décisions sous la pression du stress, de la fatigue, de la distraction ou d'un manque d'aptitude, les habitudes l'emportent. C'est une raison supplémentaire d'en prendre de bonnes.

CHAPITRE 13

LES CONTEXTES DE L'ADDICTION

Cesser de fumer est la chose la plus aisée qui soit.
Je sais ce que c'est : je l'ai fait cinquante fois.
MARK TWAIN

Par définition, personne n'a envie d'avoir de mauvaises habitudes. Pourtant, toutes les mauvaises habitudes ne se valent pas. Se ronger les ongles est une mauvaise habitude énervante et embarrassante, fumer est bien plus grave pour la santé. Quant aux troubles liés à la consommation de stupéfiants, ils sont de mauvaises habitudes devenues ingérables. L'addiction met en danger la santé des consommateurs comme celle de leur entourage. Ses effets néfastes ont un impact sur la société dans son entier. La plupart des recherches sur l'addiction ont, pour des raisons évidentes, porté sur les formes les plus graves de ce type de comportement.

Le National Institute on Drug Abuse (Institut national sur la toxicomanie) définit l'addiction comme un trouble cérébral impliquant la recherche et la consommation compulsives de drogues[251]. Les progrès scientifiques majeurs de ces dernières décennies ont montré que la consommation de drogues addictives modifiait le fonctionnement du cerveau en altérant les structures neurales de base.

Ces substances s'attaquent directement à la source du fonctionnement cérébral. Les psychostimulants détournent la transmission neurale de la dopamine et l'effet de bien-être qu'ils procurent peut impliquer des neuroadaptations distinctes (par exemple, dans les systèmes de transmission et de réception)[252]. Avec toutes les drogues, le cerveau reçoit une secousse qui crée des ondes de changements neuronaux, orientant l'attention de l'utilisateur vers la drogue, créant des sensations initiales de plaisir qui donnent envie de continuer à consommer[253]. Le besoin de la substance addictive se fait de plus en plus sentir, créant une dépendance, et des doses de plus en plus importantes sont nécessaires pour obtenir le même effet. Le jugement et la capacité à prendre des décisions s'en trouvent altérés. Il est difficile de résister à la drogue, même si on connaît ses terribles effets à long terme[254]. L'usage de stupéfiants ressemble donc à une mauvaise habitude en ce sens qu'il ne dépend pas des désirs conscients et de l'effet obtenu[255]. L'intention d'arrêter peut être réelle mais elle est impossible à mettre en œuvre.

Cependant, l'addiction diffère de l'habitude dans ce qu'elle requiert de notre moi conscient. Comme nous l'avons déjà vu, une véritable habitude se reconnaît au fait que l'engagement mental impliqué dans son exécution diminue avec le temps. Les habitudes s'installent, et nous en avons moins conscience. Lorsque l'addiction s'installe, elle prend le dessus dans notre vie. Nous y consacrons toujours plus de temps, notre moi exécutant s'emploie à la faire prospérer. Certains comportements peuvent devenir très ingénieux, même s'ils sont destructeurs. On trouve ainsi des forums dans lesquels les fumeurs partagent leurs trucs pour bien voyager : quels terminaux ont des espaces fumeurs, quels aéroports ont des zones réservées avant et après les contrôles de sécurité, etc. Toute une communauté s'est ainsi construite autour de la prise des meilleures décisions… pour entretenir une addiction.

Les aspects de l'addiction qui s'apparentent à une habitude peuvent nous permettre de mieux comprendre ses causes et les mesures préventives qui sont envisageables. La question est incontestablement complexe et comprend de nombreuses facettes. L'addiction commande de multiples systèmes d'apprentissage dans le cerveau. Le phénomène est neurologique mais il est aussi lié à notre situation sociale, à des traits de caractère, comme l'impulsivité. Il est même en partie héréditaire. Tout cela est bien connu. En revanche, l'addiction a peu été étudiée sous l'angle de l'habitude.

Nous avons déjà été, pour la plupart d'entre nous, exposés à l'usage de stupéfiants. En 2016, on estimait que près de 12 % des adultes américains faisaient une consommation excessive d'alcool, 11 % avaient pris des drogues illicites au cours du mois précédent et plus de 1 % souffraient d'un trouble lié à la consommation d'analgésiques, généralement un opioïde prescrit sur ordonnance. L'abus d'alcool est encore plus problématique en Europe où plus de 20 % des adultes en font une consommation excessive au moins une fois par semaine[256].

D'un point de vue épidémiologique, l'addiction est différente de la grippe, par exemple. Elle ne constitue généralement pas un problème aigu et à court terme. Le National Institute on Drug Abuse compare le phénomène à une maladie chronique, comme l'asthme, le diabète ou l'hypertension. Avec un traitement, ces pathologies peuvent s'améliorer un temps mais les rechutes sont fréquentes.

Pourtant, l'addiction, c'est encore autre chose. De nombreux toxicomanes ne veulent pas guérir. Au cours d'une année donnée, seuls environ 11 % d'entre eux reçoivent un traitement pour leur addiction[257] ; parmi les autres, seuls environ 5 % estiment avoir besoin d'être soignés. La raison qu'ils invoquent le plus souvent pour ne pas demander d'aide est le fait qu'ils ne sont pas prêts à arrêter. Les toxicomanes sous traitement doivent abandonner une envie irrésistible pour faire de nombreux efforts et connaître la douleur de l'abstinence.

Les rechutes sont fréquentes chez les personnes qui suivent une cure de désintoxication. Malgré des traitements qui ont fait leurs preuves, à savoir une thérapie psychosociale et des médicaments, 40 à 60 % des sujets traités échouent[258]. Les programmes en douze étapes, qui ont de nombreux de partisans, ne semblent pas donner de meilleurs résultats[259] : ils aident certaines personnes un certain temps. Une chose est sûre : les traitements actuels de la toxicomanie ne sont pas aussi efficaces qu'on le voudrait[260]. Serait-il possible d'envisager d'autres approches ?

*

La guerre du Vietnam a constitué, entre autres choses, une terrible expérience en matière de toxicomanie. Les soldats pouvaient être enrôlés dès 18 ans, c'est-à-dire avant l'âge légal de boire de l'alcool aux États-Unis (21 ans). Beaucoup d'entre eux n'avaient de ce fait pas développé d'habitudes en matière de produits toxiques. Leur déploiement au Vietnam a provoqué une discontinuité majeure, notamment en regard des nombreuses drogues auxquelles ils pouvaient avoir accès. L'héroïne, en particulier, était si bon marché et si pure qu'ils pouvaient la mélanger avec du tabac, la fumer et se défoncer. Beaucoup d'entre eux ne s'en privèrent pas.

En 1971, plusieurs années après le début du conflit, deux députés américains se rendirent sur le terrain dans le cadre d'une mission consultative et conclurent qu'environ 15 % des soldats étaient addicts. Un article du *New York Times* (mai 1971), intitulé *L'addiction des G.I. à l'héroïne au Vietnam,* affirmait : « des dizaines de milliers de soldats reviennent [aux États-Unis] tels des bombes à retardement ambulantes[261] ». Quant à l'armée, elle répondait au problème par la punition, avec l'éventualité d'une arrestation ou d'un renvoi.

Le niveau de consommation de drogues parmi les soldats au Vietnam s'est avéré extrêmement élevé. Alors que l'opposition à la guerre se faisait de plus en plus entendre, le sentiment antimilitariste grandissait. Confrontés à de nombreux soucis à leur retour, les vétérans devaient aussi faire face à leur addiction. Le public fut choqué de découvrir l'étendue du problème. Les soldats revenus du Vietnam prenaient d'assaut les centres de désintoxication, n'arrivaient pas à garder leur emploi, faisaient augmenter la criminalité, pesaient lourdement sur les programmes d'aide sociale.

En réponse à cette crise, le président Nixon créa en 1971 le Special Action Office for Drug Abuse Prevention (Bureau d'action spéciale pour la prévention de la toxicomanie). Les sceptiques y virent une tentative de faire porter partiellement l'échec de la guerre aux soldats toxicomanes. D'autres y trouvèrent une reconnaissance progressive des vertus de la désintoxication, d'autres, encore, une tentative de détourner l'attention du public de négociations de paix peu satisfaisantes[262]. Quoi qu'il en soit, Nixon agit.

Le docteur Jerome Jaffe fut nommé responsable de la lutte contre la drogue aux États-Unis. Pour avoir une meilleure idée de l'étendue du problème, il fit mettre immédiatement en place des tests d'urine pour tous les soldats de retour au pays. Les hommes dont le test se révélait positif étaient envoyés une semaine ou deux en cure de désintoxication avant de subir une nouvelle évaluation et d'être autorisés à rentrer chez eux.

Jaffe décida également de suivre les vétérans et nomma à la tête du projet de recherche le docteur Lee N. Robins, l'une des premières femmes professeures de psychiatrie à la prestigieuse école de médecine de Washington University à Saint-Louis.

Robins suivit 470 hommes ayant été enrôlés et rentrés aux États-Unis au mois de septembre 1971[263]. Plus de 85 % d'entre eux déclarèrent s'être vu offrir de l'héroïne pendant leur séjour au Vietnam ; 45 % avaient utilisé des narcotiques ; 20 % dirent s'être sentis dépendants durant leur déploiement, environ 11 %, se trouver sous l'emprise de stupéfiants lorsqu'ils avaient été évacués. Il y a de bonnes raisons de croire que ces derniers étaient aussi dépendants. Ces hommes avaient choisi de continuer à prendre des drogues jusqu'à leur départ du Vietnam, malgré les tests qui retarderaient leur retour chez eux en cas de résultat positif.

Comme me l'a confié un vétéran[264], « j'ai fumé de la marijuana régulièrement. Certains gars se sont mis à prendre de l'héroïne. La plupart se droguaient. C'était tellement facile ». Il a expliqué : « Une fois sur place, il fallait se battre. On avait une mission à remplir et on faisait tout ce qu'on pouvait pour y arriver. Il fallait ramener le plus de gars à la maison. J'étais à bord d'un patrouilleur, et l'une de nos principales fonctions était de débarquer les troupes dans certaines zones, comme l'embouchure des rivières, puis de les récupérer. Si je les laissais tomber… J'ai fait tout ce que j'ai pu pour les ramener vivants. J'ai pris des trucs pour rester bien éveillé. La marijuana, c'était après, pour se détendre. »

Pour suivre la désintoxication de ces soldats, Robins étudia aussi un groupe de 469 hommes testés positifs aux opioïdes une fois rentrés aux États-Unis[265]. Six à huit mois après leur retour, ils furent interrogés et soumis à un test d'urine. Robins était clairvoyante et ce deuxième volet de son étude a permis à ses recherches de faire date.

Seuls 5 % des soldats addicts à l'héroïne ou à l'opium au Vietnam – selon leur test d'urine – continuèrent à l'être l'année qui suivit leur retour[266]. Environ 50 % des vétérans qui se droguaient reprirent de l'héroïne ou l'opium aux États-Unis[267]. Mais contrairement aux prédictions, la grande majorité d'entre eux ne retomba pas dans la dépendance. Leur désintoxication ne s'explique même pas par la prise d'un traitement : seuls 6 % des hommes dont le test avaient été positif furent effectivement traités[268]. À rebours de toutes les hypothèses, les résultats du docteur Robins furent controversés. Les soldats et leurs familles avaient été choqués par les problèmes d'addiction parmi les vétérans. Les experts se montrèrent sceptiques : comment ces hommes avaient-ils pu s'en sortir tout seuls ? Certains hommes politiques, républicains comme démocrates, affirmèrent que ces conclusions avaient une motivation politique. Impossible dès lors d'accuser le ministère de la Défense d'avoir gâché l'existence d'une génération de jeunes hommes avec des problèmes de drogue. Un journaliste du *New York Times*, sceptique, enquêta pendant deux mois sur le sujet, et finit par abandonner : il n'y avait là aucun scoop à attendre.

Selon le docteur Jaffe, « tout le monde pensait qu'elle [le docteur Robins] mentait [à propos de ses découvertes], ou qu'elle s'était trompée, ou qu'elle avait été influencée sur le plan politique. Elle a passé des mois, voire des années, à essayer de défendre l'intégrité de son étude[269] ». Le docteur Robins elle-même sembla surprise et manqua pas de souligner : « Nos résultats diffèrent de ce à quoi nous nous attendions à plusieurs égards. » Elle n'apprécia guère que son intégrité soit remise en question : « Il n'est pas évident de présenter des résultats si différents de ceux de l'expérience clinique que nous avons avec des toxicomanes en traitement[270]. » Dans un article publié près de vingt ans plus tard, elle s'en tint à ses conclusions initiales[271]. Mais il était clair qu'elle ressentait toujours le besoin de défendre ses conclusions – « Je n'ai toujours pas trouvé de défaut grave à cette étude[272] » – et de se défendre elle-même : « Je n'ai pas à me repentir[273]. »

Aujourd'hui, ses conclusions ne sont plus controversées. Mais alors que l'addiction est considérée comme une maladie du cerveau, elles sont souvent négligées.

Pourtant, la question reste entière : que s'est-il passé ? Pourquoi tout le monde s'est-il trompé à ce point ? Je pense pour ma part qu'il y a là une explication inédite liée au contexte.

Pour la plupart, les soldats avaient commencé à se droguer au Vietnam, où il était facile de prendre toutes sortes de stupéfiants. Mais une fois qu'ils étaient rentrés chez eux, le contexte avait changé. Ils n'avaient plus à affronter l'énorme pression d'une zone de guerre. Comme me l'a raconté l'un d'entre eux :

« On quittait un endroit terrible pour un lieu agréable. Je n'en avais plus besoin, je laissais le passé derrière moi. » Aux États-Unis, très peu de soldats consommaient de l'héroïne ou de l'opium ; les modes de consommation de l'héroïne étaient aussi différents. La drogue n'était pas aussi pure et devait souvent être injectée. Tous ces changements faisaient qu'une nouvelle exposition à la drogue ne débouchait pas sur une nouvelle dépendance. De retour, la plupart des vétérans ont surmonté leur addiction. Ils ont repris leur vie en main, recommencé leurs études, trouvé un emploi, renoué des relations, comme n'importe quels jeunes gens d'une vingtaine d'années.

Attention cependant : le besoin irrésistible de drogue est tout à fait réel. Pour les 5 % de soldats qui ont continué à prendre de l'héroïne, la dépendance était aussi tragique que totale. Pour les autres, les résultats de l'étude montrent l'importance du contexte dans la consommation de stupéfiants, l'une des addictions les plus fortes qui soient.

On peut penser que l'expérience de ces soldats ne nous apprend pas grand-chose sur la désintoxication. Ce que les gens vivent en temps de guerre n'a pas grand-chose à voir avec la « vie ordinaire ». Mais c'est bien là toute la question. Le contexte de la guerre du Vietnam a incité de nombreux soldats à consommer de la drogue. Une fois qu'ils avaient pris cette habitude, ils auraient dû succomber à la puissance des stupéfiants. Au lieu de cela, leur retour à la maison, dans un environnement différent, s'est avéré dissuasif pour 95 % d'entre eux. Lorsque les environnements ont changé, rendant la consommation plus difficile et offrant de nouvelles alternatives, la plupart des vétérans ont arrêté la drogue.

Du point de vue de l'habitude, le retour des soldats chez eux a constitué un changement significatif de contexte – un nouvel environnement dans lequel des forces de retenue mettaient un frein à la consommation d'héroïne. Les nouvelles activités de ces hommes furent largement récompensées (un travail = un chèque de paie !), et les anciens soldats prirent de nouvelles habitudes. Pour eux, l'abus de drogues relevait du passé : une mauvaise habitude que la discontinuité avait rompue.

*

À peu près à la même époque, des expériences portant sur le même sujet et effectuées sur des animaux permirent de nouvelles découvertes. Pour des raisons évidentes, de nombreuses études sur l'usage des drogues sont conduites sur des rats plutôt que sur des humains. Une grande partie de ces travaux a suivi le modèle de l'addiction comme maladie, identifiant comment la consommation de drogue modifiait les processus et les structures neurales des rats. Mais certaines études ont également évalué comment le contexte affectait la consommation de drogue et la désintoxication.

Connue sous le nom de Rat Park (« Parc aux rats »), l'une de ces études a consisté à administrer à des rongeurs des opioïdes. Certains étaient seuls dans leurs cages, d'autres vivaient au sein d'une colonie aménagée avec une grande boîte ouverte comprenant plusieurs petits espaces où ils pouvaient se cacher et faire leur nid[274]. Chaque unité de logement avait deux distributeurs de boissons, l'un pourvu d'un mélange eau-sucre, l'autre, morphine-sucre.

Le lieu d'habitation des rats eut un impact important sur leur consommation. Ceux qui vivaient seuls consommaient plus de morphine : pour des animaux d'une espèce aussi sociable que les rats, la solitude est source de stress. De plus, n'ayant pas grand-chose à faire, ils avaient tout loisir de prendre de la drogue. Les rats en colonie consommèrent moins de drogue, même si la prise de stupéfiants perturba leurs comportements habituels – construction d'un nid, accouplement, combats. La consommation initiale est une chose (les rats sont des créatures curieuses, après tout), mais dans le cas d'un usage régulier – qui pourrait s'apparenter à une dépendance – le contexte eut une influence considérable. Il est intéressant de noter que cette étude est, au moins d'un point de vue métaphorique, similaire à celle menée sur les soldats revenant du Vietnam.

Que se passe-t-il lorsque les rats deviennent addicts ? Le contexte importe-t-il alors ? Des études ont essayé de voir si les cobayes arrêtaient d'eux-mêmes de prendre de la drogue s'ils se trouvaient dans un contexte social défavorable à l'addiction. Dans l'une de ces expériences, des rats élevés seuls apprirent à actionner un levier pour obtenir de la cocaïne plusieurs heures par jour pendant deux semaines[275]. Les rongeurs maîtrisaient l'opération et consommèrent une grande quantité de drogue. Pendant les trois semaines suivantes, ils furent privés de cocaïne, en désintoxication. Certains sujets passèrent cette période seuls dans des cages comme celles où ils avaient grandi. D'autres furent mis dans une colonie semblable à celle du Rat Park ; ils pouvaient interagir avec leurs congénères et faire ce qu'ils voulaient. Tous les rats de l'expérience furent ensuite replacés dans des cages individuelles avec des leviers. Mais cette fois, s'ils appuyaient, ils n'obtenaient pas de cocaïne. Il est apparu que les cobayes qui s'étaient trouvés un temps au sein d'une colonie actionnaient le levier deux fois moins que ceux qui étaient restés seuls. Tous avaient été au départ seuls et addicts, mais ceux qui avaient rejoint un groupe avaient limité leurs tentatives.

La puissance du contexte suggère que l'abus de drogues correspond, en partie, à une adaptation aux circonstances environnementales. En d'autres termes, la dépendance ne découle pas seulement de la consommation passée. Au contraire, Bruce Alexander, le chercheur à l'origine du Rat Park, a fait valoir qu'il s'agissait d'une tentative de faire face à des circonstances données – des circonstances dans lesquelles la consommation rencontre peu de limites et qui offrent aux sujets peu d'alternatives d'activités gratifiantes[276]. Les implications de cette idée sont très importantes. Le dysfonctionnement n'est plus lié aux individus mais à l'environnement dans lequel ils évoluent.

L'addiction apparaît comme une adaptation, une adaptation qui s'accompagne de graves problèmes de santé, de perturbations pour les proches et de stigmatisation sociale.

On comprend ainsi pourquoi un drogué qui vit principalement dans la rue ne parvient pas à se défaire de son addiction aussi bien que les soldats revenant chez eux du Vietnam (ou les rats dans leur parc). Le retour à la maison a créé une discontinuité de temps et de lieu entre l'environnement où l'habitude avait été prise pour la première fois et celui où le consommateur (d'hier) a continué à vivre le reste de sa vie.

De la même façon, les toxicomanes admis dans un centre de désintoxication sont loin de chez eux et ne sont plus exposés à l'environnement qui a rendu possible voire encouragé leur addiction. Pendant leur séjour, ils se déshabituent, reçoivent un traitement, se livrent à différentes activités. Cet environnement rend leur consommation beaucoup plus difficile qu'elle ne l'était à l'extérieur. Dans un centre, il n'est pas si compliqué d'arrêter. Cependant, une fois le traitement terminé, les anciens addicts retournent souvent là où ils avaient pris l'habitude de se droguer. Il n'est guère étonnant que (1) ils soient capables de se défaire de cette habitude dans un environnement radicalement nouveau, et (2) 40 à 60 % subissent une rechute, une fois réintégré leur ancien environnement[277].

Prenons l'expérience réalisée sur trente-deux Australiens traités pour dépendance à l'alcool et aux opioïdes[278]. Ils ont été interrogés une fois par an pendant les trois années qui ont suivi leur désintoxication. La plupart d'entre eux estimaient avoir une volonté moyenne à forte, qu'ils réussissent ou non à s'en sortir.

Au bout de trois ans, seuls cinq sur trente-deux avaient complètement arrêté les drogues. Les sujets qui s'en était sorti avaient radicalement changé leurs conditions de vie. Certains avaient renoncé à l'aide au logement, déménagé dans une nouvelle ville et trouvé un emploi où nul ne connaissait leur passé. L'un d'entre eux avait emménagé avec sa petite amie, qui ne se droguait pas. Le seul qui n'avait pas déménagé s'était en revanche fait de nouveaux amis et avait trouvé un emploi à plein temps, rendant la consommation de drogue difficile.

Les vingt-sept autres, qui n'avaient pas réussi à se passer de drogues pendant ces trois années, n'avaient pas apporté de tels changements à leur environnement. Beaucoup ont attribué leur rechute à des situations qui facilitaient leur consommation de drogues et d'alcool. Ils ont continué à voir des amis qui se droguaient, à croiser des dealers. Les chercheurs sont arrivés à la conclusion que « la plus grande différence entre ceux qui ont réussi à s'en sortir et les autres ne réside pas dans leurs capacités ou leurs connaissances, mais dans leur aptitude à surmonter les obstacles financiers et sociaux pour effectuer une transition vers un environnement non pathogène[279] ».

Dans ce modèle, les frictions sont très importantes. Lorsque l'objet d'attraction est moins disponible et que le sujet est placé hors d'un contexte où les incitations sont nombreuses, la consommation diminue. Prendre des stupéfiants est un phénomène complexe et il est certainement simpliste de considérer uniquement les forces extérieures. Mais cette explication n'est pas que simple, elle est aussi humaine. Elle n'invoque pas une faille dans l'esprit de l'utilisateur, au cœur même de ce qu'il est. Au contraire, le danger que les addicts invitent dans leur vie se situe dans la continuité de tous les dangers mineurs que nous invitons tous à entrer dans nos vies, des dangers nombreux et accessibles dans le monde qui nous entoure.

*

La dépendance est une maladie chronique du cerveau caractérisée par une recherche et une consommation compulsives de drogues : tel est le modèle le plus communément admis en la matière. Je ne veux pas exagérer les différences entre ce modèle explicatif et celui lié au contexte. Ils sont en réalité les deux faces d'une même médaille. Notre cerveau réagit aux récompenses dans nos contextes de vie, en particulier à celles provenant des drogues. Et la façon dont nous réagissons aux récompenses dépend de nos systèmes neuronaux. Les contextes atteignent en ce sens le plus profond de notre esprit… le lieu où s'opère l'alchimie de la dépendance.

Cependant, les deux points de vue divergent réellement quant à la manière de traiter l'addiction.

L'approche par la maladie s'intéresse aux états de manque cognitifs, affectifs et neuronaux provoqués par l'abus de drogues. Elle médicalise la toxicomanie. Pour tenter de faire sortir le sujet de la dépendance, ce modèle s'attaque donc à la drogue elle-même. Le plus souvent, il s'agit de prohiber. Partant du principe que la drogue est la cause première de la dépendance, les forces de l'ordre cherchent à stopper les canaux d'approvisionnement. Le traitement peut également impliquer des médicaments, tels que la lofexidine pour les symptômes de sevrage en cas de dépendance aux opioïdes[280].

Cette approche connaît un succès mitigé, et le National Institute on Drug Abuse estime que le taux de rechute se situe entre 40 et 60 %.

Pourquoi n'arrive-t-on pas atteindre 5 %, comme dans le cas des vétérans du Vietnam ? Évidemment, l'expérience n'a pas été très encadrée mais il est toutefois possible de la prendre en considération pour ce qu'elle a montré en termes de réussite (et de potentiel).

À quoi ressemblerait la désintoxication si nous prenions au sérieux ce qu'impliquent les expériences du Vietnam et du Rat Park ? Dans ce modèle alternatif, le traitement se baserait sur la reconnaissance du fait que la toxicomanie est particulièrement répandue dans les milieux défavorisés où les sources alternatives de renforcement sont peu nombreuses, contrairement aux incitations à la consommation de drogues. Il reconnaîtrait que, aux États-Unis, les personnes ayant un faible niveau de revenus et d'éducation sont les plus exposées au risque de dépendance à la cocaïne et aux opioïdes. Il se concentrerait sur la transformation ou l'élimination des environnements favorisant les abus.

Cette idée a déjà des partisans. Un article paru dans une revue spécialisée a fait valoir que les traitements actuels sont largement inefficaces parce qu'ils « se concentrent trop sur la diminution de la consommation et pas assez sur l'établissement de liens entre les addicts et les agents de renforcement qui rendraient l'abstinence plus attrayante[281] ». Pour amener les sujets à envisager un traitement, il faut « des incitations suffisantes dans leur environnement afin que l'effort nécessaire pour maintenir une abstinence à long terme en vaille la peine[282] ».

L'argument est connu depuis des décennies et pourtant, cette approche a toujours été négligée. Dans les années 1970, le traitement classique proposait de modifier les environnements de ces seules façons. L'approche de renforcement communautaire a été conçue spécifiquement pour rendre l'abstinence plus gratifiante que la consommation de drogue[283]. Le traitement ne soustrait pas les individus de leur environnement, mais modifie plutôt les repères et les renforcements là où ils vivent. Tel qu'il a été conçu à l'origine, ce traitement intensif comportait de nombreux volets, notamment une psychothérapie, une thérapie de couple, des conseils en matière d'emploi et une aide à l'établissement de nouveaux liens sociaux.

La plupart des évaluations de cette approche n'ont pris en compte que certains de ces éléments, et peu ont étudié les effets à long terme. Plus regrettable encore, nous manquons d'informations sur la manière de rendre l'abstinence gratifiante. Nos connaissances sur les types de récompenses non médicamenteuses sont très limitées. Une rétribution monétaire fonctionne toujours à court terme, mais l'abstinence s'est avérée difficile à maintenir lorsqu'elle cessait[284].

Certains éléments suggèrent que les récompenses sociales sont importantes, tout comme elles le sont dans la formation de nos habitudes personnelles. Une étude a modifié les réseaux sociaux d'un groupe de sujets alcooliques en les encourageant à se faire des amis qui ne buvaient pas et à participer à des activités n'impliquant pas d'alcool[285]. Avec ce changement de renforcement social, les participants buvaient moins, y compris deux ans après le début du programme ; 40 % d'entre eux déclaraient ne plus boire au bout de deux ans, contre environ 30 % dans le groupe ayant reçu un traitement classique.

Les récompenses basées sur l'emploi sont également pertinentes. Les lieux de travail « thérapeutiques » offrent aux addicts au chômage une formation professionnelle et un emploi. Ce traitement innovant a été salué en 2014 par le Bureau de la politique nationale de lutte contre la drogue de la Maison Blanche. Les bénéficiaires doivent avoir des compétences informatiques de base et produire des tests d'urine négatifs pour continuer à travailler et recevoir le salaire maximum. Cette méthode a permis d'obtenir une réduction significative de la dépendance aux opioïdes, à l'alcool et à la cocaïne pendant le traitement[286]. Dans une étude portant sur des cocaïnomanes bénéficiaires de l'aide sociale, environ 80 % des tests ont montré une absence de prise de drogue sur le lieu de travail pendant les dix-huit mois du traitement[287]. Cependant, une fois le programme terminé et les récompenses disparues, les participants, de retour dans leur cadre de vie initial, ont pour la plupart repris leurs habitudes de consommation. Les programmes n'ont peut-être pas duré assez longtemps pour inculquer aux sujets des compétences qui leur auraient permis, une fois de retour chez eux, de créer leurs propres discontinuités en trouvant de nouveaux emplois, de nouvelles communautés, de nouvelles possibilités.

Les modèles de traitement dans lesquels l'environnement du sujet est pris en compte avec un renforcement positif semblent *a priori* une alternative onéreuse aux traitements actuels de la dépendance. Leur mise en œuvre pourrait cependant prendre de nombreuses formes – majoration des salaires des travailleurs abstinents par le gouvernement, accords avec des employeurs désireux de s'impliquer, création d'entreprises thérapeutiques conçues pour fournir des emplois sur le long terme[288]. La faisabilité des tests d'urine a par exemple déjà été démontrée auprès des employés du ministère des Transports, qui y sont soumis régulièrement.

*

Un gros plan sur le rôle des habitudes dans la dépendance ne me semble pas inutile. Le plus souvent, les habitudes sont envisagées dans le cadre de la dysrégulation des circuits neuronaux, en particulier les circuits impliqués dans le fait d'aimer et de vouloir la substance à l'origine de la dépendance[289]. Dans les bonnes circonstances, les habitudes favorisent le rétablissement.

John Monterosso et moi-même avons interrogé dix-huit participants de programmes en douze étapes, tous sobres depuis plus de deux ans[290]. Ils ont énoncé les comportements qui leur semblaient importants pour rester sobre : aller aux réunions, pratiquer la gratitude, être scrupuleusement honnête, s'occuper, prier, jouer leur rôle de parrain et aider les autres. Ils ont aussi évalué la force de l'habitude de chacun de ces comportements, en précisant s'ils les pratiquaient de manière quasi automatique ou après réflexion. Il est apparu que l'importance et l'automaticité étaient étroitement liées. Plus le comportement avait été important dans leur rétablissement, plus il avait pris la forme d'une habitude dans leur vie. Les sujets semblaient comprendre leur propension à réagir par habitude et avaient eu ces comportements bénéfiques au point de les automatiser, remplaçant les mauvaises habitudes par de bonnes. Ils avaient adapté certains des mécanismes neuronaux incitant à la consommation de drogues pour favoriser leur bien-être et leur sobriété.

De nouvelles approches dans le traitement de la toxicomanie sont nécessaires, c'est évident. Les traitements actuels n'ont apporté que des résultats limités en regard d'un phénomène qui a gâché trop de vies et généré des dépenses phénoménales. Le temps est peut-être venu de mettre davantage l'accent sur les comportements et les contextes de l'addiction et de la guérison.

CHAPITRE 14

HEUREUX GRÂCE À L'HABITUDE

C'est en pratiquant les actions justes que nous devenons justes, en pratiquant les actions modérées que nous devenons modérés et en pratiquant les actions courageuses que nous devenons courageux.

ARISTOTE

Comment s'y prend-on pour faire manger des légumes à un jeune enfant ? On imagine généralement que les petits sont naturellement attirés vers des aliments au goût neutre, sucré ou gras – lait, biscuits, pizza, hamburgers, hot-dogs. On peut essayer de rendre les légumes un peu plus doux en préparant, par exemple, des carottes glacées ou en ajoutant un peu de beurre dans une purée de pommes de terre. On pense que les enfants trouveront ainsi les légumes plus appétissants.

Pourtant, il existe un moyen encore plus simple de les inciter à manger plus sainement : continuer à essayer.

Au Royaume-Uni, un groupe de chercheurs a suivi les habitudes alimentaires des élèves d'une école maternelle, lesquels refusaient généralement les purées de carottes ou d'artichaut qu'on leur servait tous les deux ou trois jours[291]. Les artichauts en particulier n'avaient pas la cote ; la plupart des petits n'en avaient jamais vu ni goûté, mais c'était aussi le cas d'une grande partie du personnel à qui on demanda de ne pas faire de commentaires désobligeants ou de grimaces que les enfants auraient pu remarquer.

Les premières tentatives ne furent guère couronnées de succès. Les enfants commencèrent par en manger environ 30 g. Au cours des deux mois qui suivirent, ils se virent présenter des artichauts une quinzaine de fois. Chaque fois, ils en mangeaient un peu plus. Ce fut très clair lors des cinq premières fois, puis leur consommation se stabilisa. À la fin de l'étude, ils mangeaient en moyenne 150 g d'artichaut chacun, ce qui est beaucoup, surtout pour des individus pesant une vingtaine de kilos !

Les enfants aimeraient-ils plus les légumes s'ils étaient plus savoureux ? Les chercheurs ont ainsi donné à un groupe de la purée d'artichauts légèrement sucrée, tandis que l'autre groupe recevait de la purée additionnée de matières grasses. Ces ajouts n'ont fait aucune différence sur les quantités consommées. Les enfants ont simplement mangé plus d'artichauts lorsqu'on leur en présentait plus. Certains ont toutefois résisté : seize des soixante-douze enfants n'ont jamais voulu en avaler. Quant à ceux qui les ont consommés, on ne leur a pas demandé s'ils avaient appris à aimer les artichauts du fait qu'ils en avaient mangé plus. Le but, après tout, n'était pas de prétendre aimer les légumes, mais de les manger...

Ces constatations ne sont pas surprenantes. Les enfants mangent toutes sortes de choses lorsqu'ils y sont souvent exposés. Au Japon, le petit déjeuner se compose de riz et de pâte de soja fermentée. En Chine, on sert aux enfants du *jook*, une bouillie de riz garnie de filaments de viande séchée, d'œufs ou de tofu mariné. En Amérique latine, ils boivent du café au lait, même très jeunes. Au Mexique, ils trempent leurs tortillas dans de la salsa pimentée. Ils consomment des aliments aigres, fermentés et épicés si c'est ce qu'on leur sert.

Il en va de même pour les adultes. Oui, nous faisons sans cesse les choses que nous aimons faire. Mais nous aimons aussi ce que nous faisons de manière répétée. Cela fonctionne comme une boucle de rétroaction invisible dans notre esprit. Et comme on s'en doute, cette boucle a quelque chose à voir avec nos habitudes – et avec notre bonheur.

*

En 1910, le psychologue Edward Titchener a observé que les objets qui nous sont familiers, simplement parce que nous les avons vus auparavant, nous procurent « une chaleur, un sentiment de propriété, une sensation d'intimité, un sentiment de familiarité, de confort, d'aisance[292] ». Selon lui, nous aimons les choses simplement parce que nous nous y sommes habitués. Dans un article de 1968, son confrère Robert Zajonc a qualifié ce phénomène d'effet de simple exposition[293].

De nombreuses raisons, parmi lesquelles la familiarité, font que l'exposition conduit au penchant[294]. Dans le langage courant, la familiarité signifie que nous reconnaissons quelque chose que nous avons déjà rencontré, voire que ce quelque chose nous semble familier.

La familiarité explique pourquoi les photos de nos visages nous semblent souvent étranges. On peut avoir l'impression de regarder quelqu'un qu'on ne reconnaît pas vraiment. Un visage n'est généralement pas complètement symétrique. Celui que les autres voient – celui qui est fixé par une photo – est l'inverse du visage que nous voyons tous les jours dans un miroir. Pour la plupart d'entre nous, l'asymétrie est suffisamment visible pour être détectable et elle confère une étrangeté aux photos de notre visage.

Au cours d'une expérience, des étudiants se voyaient présenter deux photos d'eux-mêmes : l'une correspondait à leur véritable image photographique, tandis que l'autre, inversée, était fidèle à ce qu'ils voyaient dans le miroir[295]. Ils préféraient celle du miroir, celle qu'ils avaient vue toute leur vie. Les chercheurs montraient ensuite les deux photos à des amis des étudiants. Les camarades préféraient l'image photographique, c'est-à-dire le visage auquel ils étaient habitués. Dans les deux cas, les préférences étaient davantage liées à l'exposition répétée qu'à la qualité esthétique.

Être exposé à quelque chose implique également une prévisibilité bienvenue. Si vous voyagez beaucoup pour votre travail, vous avez probablement une chaîne de restaurants préférée. Il est plus facile de voyager quand on automatise des décisions de base, comme le choix d'un endroit où manger. Évidemment, un établissement appartenant à la meilleure des chaînes ne sera sans doute pas au niveau d'un bon restaurant local. En revanche, il ne sera pas aussi mauvais que le pire endroit de la ville. Et même si la plupart des chaînes n'offrent pas une cuisine gastronomique, il y a fort à parier que vous avez commencé à aimer l'enseigne où vous avez pris vos habitudes. Vous pourriez même vous y rendre de temps en temps quand vous êtes dans votre lieu de résidence habituel. Vous poussez la porte et vous ressentez un sentiment de familiarité. Vous jetez un œil à la carte et vous savez ce que vous allez commander. Il existe probablement un certain nombre de raisons parfaitement valables pour lesquelles vous aimez l'endroit – une sauce de salade particulière, un type de pain. Mais est-ce vraiment la nourriture qui vous fait revenir ? L'aspect familier et prévisible joue certainement aussi.

Lorsque nous faisons constamment la même chose, nous acquérons un sentiment de facilité et de fluidité. Avec la répétition, il devient aisé de comprendre et d'évaluer ce qui se passe. Certains chercheurs affirment que cette fluidité est en soi agréable et nous fait aimer les expériences qui se répètent[296]. Les préférences esthétiques en matière d'art et de musique sont favorisées par la fluidité perceptive des caractéristiques récurrentes (par exemple, la rime, la mélodie, la symétrie). L'art moderne et contemporain en est souvent dépourvu, mais il possède une sorte de fluidité conceptuelle dans laquelle les idées stimulent la reconnaissance des significations et des émotions[297].

Notre préférence pour la répétition est parfois surprenante. De nombreuses personnes pensent qu'elles aimeraient conduire une voiture qui se remarque. Pourtant, lorsqu'on leur a donné à juger soixante-dix-sept modèles en 3D de voitures originales, la plupart des individus interrogés ont porté leurs préférences sur des véhicules traditionnels[298]. Il est donc logique que les constructeurs de voitures futuristes tels que Tesla conservent des caractéristiques standard malgré les innovations dont leurs produits sont équipés. Notre préférence va à ce que nous avons l'habitude de voir.

Nous avons tendance à nous plaindre de l'omniprésence de la publicité, mais la publicité et la stratégie de marque nous apportent une grande partie de ce que nous voulons voir et de ce qui nous fait du bien. L'attachement des consommateurs pour les marques augmente en fonction de leur exposition à leurs publicités et atteindrait son apogée au bout d'une dizaine de visionnages[299]. Les logos et les marques ne signifient pas grand-chose en tant que tels, mais c'est l'expérience qui nous permet de les reconnaître et de les apprécier. Même les enfants y sont sensibles. On a ainsi donné à des enfants de 4 ans un nugget de poulet dans un emballage McDonald's et un morceau identique enveloppé dans du papier blanc[300]. Ils devaient dire, après avoir goûté les deux morceaux, lequel avait meilleur goût. Ils ont fait de même avec des hamburgers, des frites, du lait et des mini carottes, respectivement présentés dans un emballage McDonald's et un emballage neutre. Les enfants ont estimé que quatre des cinq produits avaient meilleur goût dans l'emballage McDonald's, y compris les carottes. Ceux qui avaient l'habitude de manger souvent dans la chaîne de fast-food ont affiché de nettes préférences pour les aliments présentés dans un emballage de la marque. Grâce à leurs visites répétées dans les restaurants de l'enseigne, le logo avait acquis chez eux une signification positive.

Nous aimons les expériences répétées pour des raisons d'efficacité. J'en tire moi-même profit en tant qu'enseignante. En général, les élèves conservent toute l'année la place qu'ils ont choisie le jour de la rentrée. Je les prends en photo à cette place et mémorise leurs noms dans cet ordre. Cela facilite leur vie et la mienne.

Quand on leur demande pourquoi ils reprennent les mêmes places, les étudiants expliquent : « Je pense que mon premier choix était spontané et je m'y suis ensuite habitué », « La plupart du temps, le premier choix est aléatoire et je m'y tiens », « Difficile d'expliquer le premier choix, j'y reviens par habitude »[301]. Leur choix a pu être accidentel au départ, mais est rapidement devenu une option par défaut. Lorsqu'on leur a demandé « pourquoi », ils ont déclaré se sentir plus à l'aise à la place dont ils avaient l'habitude, plus en confiance, capables de mieux se concentrer[302].

L'exposition survenue dans le passé génère aussi une impression sécurité. Les habitants d'Édimbourg ont été interrogés sur leur sentiment de sécurité dans les quartiers de la ville qu'ils fréquentaient, par opposition à ceux où ils se rendaient rarement. Quand les chercheurs ont comparé les évaluations des Édimbourgeois sur la prévalence de la criminalité dans les différentes zones de la cité, il est apparu qu'ils avaient une idée exagérée de leur sécurité dans les endroits qu'ils connaissaient bien et une vision plus réaliste de la criminalité ailleurs[303]. Autrement dit, mieux ils connaissaient un quartier, moins ils jugeaient sa sécurité avec exactitude, contrairement à ce que l'on aurait pu imaginer. Le sentiment de confort qui accompagne la familiarité peut ainsi déformer notre sens de la réalité.

Cela explique aussi notre attitude au volant. Ma sœur vit dans le Montana où elle est parfaitement à l'aise lorsqu'elle conduit. Mais quand elle est en voiture à Los Angeles, en revanche, elle a l'impression de mettre sa vie en péril. En réalité, ces dernières années[304], le Montana est arrivé en tête du classement des morts sur la route aux États-Unis, alors qu'en Californie, le taux de mortalité des automobilistes est relativement faible. Dans l'ensemble du pays, le taux de mortalité sur les routes est plus faible dans les zones urbaines que dans les zones rurales. Il est facile de se méprendre sur la sécurité en fondant celle-ci sur un sentiment de familiarité.

L'effet de simple exposition se produit sans que nous nous en rendions compte. Lorsque nous répétons certaines actions, nos préférences changent. Les effets sont si subtils que nous n'en sommes pas toujours conscients. Nous pensons que nous prenons des décisions pour agir et non que nos actions influencent nos décisions. Lorsque nous agissons par habitude, nous imaginons souvent que c'est en fonction de nos désirs. Une étude a montré que les individus qui ont l'habitude de prendre le bus, d'acheter des repas tout prêts et de regarder les journaux télévisés sont certains de leurs intentions, alors que leurs intentions sont un épiphénomène. Peu importent leurs intentions initiales, ils continuent simplement à agir par habitude[305]. Il est logique que nous assumions la responsabilité personnelle de nos habitudes. Après tout, nos actions répétées nous semblent familières, sans surprises, faciles et sûres.

Tout au long de ce livre, nous avons évoqué la manière de créer de nouvelles habitudes pour améliorer sa vie. Nous avons vu comment choisir un comportement gratifiant, puis adapter son environnement pour faciliter la répétition de ce comportement : nous modifions nos habitudes pour atteindre nos objectifs. Mais nous savons aussi qu'il existe d'autres voies pour atteindre cette harmonie. En répétant simplement des actions, nos désirs changent. Nous commençons à préférer les choses que nous répétons. Elles deviennent ce que nous voulons faire. Les habitudes fonctionnent à double sens : elles nous permettent d'atteindre nos objectifs et deviennent aussi nos objectifs. Vous connaissez peut-être ce sentiment immédiat de confort et de justesse ressenti lorsqu'on rentre chez soi après un voyage. Il s'agit simplement d'une expérience aiguë de l'aura que créent les habitudes.

*

L'une de mes bonnes amies est catholique pratiquante et heureuse de l'être. Pour elle, se rendre à l'église et assister à la messe est une source d'inspiration et de réconfort. La régularité du temps, des espaces et des objets sacrés lui procure une structure. Les gestes, la musique, la communion et l'encens contribuent au sens symbolique et émotionnel de la liturgie. C'est « en dehors du contexte des actes concrets d'observance religieuse qu'émerge la conviction religieuse[306] ». Cette célèbre citation de l'anthropologue Clifford Geertz saisit bien la signification spirituelle qui naît des rituels.

Si tous les rituels sont fondés sur la répétition et sur des séquences d'actions prédéfinies[307], ils n'en diffèrent pas moins des habitudes. Les rituels ne procurent pas de récompense directe et immédiate. Il faut leur inventer un sens. Nous levons nos verres pour porter un toast, nous soufflons des bougies sur un gâteau d'anniversaire. Le fait de se tenir debout en silence pour écouter un discours ou de chanter pendant que les bougies se consument renforce notre conviction que quelque chose de significatif est en train de se produire – une démonstration de respect, la célébration d'une année supplémentaire.

Les rituels sont une pulsion humaine universelle. Les Amérindiens, en particulier dans le sud-ouest des États-Unis, observaient des rituels pour faire venir la pluie. Les Japonais pratiquent la cérémonie du thé. Les Aztèques effectuaient des sacrifices humains du sommet de leurs pyramides. Considérés de manière objective, ces rituels ne semblent pas forcément rationnels (et ne sont certainement pas tous souhaitables). Pour autant, les chercheurs se rendent compte qu'ils correspondent à une logique, particulièrement en période d'incertitude et d'anxiété. La répétition est une récompense en soi – demandez à n'importe quel enfant qui aura visionné son dessin animé préféré pour la quatorzième fois.

Les sportifs de haut niveau sont soumis à une pression extrêmement importante. Arrivés au sommet de leur sport, tous sont des athlètes hautement qualifiés. Chaque fois qu'ils prennent part à une compétition, les enjeux en termes d'argent, de gloire et de performance sont incroyablement élevés. Pour gagner, il faut beaucoup de confiance et une dose de chance. Il n'est donc pas surprenant que le milieu du sport connaisse nombre de rituels superstitieux. Pour les joueurs, ces rituels permettent d'avoir un sentiment de contrôle dans un environnement très imprévisible.

Il y a trente ans, les shorts de basket longs et amples n'étaient guère en vogue. C'est Michael Jordan qui les mit en quelque sorte à la mode : il décida de porter le short long des Chicago Bulls, son équipe, pour camoufler le short bleu qui lui avait « porté chance » lorsqu'il était dans l'équipe de l'université de Caroline du Nord et qu'il ne voulait pas abandonner. Aujourd'hui, les shorts de ce type ont envahi les parquets du monde entier : la mode est née d'une superstition ! Dans ce cas particulier, la répétition a trouvé son sens bien après coup.

De nombreux joueurs de football et de hockey professionnels se sont laissé pousser la barbe comme porte-bonheur. Il semblerait que la tendance ait été lancée par Björn Borg, champion de tennis suédois, qui remporta le tournoi de Wimbledon cinq fois de suite en se présentant sur les courts non rasé (et vêtu du même maillot Fila).

Rien de surprenant donc, à ce que les sportifs de haut niveau se livrent à ce genre d'excentricités compte tenu des pressions qu'ils subissent ; 80 % d'entre eux reconnaissent d'ailleurs pratiquer des rituels basés sur des superstitions avant un match[308].

La conviction possède une puissance incontestable. Les comprimés placebo peuvent donner les mêmes résultats que des médicaments pour qui est convaincu de prendre un véritable traitement. Même chose pour les « chaussettes porte-bonheur » : le simple fait de croire en leur vertu peut rendre meilleur sur le terrain celui qui les porte. Mais il y a là plus que l'effet placebo. Geertz avait raison quant à l'importance des actes concrets. La pratique rituelle et la répétition des actions possèdent des vertus apaisantes.

Au cours d'une étude, on demanda à des étudiants de réaliser chez eux pendant quatre jours une série de « séquences d'actions » : lever le poing et le rabaisser, prendre trois grandes respirations, fermer les yeux[309]. La séquence complète prenait plusieurs minutes.

Il s'agissait de savoir si ce rituel arbitraire aiderait les participants à mieux faire face aux échecs. Le septième jour, au laboratoire, on demanda à certains d'entre eux d'accomplir le rituel ; les autres n'eurent rien à faire, puis tous durent se livrer à une tâche informatique délicate. Ils se virent offrir une prime de 10 dollars pour l'exactitude dont ils feraient preuve. Pourtant, dans environ 20 % des cas, ils commirent des erreurs.

L'étude mesurait leurs réactions à l'échec par le biais d'un électroencéphalogramme, examen enregistrant les signaux neuronaux électriques. En effet, lorsqu'on fait une erreur, le cerveau émet une forme d'onde appelée « négativité liée à l'erreur » (ERN).

Les étudiants qui avaient effectué le rituel avant de faire le travail demandé présentaient des ERN plus faibles, c'est-à-dire que leur réponse face à l'erreur était moins importante. Les rituels semblaient les protéger de la détresse liée à l'échec, toutefois sans rien changer à leur performance.

Les rapports qu'ils rédigèrent après leur travail furent révélateurs. L'un d'entre eux constata : « La répétition des activités a en quelque sorte amélioré l'accomplissement des tâches [informatiques]. Le fait de terminer la séquence m'a peut-être aidé à me sentir un peu plus concentré et calme. » Un autre : « Terminer le rituel avant de commencer le travail m'a aidé à me sentir plus calme et en charge. » Il semblerait donc que le simple fait d'accomplir un rituel contribue à apaiser les craintes et l'anxiété. Les actions répétitives peuvent satisfaire notre besoin d'ordre et de prévisibilité. Les rituels peuvent également nous distraire en inhibant les pensées négatives et en nous empêchant de ruminer. Certains rituels ayant une valeur symbolique pourraient même nous mettre à l'abri des menaces – les rituels religieux donnent un sens qui nous dépasse. Même les rituels les plus profanes pourraient avoir cet effet.

Nous sommes nombreux à comprendre les avantages de la répétition rituelle. Les Brésiliens, par exemple, utilisent des rituels simples, appelés *simpatias*, pour régler des problèmes du quotidien[310]. Dans une étude, des étudiants américains, ainsi que des Brésiliens qui les pratiquent, ont évalué l'efficacité de douze *simpatias* pour résoudre des problèmes variés – arrêter de fumer, avoir plus d'amis, faire face à l'infidélité et à la dépression. Par exemple :

« Portez un T-shirt blanc cinq jours de suite, puis lavez-le dans de l'eau salée. Laissez-le sécher à l'ombre. Une fois qu'il est sec, pliez-le et portez-le dans une église. »

« Placez les feuilles d'une rose blanche dans un récipient en métal. Mettez le feu aux feuilles, récupérez les cendres et placez-les dans un petit sac en plastique. Déposez le sachet à un carrefour. Répétez la procédure sept jours de suite. »

De toute évidence, ces actions n'ont pas le pouvoir magique d'influencer notre vie. Ce n'est pas là ce qui est intéressant. Considérons le fait que ces rituels existent probablement depuis très longtemps ou du moins, qu'ils ont été répétés oralement et diffusés auprès d'un grand nombre de personnes. Ont-ils jamais fonctionné ? Non. Pas une seule fois en réalité (malgré les coïncidences). L'efficacité n'est pas liée à la diffusion, mais à la conviction. Le fait qu'une *simpatia* soit répétée lui confère une sorte de pouvoir spécial en soi, quels que soient ses résultats. Dans le cadre de l'étude, tant les Brésiliens que les Américains s'attendaient à ce que la répétition d'un grand nombre d'actions soit plus efficace.

Évidemment, une action inefficace reste inefficace, qu'elle soit reproduite une ou dix fois. Mais même dans nos croyances intuitives, nous privilégions à chaque fois les actions que nous répétons de la même manière. Et nous sommes presque prêts à leur accorder un petit pouvoir magique.

Les rituels de ce type ne relèvent pas seulement de la culture brésilienne qui peut nous sembler quelque peu « exotique ». Lors d'un sondage en ligne, on a demandé à des Américains quels rituels ils avaient développés après la mort d'un proche ou la fin d'une relation[311]. Voici des exemples de réponses :

« Depuis quinze ans, je vais chaque premier samedi du mois me faire couper les cheveux, comme nous en avions l'habitude ensemble. »

« Je suis retournée seule chaque mois à l'endroit où nous avons rompu, à la date anniversaire, pour m'aider à surmonter notre séparation et à y voir plus clair. »

« J'ai regardé toutes les photos que nous avions prises à l'époque où nous sortions ensemble. Je les ai déchirées en petits morceaux avant de les brûler dans le parc où nous avons échangé notre premier baiser. »

« J'ai lavé sa voiture chaque semaine comme il avait l'habitude de le faire. »

Tels des actes réconfortants et familiers générateurs de calme et de paix, les rituels semblent aider les individus à tenir bon dans les périodes de stress et de deuil. Une enquête en ligne a révélé que près de la moitié des personnes interrogées avaient instauré des rituels pour les moments où elles étaient confrontées à une tâche difficile et anxiogène[312]. La répétition est caractéristique des rituels de notre vie.

Une étude en laboratoire, destinée à comprendre le mécanisme des rituels, a examiné la manière dont un groupe d'étudiants affrontait le fait de perdre de l'argent[313]. L'un des participants devait gagner 200 dollars à la loterie. Avant la sélection de l'heureux élu, chaque participant dut rédiger un texte expliquant ce qu'il ferait avec l'argent s'il gagnait. Le gagnant fut tiré au sort, puis exclu de l'étude. On dit aux autres participants que la pratique de rituels pourrait les aider à mieux affronter une perte. Certains d'entre eux furent invités à accomplir un rituel en plusieurs étapes : dessiner ce qu'ils ressentaient, mettre du sel sur leur illustration, la déchirer et compter jusqu'à 10 cinq fois. Ceux qui ont pratiqué le rituel ont déclaré avoir moins « souffert » et s'être sentis plus en contrôle de la situation que ceux qui n'avaient rien fait. L'accomplissement du rituel était ce qui semblait compter et permettait de réduire la déception de ne pas avoir gagné.

Un rituel du même genre a également permis de réduire l'anxiété de la performance. Dans une autre étude, des étudiants reçurent pour mission d'interpréter une chanson face à un public[314]. Avant de se lancer, certains participants avaient le temps d'essayer de maîtriser leur appréhension, tandis que d'autres effectuaient le rituel. Ces derniers ont déclaré avoir été moins anxieux, leur rythme cardiaque est demeuré plus lent et ils ont mieux chanté (volume, hauteur et durée des notes indiquées par un programme de karaoké). Ceux qui ont simplement essayé de rester calmes n'ont pas ressenti ces effets bénéfiques. Il peut sembler surprenant qu'un rituel, effectué une seule fois, ait eu de tels effets calmants. Mais c'est là que l'aspect « rituel » semble prendre toute son importance. Lorsque les étudiants effectuaient les mêmes activités, sans le caractère rituel et la répétition qu'il implique, leur anxiété ne s'atténuait pas.

Les supporters invétérés d'une équipe sportive connaissent aussi le sentiment de perte et d'anxiété. Il n'est donc pas surprenant que beaucoup d'entre eux se livrent à des rituels superstitieux. Au cours d'une étude, environ 40 % des étudiants interrogés ont déclaré avoir un rituel pour soutenir leur équipe préférée[315].

Le port de certains vêtements fait partie des stratégies le plus fréquemment mises en œuvre. Voici quelques exemples de leurs réponses : « Je mets le maillot porte-bonheur que j'ai acheté quand ils ont battu les Mets avec six points d'avance. » « Je porte leur maillot ; si les Pats sont menés à la mi-temps, je l'enlève. » Les boissons et la nourriture ont aussi leur importance : « Quand nous allons [voir un match], chacun d'entre nous apporte un aliment particulier. » « Si je mange un pamplemousse au petit déjeuner, ils gagnent. » Les supporters font état d'autres rituels étranges, comme cette femme déclarant que, durant un tournoi national de football, « il ne faut pas se raser les jambes ». Un fan des Houston Aeros (hockey) raconte : « Avant chaque match, je mets mes chaussettes au congélateur pendant deux heures puis je les enfile [...] C'est ce qu'ils font avec les palets quand ils jouent. Je pense que ça nous donne un léger avantage. » Quelles sont les raisons de ces pratiques ? Les fans s'expliquent : « Je fais ma part », « Je peux aider l'équipe », « Ça a déjà eu une influence sur le résultat », « Mon bon karma nous permet de gagner ». Les rituels superstitieux semblent donner aux supporters, tout comme aux sportifs qu'ils encouragent, le sentiment d'avoir un pouvoir sur le résultat. Il est facile de banaliser les rituels et de croire qu'il s'agit de superstitions idiotes qui n'ont aucun effet. Mais en période de stress, d'incertitude et de perte, la mise en scène de séquences de comportement nous aide à faire face et nous donne un sentiment de contrôle... même si le fait d'avoir froid aux pieds avec des chaussettes sorties du congélateur ne fera jamais de différence !

*

Les comportements d'habitudes qui sont les nôtres nous semblent être « normaux » et raisonnables, mais comme dirait Mark Twain avec malice, « rien n'a autant besoin d'être réformé que les habitudes des autres » !

Si vous pressez votre tube de dentifrice par le bas, vous avez sans doute une batterie d'arguments pour expliquer pourquoi votre méthode est la bonne ; même chose pour la manière dont vous placez les rouleaux de papier toilette dans le dévidoir : vous trouverez des raisons convaincantes, quelle que soit votre façon de procéder. Ces modèles aléatoires deviennent des habitudes simplement parce que nous les avons toujours suivis. Cela peut sembler idiot, mais c'est pourtant vrai.

Les sentiments positifs engendrés par les habitudes ont des effets encore plus larges, en améliorant le bien-être et en donnant plus de sens à la vie. Pour la plupart des gens, le sens de la vie est une notion noble liée à la spiritualité, à l'amour et à de grandes réalisations. Mais les habitudes constituent une base plus simple. Les bonnes habitudes sont une rampe de lancement souvent méconnue pour connaître le plaisir profond ressenti lorsqu'on est absorbé dans une activité particulière[316]. Mon mari, par exemple, s'est longuement entraîné au lancer à la mouche dans notre jardin avant d'aller pêcher sur une rivière, où il perd la notion du temps et se met littéralement à planer. Selon les individus, les bonnes habitudes peuvent nourrir une passion – musique, écriture ou encore cuisine.

Le simple fait d'agir selon des habitudes a aussi des implications plus vastes ; il contribue à minorer le sentiment d'incertitude et à promouvoir des impressions de cohérence et de compréhension relatives à ce que nous vivons.

Dans une enquête sur leurs habitudes quotidiennes, les participants ayant déclaré faire « à peu près les mêmes choses tous les jours » ont eu tendance à trouver que leurs vies avaient plus de sens que ceux qui n'étaient pas dans le même cas[317]. Samantha Heintzelman, l'un des auteurs de l'étude, a noté : « Les applications vont en quelque sorte de soi[318]. » Le sentiment de donner du sens à sa vie peut venir du fait de garder son bureau bien rangé, d'avoir un emploi du temps quotidien, de dîner chaque semaine avec des amis ou d'emprunter tous les jours le même chemin pour se rendre au travail. C'est la cohérence d'une vie ordonnée. Et c'est une cohérence que nous pouvons tous atteindre.

Ce simple effet – de la répétition vient le penchant – contribue à l'enracinement des habitudes. Lorsqu'elles sont bénéfiques ou même neutres, le fait d'y être attaché joue en notre faveur. Nos bons sentiments nous réconcilient avec notre quotidien et persistent longtemps après que nous nous sommes habitués aux récompenses qu'ils apportent. Ces constatations sont bénéfiques lorsque nous apprécions l'argent que nous avons pu mettre de côté, notre pratique sportive ou nos habitudes de travail productives et nous les apprécions de plus en plus à mesure que nous répétons ces habitudes.

On constate ce phénomène très simple de plusieurs façons. Aux États-Unis, les personnes d'un certain âge interrogées sur leurs produits préférés ont cité des marques bien connues : les cosmétiques Pond's, la lessive Tide et le ketchup Heinz[319]. Tous ces noms leur sont venus très facilement, mais peu d'entre elles savaient expliquer pourquoi elles les avaient choisis. L'enquêteur a conclu que « quelle que fut la raison pour laquelle ils avaient pris l'habitude d'acheter un produit, le sentiment de familiarité que ces individus avaient développé par leur geste était désormais plus important ». Ainsi, « le meilleur produit et le produit avec lequel nous sommes le plus à l'aise deviennent des notions qui tendent à se confondre ».

Attention toutefois. Nous pourrions aussi adopter des comportements répétés qui ne sont pas bons pour nous. Nous continuons à remettre les choses à plus tard, à trop manger, à ne pas faire assez d'exercice, parce que c'est ce que nous avons toujours fait. Nous persistons sans véritable raison, si ce n'est celle de l'attrait de la répétition. Nous finissons même par aimer nos habitudes mal adaptées. Retenons qu'il n'est possible d'évoluer que si nous prenons de nouvelles habitudes, lesquelles deviendront, par la répétition, familières et agréables.

CHAPITRE 15

VOUS N'ÊTES PAS SEUL

Parfois, voilà ce que je ressens. Je suis là, sur les bords d'une rivière avec un fort courant, et j'entends le cri d'un homme qui se noie. Je saute à l'eau, je l'attrape, le tire sur le rivage et commence à lui faire du bouche-à-bouche. Juste au moment où il reprend connaissance, un autre appel au secours retentit. Alors je recommence. Puis une troisième fois, je plonge, j'atteins la personne qui se noie, je lui fais reprendre sa respiration, je respire à mon tour et j'entends un autre cri. Encore et encore, sans fin. Je suis tellement occupé à essayer de sauver tous ces gens que je n'ai même pas le temps de voir qui, en amont, les précipite à l'eau.

John McKinlay, épidémiologiste

Pour mettre en lumière la force qui se cache derrière nos habitudes, il a fallu montrer à quel point nous surestimons, pour la plupart, la puissance (et la nécessité) de la pensée consciente. Ce n'est pas qu'elle soit inefficace : elle n'est simplement pas aussi forte que nous l'imaginons. Nous pouvons blâmer notre égotisme pour la perception déformée que nous avons de nous-mêmes : pour notre esprit conscient, nous seuls contrôlons notre vie et nos comportements. Et lorsque nous n'atteignons pas nos objectifs, nous nous sentons doublement maudits :

non seulement nous n'avons pas franchi la ligne d'arrivée, mais nous n'avons jamais eu les moyens de réussir au départ. Comme nous l'avons vu, il n'est pas nécessaire de ressentir ce double échec. Notre moi des habitudes peut assumer une grande partie de l'effort indispensable pour atteindre les objectifs que notre moi conscient nous a fixés. C'est une façon plus efficiente et plus heureuse de vivre.

Cependant, notre moi des habitudes ne peut pas tout résoudre – certaines choses sont tout simplement trop imposantes pour qu'on s'y attelle seul.

Nombre des défis auxquels vous êtes confrontés ne sont en réalité pas aussi personnels que vous l'imaginez. Regardez autour de vous : 40 % des Américains sont obèses, la moitié des mariages se terminent par un divorce et les gens prennent leur retraite avec en moyenne 17 000 dollars d'économies. Ces statistiques décourageantes cachent une réalité libératrice : votre santé et votre bien-être ne relèvent pas seulement de votre responsabilité personnelle. Ce sont des défis partagés par la société qui reflètent les épreuves que nous vivons tous dans un environnement plus large. Cela a des implications sur la façon dont nous concevons nos habitudes et dont nous organisons ensemble des environnements plus propices pour tous. En regardant en amont, vous pouvez identifier les forces qui vous entraînent dans les situations problématiques, comme l'a noté John McKinlay. Vous n'avez rien à perdre, si ce n'est votre sentiment d'échec persistant.

*

Dans leur ouvrage *Nudge* (2009), Richard Thaler, lauréat du prix Nobel d'économie 2017, et Cass Sunstein ont mis en avant le concept du « coup de pouce » qui peut aider à prendre la bonne décision. Ils ont abordé le sujet du point de vue de l'économie comportementale, mais leurs conclusions nous intéressent également ici. Tout comme nous avons évoqué les repères et les contextes au niveau personnel, ils ont montré comment la modification des options de choix dans nos environnements collectifs faisait partie d'une politique sociale intelligente. La fiscalité constitue un prototype en la matière. Pour autant, comme l'ont souligné les deux auteurs, les solutions politiques n'ont pas besoin d'être coercitives – nous payons tous ou presque nos impôts à contrecœur. Au lieu de cela, ils ont proposé des changements de politique impliquant un coup de pouce, qui « modifie le comportement des gens de manière prévisible sans interdire aucune option ni changer de manière significative leurs incitations économiques[320] ».

Prenons la question du don d'organes. Dans de nombreux pays, le consentement présumé est en vigueur : les individus sont considérés comme donneurs sauf s'ils ont spécifié le contraire. Comme on peut l'imaginer, ces pays, parmi lesquels l'Espagne, l'Autriche ou la France, ont des programmes de don d'organes performants[321]. Aux États-Unis en revanche, on part du principe que les gens ne sont pas donneurs d'organes ; ils doivent le signifier explicitement, généralement en cochant une case, lors d'une demande de permis de conduire par exemple. Résultat : le pays fait face à un manque d'organes chronique. Plus de 100 000 patients sont sur liste d'attente pour une greffe et une bonne partie d'entre eux ne vivra pas assez longtemps pour en bénéficier. L'approche du consentement présumé est conforme à ce que nous savons des exigences d'une prise de décision consciente par rapport à une habitude. Décider de faire quelque chose – perdre du poids ou donner son foie – est beaucoup plus aisé lorsque les options de choix sont structurées de manière à faciliter le comportement.

D'autres politiques de coup de pouce consistent à simplifier l'information, à donner des avertissements et à mettre en évidence les normes sociales. Comme nous l'avons vu, celles-ci peuvent ne pas être suffisamment puissantes pour modifier des habitudes déjà acquises. Mais il est aussi possible de réorganiser son environnement pour se faciliter la tâche. Parmi les coups de pouce bien connus : le programme « Save More Tomorrow » (Épargnez pour demain) de R. Thaler et Shlomo Benartzi[322].

Aux États-Unis, par le passé, vous deviez décider si vous vouliez participer au programme d'épargne-retraite de votre entreprise et donc, voir votre salaire ponctionné pour un investissement futur. Aujourd'hui, lorsque vous commencez à travailler dans une entreprise, vous êtes sur-le-champ affilié à un plan retraite. Ces régimes sont facultatifs, mais il faut décider de ne pas y participer, en remplissant un formulaire et dire en substance : « Non, je préfère dépenser mon argent aujourd'hui plutôt que d'épargner pour mes vieux jours. » Pour preuve de son succès, en 2017, le programme avait déjà permis d'augmenter l'épargne-retraite d'environ 29,6 milliards de dollars.

Fonder une politique sociale sur des principes scientifiques est une excellente idée. Notre moi conscient sous-estime l'impact des forces extérieures dans nos contextes quotidiens, et les politiques établies sur des bases scientifiques peuvent corriger le phénomène. La Grande-Bretagne a ainsi créé un groupe de réflexion qui conçoit des politiques gouvernementales visant à modifier les environnements quotidiens afin de faciliter les bons choix pour les individus (www.behaviouralinsights.co.uk).

Comme souvent, les États-Unis sont un peu à part dans ce domaine. Depuis 2015, le pays s'est doté d'un Social and Behavioral Sciences Team (Groupe de sciences sociales et comportementales) au niveau fédéral, mais son influence est bien moindre que celle de son homologue britannique. L'idée d'indépendance est toujours très ancrée aux États-Unis. Non pas que les Américains refusent de s'entraider, mais ils ont encore tendance à estimer que la maîtrise de soi et la volonté sont les seuls moyens valides d'obtenir des résultats. En réalité, ils se rendent la vie plus difficile et, possédant en général d'un degré de volonté « moyen », ils se placent pour la majorité en situation d'échec.

Pourtant, de formidables « expériences partielles » ont lieu dans tout le pays. Les États-Unis sont une fédération relativement peu structurée : chaque État, chaque ville, possède, dans une certaine mesure, ses propres lois, ses valeurs, son histoire et son économie. Cette diversité permet de comparer les régions du pays dont les habitants sont mieux à même d'atteindre des objectifs de vie communs avec celles où ils sont moins bien lotis. Comme on peut s'y attendre, les individus font plus d'efforts pour essayer d'être en meilleure santé et plus heureux dans certaines parties du pays que dans d'autres. Il est difficile de savoir avec certitude ce qui, exactement, contribue à créer de meilleures conditions de vie et de meilleures habitudes dans un endroit plutôt que dans un autre (d'où la dénomination d'« expériences partielles »). En revanche, et comme nous allons le voir, il est souvent facile de savoir quels types de politiques sociales pourraient permettre à un plus grand nombre de personnes d'atteindre leurs objectifs.

*

Si vous me demandiez comment réussir à faire plus d'exercice, vous vous attendriez à ce que je vous dise comment mettre en place des forces motrices et supprimer les forces de retenue pour atteindre votre objectif, mais aussi que j'évoque l'importance des récompenses. Vous vous attendriez à ce que je vous explique comment faire compte tenu de votre propre situation. Il existe aussi une autre réponse : les options par défaut dans nos environnements.

Aux États-Unis, certaines régions comptent plus de sportifs amateurs que d'autres. En 2014, plus de 25 % des habitants du Colorado, de l'Alaska et de Washington D.C. pratiquaient chaque semaine 150 minutes d'activités d'endurance et deux sessions de musculation, conformément aux recommandations officielles[323]. Rien de surprenant donc à ce que les habitants du Colorado et de l'Alaska présentent la plus faible prévalence de diabète de type 2 et d'hypertension au niveau national[324]. Washington D.C. n'est d'ailleurs pas loin derrière.

Ces chiffres sont inférieurs de moitié dans le Tennessee et en Virginie-Occidentale, qui comptent moins de 13 % d'adeptes réguliers de l'exercice physique. Dans certains États, un grand nombre d'individus ne font absolument aucun sport – un tiers des habitants de l'Alabama, de la Louisiane et du Mississippi. La population de ces États, qui sont classés dans les dix premiers pour le diabète de type 2 et l'hypertension, affiche des taux de maladies parmi les plus élevés du pays.

À quoi tient donc la différence entre les États où l'on vit sainement et les autres ? Eh bien, notamment aux habitants. Les individus qui aiment faire de l'exercice se rendent plus volontiers dans les États où l'on pratique des activités de plein air, comme le Colorado et l'Alaska, qui véhiculent des images de vie saine et sportive. L'image de Washington D.C. est celle d'une ville active où l'on marche, fait du vélo, du jogging. La Louisiane et la Virginie-Occidentale n'évoquent pas un mode de vie actif et sont plus susceptibles de séduire des gens plus sédentaires. Il ne faut jamais sous-estimer le pouvoir de l'autodétermination chez les individus.

Mais les programmes locaux, la culture et la politique influencent également le comportement des habitants de chaque État. Au Colorado et en Alaska, par exemple, l'industrie des loisirs de plein air est très importante. Et puis, il y a les voisins. Si vous vivez dans l'un de ces États, il y a fort à parier que vos voisins vous invitent à faire un jogging avec eux, que vos enfants se rendent à vélo à leurs matchs de football et que les habitants de votre ville aillent faire leurs courses à pied. La pression des pairs finit par se faire sentir. Si vous vivez dans un endroit où votre entourage est plus sédentaire, vous aurez plus de chances de vous retrouver pour un dîner ou une partie de cartes que pour un match de basket.

Que se passerait-il donc dans votre cas si vous emménagiez dans un État où l'on pratique plus l'exercice physique ? Quelque chose dans votre quartier pourrait-il vraiment contribuer à améliorer votre forme physique et votre santé ? Cela se produirait-il juste… par magie ?

Il est évidemment impossible de dire ce qu'il adviendrait pour un individu en particulier. Dans ce genre de réflexions, nous pouvons seulement tirer des conclusions relatives à des groupes.

Reprenons le cas de certains des survivants de l'ouragan Katrina qui a dévasté La Nouvelle-Orléans en août 2005[325]. Les chercheurs ont suivi 280 personnes évacuées, pour la plupart des jeunes femmes avec des enfants. Aucune n'eut son mot à dire quant au lieu de sa relocalisation. Leurs destinations furent déterminées par des événements aléatoires – embouteillages, surpopulation des abris dans les villes voisines, etc. Il est donc possible de voir si, en matière d'exercice et de marche, ces individus ont été influencés par leur environnement, indépendamment de leurs habitudes.

La plupart des personnes évacuées se sont retrouvées dans des communautés moins urbaines, plus étendues, avec une densité de population plus faible que celle d'où elles venaient. Lorsqu'on les a interrogées sept à dix-neuf mois plus tard, leur poids avait augmenté de 5 % en moyenne. Elles pesaient environ 4 kg de plus ! Les rares personnes relogées dans des endroits d'une densité comparable à celle de La Nouvelle-Orléans, des lieux où elles pouvaient se déplacer à pied, n'avaient quasiment pas grossi.

Cette étude est importante dans la mesure où elle permet de faire ressortir un type d'influence sur notre santé et notre forme physique. L'ingrédient magique ici tient à la possibilité de marcher. C'est en grande partie une question législative : la municipalité a-t-elle procédé aux aménagements qui permettent d'accomplir les tâches quotidiennes à pied ? Même si aller faire ses courses en marchant ne remplace pas une heure à la salle de sport, le fait de pouvoir se déplacer de cette manière permet tout de même d'avoir un minimum d'activité physique.

Notre santé est également liée aux moyens de transport que nous empruntons, en particulier pour nous rendre au travail. Une étude a suivi pendant deux ans près de 4 000 Britanniques dans leurs déplacements entre leur domicile et leur lieu de travail[326]. Certains des sujets qui prenaient leur voiture sont passés à des moyens de transport plus actifs – train, bus, vélo, marche. Ce faisant, ils ont réduit leur indice de masse corporelle (IMC) de 0,32 point en moyenne (environ 0,9 kg). La distance de déplacement a également joué un rôle. Les trajets de plus de trente minutes ont fait baisser l'IMC de 2,25 points en moyenne (environ 6,3 kg). Les personnes actives qui, au début de l'étude, se sont mises à utiliser la voiture ont gagné en moyenne 0,34 point d'IMC (environ 0,9 kg). Nous ne savons pas pourquoi les uns et les autres ont changé leurs habitudes de déplacement. Ils se sont peut-être rapprochés ou éloignés d'une ligne de transport en commun ou ont changé d'emploi. Ceux qui se trouvaient le plus en surpoids étaient probablement les moins susceptibles de passer à un mode de transport actif. Mais là n'est pas la question. En moyenne, les participants ont pris du poids lorsqu'ils se sont mis à conduire et ils en ont perdu lorsqu'ils se sont mis à emprunter les transports en commun, à faire du vélo ou à marcher.

On peut alors se demander si les gens choisiraient des modes de transports plus actifs s'ils en avaient la possibilité. La conduite automobile est l'option la plus facile, la plus abordable et la plus familière pour la plupart des Américains. La voiture est tellement répandue que, pour beaucoup, il est difficile d'imaginer se déplacer autrement.

Je vis à Santa Monica (Californie) où environ la moitié des déplacements se font sur une distance inférieure à 5 km. En 2017, la municipalité a mis en place un système de location de trottinettes électriques, sur le même modèle que les programmes de vélos en libre-service. Une application permet de savoir où se trouve la trotinette la plus proche, il est facile de réserver et, en 2018, un trajet revenait à 1 dollar et 15 cents par minute. Selon Francie Stefan, responsable de la mobilité à Santa Monica, il s'agit d'offrir un écosystème de transports plus varié dans un pays où la voiture est reine. Il faut selon elle « proposer une diversité d'options qui coexistent sur le long terme[327] ».

Il reste cependant des problèmes à résoudre, notamment en matière de sécurité. Les utilisateurs doivent-ils porter un casque ? Certaines trotinettes électriques ont déjà percuté des piétons sur les trottoirs. Sans compter que les engins abandonnés encombrent parfois les voies publiques.

Autres villes, autres formes de transport actif : Portland, Washington D.C., Minneapolis, Chicago, San Francisco et Philadelphie construisent toutes des pistes cyclables supplémentaires. Dans ces cités, le nombre d'utilisateurs du vélo a augmenté en conséquence au cours des dernières années[328]. New York compte désormais plus de 1 000 km de pistes cyclables et les trajets domicile-travail à vélo ont augmenté de 80 % entre 2011 et 2016[329]. Minneapolis possède un anneau routier de 51 km réservé aux cyclistes, le Grand Rounds Scenic Byway. Malgré le climat rigoureux de la région, cette voie a encouragé 5 % des habitants de la ville à se rendre à leur travail à bicyclette.

Les évolutions de ce type sont généralement lentes à démarrer puis s'accélèrent rapidement. L'usage des ceintures de sécurité constitue un bon exemple. Dans les années 1960, une minorité de conducteurs les utilisaient alors que les constructeurs automobiles américains proposaient des modèles rétractables en option. De nombreuses innovations mettent du temps à s'imposer, car les habitudes prennent le dessus avant même que nous puissions envisager des alternatives. Le port de la ceinture de sécurité a commencé à se répandre dans les années 1980 avec l'adoption de lois les rendant obligatoires dans les différents États. Toutes les voitures américaines sont désormais équipées d'alarmes de ceinture de sécurité et environ 90 % des conducteurs mettent leur ceinture. Comme nous l'avons vu au chapitre 14, les individus en viennent à aimer les actions qu'ils répètent, et le port effectif de la ceinture de sécurité a rapidement augmenté à mesure que les États l'ont exigé. Les préoccupations en matière de sécurité et l'habitude de mettre sa ceinture incitent à le faire y compris dans un État comme le New Hampshire, où le port de la ceinture de sécurité pour les adultes n'est pas obligatoire. Le simple fait d'agir peut favoriser le changement.

*

Dans les quartiers où ils ont des biens à vendre, les agents immobiliers reconnaissent l'importance des options par défaut. Un certain nombre de sites Internet permettent, grâce à des données statistiques, de savoir à quoi peut ressembler la vie dans un quartier donné. Il est possible de s'en faire une bonne idée en prenant en compte sa situation présente et le style de vie médian du lieu considéré.

Certaines de nos habitudes les plus ancrées sont soumises à ces effets de carte. Une étude a suivi plus de 6 000 Américains pendant huit ans pour voir comment leurs habitudes de consommation d'alcool déclarée évoluaient en fonction du nombre de boutiques spécialisées dans leur environnement proche[330]. Chaque fois que l'on dénombrait quatre magasins supplémentaires au kilomètre carré, les hommes augmentaient leur consommation hebdomadaire de bière de 32 % et les femmes, de vin de 16 %.

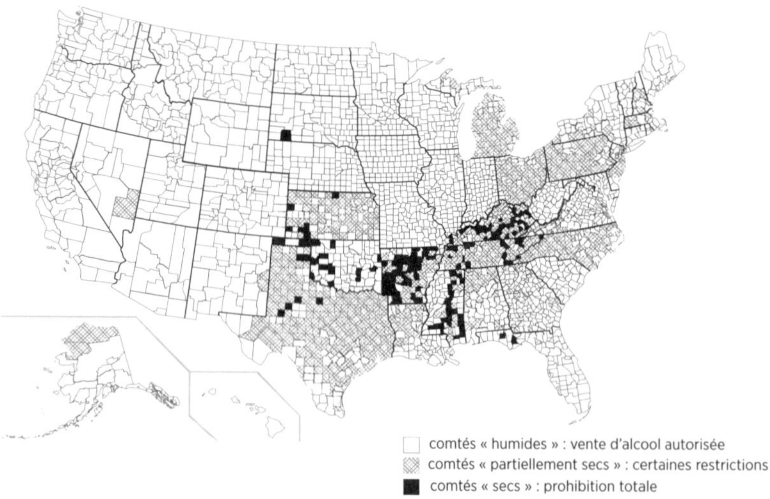

Aux États-Unis, les lois en matière d'alcool varient énormément d'un endroit à l'autre. Certains comtés peuvent interdire la vente d'alcool, comme le montre la carte ci-dessus[331]. Ceux en blanc sont « humides », c'est-à-dire que la vente d'alcool y est autorisée, ceux en noir sont « secs », ceux en gris, « partiellement secs ». Les situations diffèrent, y compris dans les zones en blanc. La ville de New York est « humide », mais certains quartiers ne comptent pas plus de cinq points de vente d'alcool par kilomètre carré alors que dans d'autres, on en dénombre jusqu'à 132. Des chercheurs ont étudié les excès de consommation des habitants de ces différents types de quartiers[332] (on considère qu'une femme boit avec excès à partir de quatre verres en deux heures, un homme, cinq verres). Dans les zones comptant 130 points de vente d'alcool, 13 % des personnes interrogées buvaient avec excès au moins une fois par mois, alors que là où l'on dénombrait vingt points de vente au kilomètre carré, elles n'étaient que 8 %.

On comprend aisément en quoi le simple fait que l'alcool soit disponible peut avoir ces conséquences. Lorsqu'on vit dans une région « sèche », on doit consacrer du temps et de l'énergie pour trouver un verre : pas si facile de céder à une pulsion ! De plus, une offre et donc une concurrence limitées peuvent aussi avoir une influence sur les prix, ce qui renforce la difficulté.

Quant à vous, vous n'avez sans doute pas fait très attention à la disponibilité en matière d'alcool lors de votre dernier déménagement. Même si cela avait été le cas, vous n'avez peut-être pas eu beaucoup de choix quant à votre lieu de résidence. Souvent, nous choisissons de vivre dans un endroit pour des raisons personnelles qui n'ont rien à voir avec les données de l'environnement qui nous influencent tous. C'est ici que les outils présentés de cet ouvrage sont particulièrement importants : ils doivent vous permettre de changer vos propres habitudes pour mieux atteindre vos objectifs. Mais c'est aussi le cas de la participation à la vie civique : dans une démocratie, nous pouvons tous nous exprimer et voter pour faire évoluer les environnements en amont afin que l'option par défaut y devienne la meilleure pour la majorité d'entre nous.

*

Les options par défaut qui nous concernent tous deviennent également évidentes avec le temps. « Ceux qui ne se souviennent pas du passé sont condamnés à le répéter » : l'affirmation du philosophe George Santayana trouve toute sa véracité en matière d'habitudes alimentaires.

Dans les années 1970, la politique agricole des États-Unis a changé, à peu près au même moment où l'épidémie d'obésité débutait dans le pays. La flambée historique des prix des denrées de base et les protestations qui s'ensuivirent amenèrent le gouvernement à revoir la politique agricole nationale et à encourager la surproduction. Si elle a porté ses fruits en matière de prix, cette politique a aussi contribué à créer un véritable risque sanitaire. Depuis le milieu des années 1970, les agriculteurs ont été incités à produire 500 calories supplémentaires par jour et par personne[333]. L'industrie agroalimentaire s'est développée… tout comme le tour de taille des Américains.

Selon le National Institute of Health (Institut national pour la santé), la taille des portions servies dans les restaurants a doublé ou triplé au cours des vingt dernières années[334]. Un bagel moyen possédait autrefois un diamètre 7,6 cm et apportait 140 calories alors qu'aujourd'hui, sa taille a doublé et il contient 350 calories. Hier, une portion de spaghetti équivalait à 200 g, sauce comprise, servie avec trois petites boulettes de viande, soit environ 500 calories. Aujourd'hui ? Tout a été multiplié par deux, les pâtes comme la taille des boulettes et le nombre de calories. Un sandwich à la dinde contenait autrefois 320 calories, aujourd'hui, c'est 820. La distorsion des portions est évidente dans la restauration rapide. Ce graphique de 2012, réalisé par les CDC (Centres de contrôle des maladies), montre l'augmentation de la taille d'un repas moyen de fast-food. Depuis les années 1950, la taille des portions de frites a triplé, celle des hamburgers a quadruplé et celle des sodas a été multipliée par six.

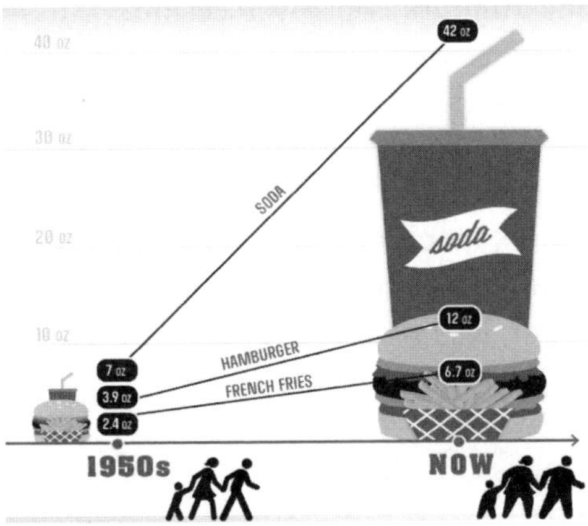

Au restaurant, on nous sert… et nous mangeons. Comme nous l'avons vu précédemment, la taille des portions est tout aussi importante que la disponibilité d'alcool dans un lieu donné. Lorsqu'il est facile de manger plus, lorsque les portions et les packagings sont plus volumineux, eh bien nous consommons tout simplement plus de nourriture[335]. Et lorsque cette habitude est prise, nous apprécions de plus en plus de manger plus ! L'organisme s'adapte, une nouvelle norme apparaît.

La taille des portions est un phénomène insidieux, mais il est encore possible pour chacun d'entre nous de choisir le restaurant où dîner ou de prendre un repas chez soi. Même chose pour ce que nous achetons en magasin. En amont, les valeurs par défaut fonctionnent généralement. Et elles ne doivent pas nécessairement faire partie des forces de notre environnement personnel.

Une solution plus politique, et plus difficile à mettre en œuvre que les « coups de pouce », consiste à taxer les aliments apportant des calories vides afin de limiter leur consommation. Deux initiatives ont permis de taxer les sodas et boissons sucrées : 1 cent par 30 ml en 2015 à Berkeley (Californie) et 1 peso par litre, en 2014, au Mexique. Deux montants suffisamment conséquents pour que les consommateurs y soient sensibles en faisant leurs achats.

Les taxes sont toujours controversées aux États-Unis où l'on préfère les mesures plus douces qui préservent la notion de choix. Mais la taxation offre ici un avantage, car elle introduit un point de friction dans une mauvaise habitude et signale aussi un changement d'environnement qui nous fait trouver, en tant que communauté, un comportement plus vertueux. Créatures sociales, nous décryptons ce genre d'indices. Lorsque les normes sociales évoluent, les individus tendent à s'adapter.

Les fabricants de sodas ont rétorqué que les consommateurs trouveraient leurs calories ailleurs. Selon William Dermody, responsable de la communication de l'American Beverage Association, le groupement des fabricants de sodas, « les taxes, les interdictions et les restrictions ne changent pas les comportements qui conduisent à l'obésité[336] ». Nous savons pourtant que les taxes ont bien fonctionné en matière de lutte contre le tabagisme. Les taxes sur les cigarettes ajoutées à l'interdiction de fumer dans les lieux publics et les restrictions publicitaires ont permis réduire la consommation de tabac de moitié.

À Berkeley, les ventes de boissons sucrées ont chuté de 10 % l'année qui a suivi l'instauration de la taxe[337]. Les habitants de la ville ont tout simplement acheté autre chose à boire. Les ventes de boissons non taxées ont augmenté de 4 %, celles de l'eau, en particulier, de 16 %.

Au Mexique, avant la mise en place de la taxe, les boissons sucrées, très populaires, fournissaient 10 % des calories quotidiennes[338]. Dans les deux années qui ont suivi, leur consommation a chuté d'environ 8 %. Les Mexicains se sont tournés vers d'autres boissons – les ventes de boissons non taxées ont augmenté de 2 %. Comme on pouvait s'y attendre, les plus pauvres ont été les plus touchés par la mesure, réduisant leur consommation de 12 %, alors que les plus riches n'ont diminué leur consommation que de 5 %. En 2014, le Mexique a également imposé, avec le même succès, une taxe de 8 % sur les « aliments non essentiels à forte densité énergétique », dont les ventes ont chuté de 6 % au cours des deux premières années[339].

Les taxes réduiront-elles l'obésité comme elles ont fait diminuer les maladies liées au tabagisme ? À ce stade, nous savons en tout cas qu'elles font baisser les ventes. Reste à savoir quelles seront leurs répercussions sur la santé.

*

L'impact de nos habitudes est particulièrement évident lorsque nous nous efforçons de limiter notre empreinte écologique. Il est par exemple nettement plus facile de pratiquer le recyclage en milieu urbain. En 2016, 70 % des Américains vivant en ville bénéficiaient d'un système de ramassage des ordures contre seulement 40 % de leurs compatriotes en zones rurales[340]. En 2011, la Californie, le Maine et l'État de Washington ont récupéré et traité environ 50 % de leurs déchets, contre moins de 5 % en Oklahoma, en Alaska et dans le Mississippi. Dans ces trois derniers États, il faut se donner beaucoup de mal pour trouver des poubelles de tri et le manque de ramassage des ordures rend les choses encore plus compliquées.

Qu'en est-il de la consommation d'énergie ? Plus de la moitié des ménages américains ont déjà, chez eux, des compteurs intelligents qui leur permettent de suivre leur consommation[341]. Économiser de l'énergie pourrait être simple et pourtant, sur les 75 millions de compteurs intelligents installés par le gouvernement en 2016, seuls quelques milliers peuvent être lus à domicile[342]. Pour les autres, les utilisateurs doivent se connecter au site Internet de leur fournisseur d'électricité... lequel ne donne pas d'informations en temps réel ! L'information est là, sans être toutefois disponible.

Ces compteurs ont été une excellente idée, car les informations qu'ils fournissent peuvent mettre à contribution des forces extérieures pour réduire la consommation d'énergie. Avec un affichage à domicile, impossible d'ignorer la quantité d'énergie consommée. Non seulement le compteur fournit une indication, mais il « récompense » aussi immédiatement les personnes qui éteignent leurs appareils électriques. Il suffit de faire quelques essais pour savoir combien d'énergie – et d'argent – vous économisez en réglant votre thermostat.

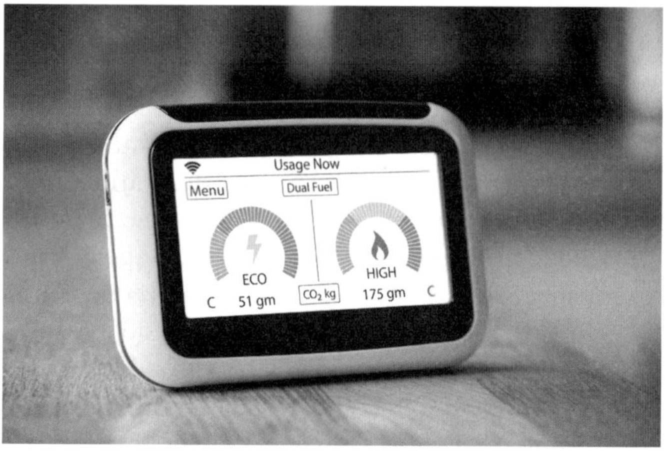

Une expérience menée auprès de plus de 400 ménages du Connecticut l'a démontré[343]. En 2011, pendant deux mois d'été, les participants ont reçu des compteurs leur permettant de voir en temps réel leur consommation, le prix de l'électricité, leur consommation mensuelle estimée et leur facture du jour. Ils pouvaient ainsi voir le compteur tourner et… la facture grimper. Ils pouvaient également prendre des mesures pour réduire leur consommation. Ils recevaient des SMS un jour à l'avance pour les avertir de l'augmentation du prix de l'électricité pendant les périodes de forte demande. Les sujets du groupe témoin, eux, recevaient seulement les messages, sans avoir accès à leurs compteurs. Au terme de l'étude, ces derniers avaient réduit de 7 % leur consommation d'énergie pendant les périodes de pic (les plus chères) tandis que les foyers équipés de compteurs intelligents avaient économisé 22 %. Les auteurs de l'étude ont conclu que, grâce à ces compteurs, les gaz à effet de serre liés à la consommation d'électricité des particuliers avaient été réduits de 1 à 2 %.

Cet exemple illustre une occasion parfaite de prendre de bonnes habitudes en matière économie d'énergie. Si vous laissez la lumière allumée, vous obtenez un retour d'information immédiat en termes de coût. Et si vous l'éteignez, la récompense est également instantanée : votre facture diminue. Prenez l'habitude de répéter ce geste gratifiant… et vous avez pris par la même occasion l'habitude de faire des économies d'énergie. La diffusion de ces compteurs intelligents aide à renforcer la formation d'une habitude. Reste à trouver comment les faire entrer dans les foyers américains…

ÉPILOGUE

Ce livre a pour sujet quelque chose que chacun de nous fait chaque jour et le plus clair de son temps. C'est un pan considérable de notre vie qui s'écoule à travers notre moi des habitudes. Cette partie de nous est plus lente que notre compréhension consciente. Il lui faut un peu de temps pour se mettre en branle, mais une fois lancée, elle ne manque pas d'endurance. Cette partie de nous est comme un travailleur robuste et sûr : toujours à l'ouvrage sans se poser de questions, toujours sur le qui-vive. Mais ce travailleur ne fait que ce qu'il a à faire dans l'instant. Ce qui signifie qu'il reste de la place pour « vous », le « vous » qui lisez ce livre, qui voulez maigrir, mettre de l'argent de côté, travailler plus efficacement… C'est à ce « vous » de fixer les objectifs. Après quoi, il vous appartiendra d'agencer votre vie sur la base de contextes judicieux avec les forces motrices, les frictions et les récompenses qui conviennent.

Votre nouvelle vie riche d'habitudes sera meilleure pour deux raisons. La première : vous ferez davantage.

Mais la seconde ne compte pas moins, et je me suis efforcée d'insister sur ce point tout autant tout au long de ce livre : c'est une manière plus simple et intégrée de vivre sa vie.

Nos existences sont déjà pétries d'habitudes. Il se trouve simplement que nous n'en avons pas conscience, pour nombre d'entre nous en tout cas. La conséquence en est que nous ignorons une grande partie de ce que nous sommes, mais aussi les raisons de faire ce que nous faisons. De même que nous ignorons les multiples moyens que nous aurions de faire mieux.

Il est à la fois épuisant et stérile de vivre avec les seules ressources de la motivation et de la volonté. Vous ne pouvez que vous décevoir encore et encore. Vous aurez, bien en vue, tous vos objectifs et vos intentions, toujours plus hauts et plus inaccessibles. Votre vie idéale et votre vie réelle se mettront à diverger de plus en plus et cet écart sera pour vous comme un acte d'accusation contre votre faiblesse et votre petitesse de caractère.

C'est un mensonge.

Vivre avec votre moi des habitudes vous permettra de mesurer toute cette part de vous-même qui fonctionne sans sollicitation des souhaits et des élans qui s'expriment en surface. Il y a en vous des profondeurs. Vous pouvez les faire travailler pour vous.

Grâce aux principes appris dans ces pages, vous repérerez mieux les habitudes sous leurs formes les plus variées. Dès lors, les mauvaises, cessant d'être des trous béants dans votre existence, deviendront des défis surmontables à affronter et à résoudre. Vos bonnes habitudes ne seront plus les émanations d'un « caractère » aussi mystérieux qu'essentiel, mais deviendront reconnaissables pour ce qu'elles sont. Mieux, elles se révéleront comme des modèles sur lesquels construire d'autres habitudes, neuves et meilleures.

Et plus que cela, comprendre les habitudes allège les épreuves d'un changement comportemental. La distance qui sépare l'échec répété du changement réussi et durable n'est pas une affaire de force d'âme ou de détermination. Ce n'est pas un référendum sur votre valeur personnelle. Avec toute l'endurance du monde, vous pouvez tout de même échouer. Cette distance, il faut la franchir en vous aidant de mesures simples, par exemple en mettant en place autour de vous les contextes incitant aux actions agréables qui servent vos objectifs à long terme. C'est ce que font déjà ces individus comblés par la réussite et apparemment dotés d'une excellente « maîtrise de soi ». Comme eux, vous pouvez mettre de votre côté les indices contextuels favorables. Vous pouvez répéter certaines actions au point de vous créer de nouvelles habitudes qui deviendront votre norme familière. Des habitudes qui perdurent même lorsque vous n'en obtenez plus de récompenses.

C'est la promesse d'une vie d'habitudes bien vécue.

COMMENT LAISSER VOTRE TÉLÉPHONE PLUS TRANQUILLE

UN EXEMPLE À MÉDITER

Il y a de bonnes chances pour que vous fassiez partie de ceux qui consultent leur boîte mail professionnelle une fois la journée terminée. Je le sais parce que, selon la dernière enquête Gallup, c'est le cas de 59 % de la population active américaine disposant d'une adresse mail professionnelle[344]. Cette pratique a des inconvénients évidents, malgré les aspects positifs d'une gestion plus flexible du temps professionnel. L'augmentation des contacts électroniques hors du lieu de travail est associée à un surcroît de stress, d'épuisement émotionnel et de conflits entre la sphère privée et le travail[345]. Et le stress n'est pas l'apanage des mauvais emplois. Il semble particulièrement lié au fait de devoir rester joignable par son chef, ses collègues ou ses clients en dehors de ses heures de travail. Dans les métiers qui exigent une plage de disponibilité très large certains jours et pas certains autres, les employés, à l'aube de ces journées à rallonge, ressentent davantage d'anxiété, un manque d'énergie et une humeur moins positive. Ils présentent aussi un taux élevé de cortisol, une hormone liée au stress[346].

Même si vous faites partie des salariés qui ont la chance de ne jamais recevoir de leur chef, le mercredi à 21 heures, un mail intitulé « question rapide », vous continuez sûrement à utiliser votre téléphone aussi intensivement que n'importe qui. Vous faites un tour sur votre compte Facebook ou Twitter, ou passez un moment sur le dernier jeu téléchargé. Le simple *ping* notifiant un message ou un appel distrait l'attention et dégrade la qualité et le rendement de l'activité en cours[347]. Sans parler des conséquences pour votre relation de couple. Le *phubbing* (contraction de *phone* et de *snubbing,* qu'on pourrait traduire par « télésnober ») est un nouvel indicateur d'une difficulté relationnelle lorsqu'il s'applique au conjoint ; dans une relation sentimentale, *phubber* sa/son partenaire consiste à regarder constamment son téléphone plutôt qu'à communiquer avec elle ou lui[348]. Ce qui, pour l'avenir du couple, laisse présager plus de conflits et moins d'intimité[349].

Il ne faut pas aller chercher bien loin les raisons pour lesquelles nos relations en souffrent. Se laisser accaparer par son téléphone, c'est se mettre volontairement des œillères. Vous vous coupez de tout ce qui existe par ailleurs et ne voyez que l'objet que vous avez juste sous les yeux, à savoir votre téléphone. Vous le regardez quand il vibre, quand il émet un son de notification, à la table du petit déjeuner, en sortant de voiture, en pénétrant dans l'immeuble où se trouve votre bureau, en entrant dans l'ascenseur, en sortant de l'ascenseur… Parce que nous parlons là d'une des habitudes les plus répandues au monde, je vais m'appuyer sur cet exemple pour illustrer les outils proposés dans ce livre.

La première des choses est de vous apercevoir que vous vous servez trop de votre téléphone. C'est peut-être une évidence, mais souvenez-vous que les habitudes efficaces le sont précisément parce qu'elles dissimulent leur activité à votre conscience. Il faut donc dissiper cette opacité. Nous avons vu différentes possibilités d'induire ce que l'on peut appeler une perception plus éveillée de l'habitude, par exemple en mettant à profit les disruptions globales liées aux grands événements de la vie, mais c'est un problème dont vous devez prendre vous-même la mesure, sinon il y a de bonnes chances que ce soit un ami, votre conjoint ou un collègue qui s'en charge : « Ça tourne à l'obsession ! Tu ne peux pas laisser ce téléphone tranquille cinq minutes ? »

Ce qu'il faut faire ensuite – et c'est là que nos fameux outils commencent à produire leur effet –, c'est *contrôler les indices contextuels* qui activent et rendent possible l'utilisation du téléphone. Rien de compliqué : supprimez ceux qui vous font vous saisir du téléphone. La façon la plus simple d'y parvenir est de le laisser où il est quand vous vous déplacez. Ne l'ayez pas sur vous quand vous prenez votre petit déjeuner ni pendant votre pause-café-viennoiserie au travail (nous laisserons l'habitude des viennoiseries pour plus tard...). La première fois, vous aurez du mal, mais, à moins que vous ne travailliez aux urgences, personne ne saura que vous êtes resté injoignable un quart d'heure.

Peut-être attrapez-vous en passant les trois mêmes objets à chaque fois que vous sortez de chez vous : clés, portefeuille, téléphone ? Disons-le, deux seulement vous sont réellement nécessaires dans la plupart des endroits où vous avez besoin de vous rendre et pour la plupart des choses que vous avez à faire. Pour beaucoup, cette routine particulière est un indice contextuel qui leur colle à la peau. Nous aimons être armés de pied en cap pour affronter le monde extérieur, parés à toute éventualité. Mais essayez de remonter le temps jusqu'en 2004 : la même routine incluait-elle un trio d'objets ? Ou n'était-ce pas seulement les clés et le portefeuille ? Et vous avez survécu, n'est-ce pas ?

Laisser votre téléphone posé quelque part vous paraît un peu simpliste pour échapper à son emprise ? Qu'à cela ne tienne, les téléphones portables offrent pléthore de suggestions pour repenser leur usage. En deux temps, trois mouvements, vous pouvez *ajouter de la friction pour compliquer l'utilisation du téléphone.* Désactivez tous les sons. Éteignez-le. Activez le mode « ne pas déranger » pour que seuls vos contacts favoris puissent vous joindre. Le fait de supprimer les notifications supprime aussi les incitations à l'utilisation et cesse d'activer cette pensée indésirable : « Vérifier téléphone. »

Vous pouvez faire plus. Mettez votre téléphone dans une poche fermée par une fermeture éclair – dans votre sac à dos, votre serviette, votre sac à main… Il faudra alors ouvrir le zip et chercher dans la poche pour le récupérer. Vous pouvez aussi l'éteindre après chaque utilisation, ce qui vous oblige à refaire toute la procédure pour le rallumer à chaque fois. Ce petit délai semble peu de chose à votre psychisme conscient, mais il ajoute de la friction, voire un peu d'agacement (Quoi ? Le capteur ne lit pas mon empreinte ? Ne reconnaît pas mon visage ? Ça recommence !). Un moyen très simple d'ajouter un peu de délai et de friction à votre habitude du téléphone consiste à supprimer l'appli Facebook ou l'appli mail. Au moins, vous devrez ouvrir le navigateur et saisir manuellement « gmail.com » ou « facebook.com », au lieu de vous reposer sur ces applis conçues intentionnellement sans frictions.

Autre méthode pour que chaque coup d'œil sur l'écran vous demande un effort supplémentaire : *superposer* une action nouvelle et saine à l'habitude existante. Même quand ce comportement aura beaucoup perdu de sa fréquence, vous continuerez néanmoins à regarder votre téléphone. Utilisez donc cette habitude durable (et sans doute nécessaire) pour en créer une autre, choisie par vous et axée sur vos objectifs personnels. Et si, chaque fois que vous regardez l'écran, vous appeliez un membre de votre famille, juste pour dire bonjour et bavarder quelques instants ? Un appel « comme ça », sans raison particulière, comme on aime en recevoir. Les plus âgés, notamment, en seront sûrement très touchés. Et vous pourrez ainsi renforcer des liens que vous avez laissés se distendre (paradoxalement, par trop de présence sur les réseaux sociaux). Si vous vous tenez à cette nouvelle habitude, vous y réfléchirez à deux fois avant d'attraper votre téléphone : il arrive qu'on n'ait pas du tout envie de parler à qui que ce soit. Le prix à payer pour ces coups d'œil donnés à tout hasard monte d'un cran.

Quoi que vous choisissiez de faire pour qu'il vous en coûte davantage d'utiliser votre téléphone, faites-le avec constance. Avec la répétition, le changement si difficile au premier abord s'automatise. La nouvelle façon d'agir devient celle qui vient naturellement à l'esprit, tandis que le prix à payer pour la vieille habitude persiste.

En plus de perturber les signaux déclencheurs bien installés et de créer de la friction, vous pouvez *rendre d'autres actions plus faciles.* Au lieu de regarder votre téléphone, y a-t-il autre chose que vous pourriez faire ? Il existe une alternative possible dont j'ai souvent été témoin : achetez une montre. Combien de fois vous arrive-t-il de prendre votre téléphone pour regarder l'heure ou la date et d'ouvrir Facebook juste parce que vous avez l'icône sous les yeux, puis vos mails parce que vous voyez qu'il y en a de nouveaux, etc.

Au lieu de fouiller dans votre poche, levez le poignet. Trouvez-vous une montre qui vous plaît et que vous avez envie de montrer. Une montre de couleur, une montre calculatrice, une montre-alarme, une vieille montre à ressort (évitez juste la montre connectée, ce serait de la triche). Ce comportement de substitution espacera aussitôt les occasions de vous laisser happer par votre téléphone.

Enfin, *rendez gratifiant le fait de ne pas le consulter.* Je pense à une très belle récompense pour ne pas regarder son téléphone à tout bout de champ.

Imaginons : vous passez quelques minutes assis à une table de café. Nous sommes au milieu de l'après-midi, et vous avez quitté le bureau pour une courte pause. C'est évidemment le moment idéal pour sortir votre téléphone et jeter un coup d'œil aux dernières nouvelles. Seulement, vous l'avez éteint, rangé dans une poche fermée et, pour vous en servir, il faudrait d'abord passer un coup de fil à votre tante. Voilà. Vous avez réussi à perturber les signaux déclencheurs et à appliquer des forces de retenue.

Mais vous n'avez rien à gagner à rester planté là en brûlant d'envie de vous saisir de cet objet. Offrez-vous une chose formidable à faire. Une chose qui inspire le genre humain depuis des siècles.

Une chose parfaite pour s'occuper l'esprit quelques minutes – et qui fait d'ailleurs mieux que l'occuper : qui l'agrandit et remplit quelques vides. Une chose qui vous servira tout à l'heure au dîner en vous donnant une histoire intéressante à raconter, ou un sujet à aborder en famille. Une chose portable et durable. Une chose qui nourrira tout votre être.

Avez-vous un bon livre à lire ?

ILLUSTRATIONS

BIBLIOGRAPHIE

Aarts, Henk, Bas Verplanken, Ad van Knippenberg, « Habit and Information Use in Travel Mode Choices », *Acta Psychologica* 96, n°1-2 (1997): p.1-14. https://doi.org/10.1016/s0001-6918(97)00008-5.

Adams, Christopher D., « Variations in the Sensitivity of Instrumental Responding to Reinforcer Devaluation », *Quarterly Journal of Experimental Psychology Section 34B*, n°2b (1982): p.77-98. https://doi.org/10.1080/14640748208400878.

Adams, Christopher D., Anthony Dickinson, « Instrumental Responding Following Reinforcer Devaluation », *Quarterly Journal of Experimental Psychology Section 33B*, n°2 (1981): p.109-121. https://doi.org/10.1080/14640748108400816.

Ahern, Jennifer, Claire Margerison-Zilko, Alan Hubbard, Sandro Galea, « Alcohol Outlets and Binge Drinking in Urban Neighborhoods: The Implications of Nonlinearity for Intervention and Policy », *American Journal of Public Health* 103, n°4 (2013): e81-e87. https://doi.org/10.2105/ajph.2012.301203.

Ahrnsbrak, Rebecca, Jonaki Bose, Sarra L. Hedden, Rachel N. Lipari, Eunice Park-Lee, *Key Substance Use and Mental Health Indicators in the United States: Results from the 2016 National Survey on Drug Use and Health,* Rockville, MD: Center for Behavioral Health Statistics and Quality, Substance Abuse and Mental Health Services Administration, 2017.

Ajzen, Icek, « Residual Effects of Past on Later Behavior: Habituation and Reasoned Action Perspectives », *Personality and Social Psychology Review* 6, n°2 (2002): p.107-122. https://doi.org/10.1207/S15327957PSPR0602_02.

« Alcohol Use: Data and Statistics », World Health Organization. Consulté le 16 février 2019. http://www.euro.who.int/en/health-topics/disease-prevention/alcohol-use/data-and-statistics.

Aldrich, John H., Jacob M. Montgomery, Wendy Wood, « Turnout as a Habit », *Political Behavior* 33, n°4 (2011): p.535-563. https://doi.org/10.1007/s11109-010-9148-3.

Alexander, Bruce K., Barry L. Beyerstein, Patricia F. Hadaway, Robert B. Coambs, « Effect of Early and Later Colony Housing on Oral Ingestion of Morphine in Rats », *Pharmacology Biochemistry and Behavior* 15, n°4 (1981): p.571-576. https://doi.org/10.1016/0091-3057(81)90211-2.

Alexander, Bruce K., Patricia F. Hadaway, « Opioid Addiction: The Case for an Adaptive Orientation », *Psychological Bulletin* 92, n°2 (1982): p.367-381. https://doi.org/10.1037/0033-2909.92.2.367.

Alexander, David L., John G. Lynch, Qing Wang, « As Time Goes By: Do Cold Feet Follow Warm Intentions for Really New Versus Incrementally New Products? », *Journal of Marketing Research* 45, n°3 (2008): p.307-319. https://www.jstor.org/stable/30162533.

American Psychological Association, « 2015 Stress in America », consulté le 13 mars 2018. http://www.apa.org/news/press/releases/stress/2015/snapshot.aspx.

Amodio, David M., « Social Cognition 2.0: An Interactive Memory Systems Account », *Trends in Cognitive Sciences* 23, n°1 (2018): p.21-33. https://doi.org/10.1016/j.tics.2018.10.002.

Anderson, Brian A., « The Attention Habit: How Reward Learning Shapes Attentional Selection », *Annals of the New York Academy of Sciences* 1369, n°1 (2016): p.24-39. https://doi.org/10.1111/nyas.12957.

— « Value-Driven Attentional Priority Is Context Specific », *Psychonomic Bulletin and Review* 22, n°3 (2015): p.750-756. https://doi.org/10.3758/s13423-014-0724-0.

Anderson, Brian A., Patryk A. Laurent, Steven Yantis, « Value-Driven Attentional Capture », *Proceedings of the National Academy of Sciences* 108, n°25 (2011): p.10367-10371. https://doi.org/10.1073/pnas.1104047108.

Anselme, Patrick, « Dopamine, Motivation, and the Evolutionary Significance of Gambling-Like Behaviour », *Behavioural Brain Research* 256 (2013): p.1-4. https://doi.org/10.1016/j.bbr.2013.07.039.

Arcaya, Mariana, Peter James, Jean E. Rhodes, Mary C. Waters, S. V. Subramanian, « Urban Sprawl and Body Mass Index Among Displaced Hurricane Katrina Survivors », *Preventive Medicine* 65 (2014): p.40-46. https://doi.org/10.1016/j.ypmed.2014.04.006.

Ariely, Dan, Klaus Wertenbroch, « Procrastination, Deadlines, and Performance: Self-Control by Precommitment », *Psychological Science* 13, n°3 (2002): p.219-224. https://doi.org/10.1111/1467-9280.00441.

Armitage, Christopher J., « Can the Theory of Planned Behavior Predict the Maintenance of Physical Activity? », *Health Psychology* 24, n°3 (2005): p.23545. https://doi.org/10.1037/0278-6133.24.3.235.

Aubrey, Allison, « More Salt in School Lunch, Less Nutrition Info on Menus: Trump Rolls Back Food Rules », NPR, 2 mai 2017. https://www.npr.org/sections/thesalt/2017/05/02/526448646/trump-administration-rolls-back-obama-era-rules-on-calorie-counts-school-lunch.

Avni-Babad, Dinah, « Routine and Feelings of Safety, Confidence, and Well-Being », *British Journal of Psychology* 102, n°2 (2011): p.223-244. https://doi.org/10.1348/000712610x513617.

Bachman, Rachel, « How Close Do You Need to Be to Your Gym? », *The Wall Street Journal*, 21 mars 2017. https://www.wsj.com/articles/how-close-do-you-need-to-be-to-your-gym-1490111186.

Badiani, Aldo, David Belin, David Epstein, Donna Calu, Yavin Shaham, « Opiate Versus Psychostimulant Addiction: The Differences Do Matter », *Nature Reviews Neuroscience* 12, n°11 (2011): p.685-700. https://doi.org/10.1038/nrn3104.

Badiani, Aldo, Kent C. Berridge, Markus Heilig, David J. Nutt, Terry E. Robinson, « Addiction Research and Theory: A Commentary on the Surgeon General's Report on Alcohol, Drugs, and Health », *Addiction Biology* 23, n°1 (2018): p.3-5. https://doi.org/10.1111/adb.12497.

Baer, Drake, « The Scientific Reason Why Barack Obama and Mark Zuckerberg Wear the Same Outfit Every Day », *Business Insider*, 28 avril 2015. http://www.businessinsider.com/barack-obama-mark-zuckerberg-wear-the-same-outfit-2015-4.

Balleine, Bernard W., John P. O'Doherty, « Human and Rodent Homologies in Action Control: Corticostriatal Determinants of Goal-Directed and Habitual Action », *Neuropsychopharmacology* 35, n°1 (2010): p.48-69. https://doi.org/10.1038/npp.2009.131.

Bargh, John A., *Before You Know It: The Unconscious Reasons We Do What We Do*, New York, Touchstone, 2017.

Baumeister, Roy F., Ellen Bratslavsky, « Passion, Intimacy, and Time: Passionate Love as a Function of Change in Intimacy », *Personality and Social Psychology Review* 3, n°1 (1999): p.49-67. https://doi.org/10.1207/s15327957pspr03013.

Benartzi, Shlomo, « Save More Tomorrow », 2017. http://www.shlomobenartzi.com/save-more-tomorrow.

Berridge, Kent C., Terry E. Robinson, « Liking, Wanting, and the Incentive-Sensitization Theory of Addiction », *American Psychologist* 71, n°8 (2016): p.670-679. https://doi.org/10.1037/amp0000059.

Berscheid, Ellen, Hilary Ammazzalorso, « Emotional Experience in Close Relationships », *in Blackwell Handbook of Social Psychology: Interpersonal Processes*, édité par Garth Fletcher, Margaret Clark. Malden, MA, Blackwell Publishers, 2001.

Berscheid, Ellen, Pamela Regan, *The Psychology of Interpersonal Relationships,* New York, Pearson, 2005, réédition, New York, Routledge, 2016.

Bodor, J. Nicholas, Donald Rose, Thomas A. Farley, Christopher Swalm, Susanne K. Scott, « Neighbourhood Fruit and Vegetable Availability and Consumption: The Role of Small Food Stores in an Urban Environment », *Public Health Nutrition* 11, n°404 (2008): p.413-420. https://doi.org/10.1017/s1368980007000493.

Bornstein, Robert F., Catherine Craver-Lemley, « Mere Exposure Effect », in *Cognitive Illusions: Intriguing Phenomena in Thinking, Judgment and Memory*, édité par Rüdiger F. Pohl, New York, Routledge, 2017.

Brenner, Allison B., Luisa N. Borrell, Tonatiuh Barrientos-Gutierrez, Ana V. Diez Roux, « Longitudinal Associations of Neighborhood Socioeconomic Characteristics and Alcohol Availability on Drinking: Results from the Multi-Ethnic Study of Atherosclerosis (MESA) », *Social Science and Medicine* 145 (2015): p.17-25. https://doi.org/10.1016/j.socscimed.2015.09.030.

Broadbent, Donald E., P. Fitzgerald Cooper, Paul FitzGerald, Katherine R. Parkes, « The Cognitive Failures Questionnaire (CFQ) and Its Correlates », *British Journal of Clinical Psychology* 21, n°1 (1982): p.1-16. https://doi.org/10.1111/j.2044-8260.1982.tb01421.x.

Broers, Valérie J. V., Céline De Breucker, Stephan van den Broucke, Olivier Luminet, « A Systematic Review and Meta-Analysis of the Effectiveness of Nudging to Increase Fruit and Vegetable Choice », *European Journal of Public Health* 27, n°5 (2017): p.912-920. https://doi.org/10.1093/eurpub/ckx085.

Brooks, Alison Wood, Juliana Schroeder, Jane L. Risen, Francesca Gino, Adam D. Galinsky, Michael I. Norton, Maurice E. Schweitzer, « Don't Stop Believing: Rituals Improve Performance by Decreasing Anxiety », *Organizational Behavior and Human Decision Processes* 137 (2016): p.71-85. https://doi.org/10.1016/j.obhdp.2016.07.004.

Brumage, Jody, « The Public Health Cigarette Smoking Act of 1970 », Robert C. Byrd Center, 25 juillet 2017. https://www.byrdcenter.org/byrd-center-blog/the-public-health-cigarette-smoking-act-of-1970.

Bucher, Tamara, Clare Collins, Megan E. Rollo, Tracy A. McCaffrey, Nienke de Vlieger, Daphne van der Bend, Helen Truby, Federico J. A. Perez-Cueto, « Nudging Consumers Towards Healthier Choices: A Systematic Review of Positional Influences on Food Choice », *British Journal of Nutrition* 115, n°12 (2016): p.2252-2263. https://doi.org/10.1017/s0007114516001653.

Burns, Justine, Brendan Maughan-Brown, Âurea Mouzinho, « Washing with Hope: Evidence from a Hand-Washing Pilot Study Among Childrenin South Africa », *BMC Public Health* 18 (2018): p.709. https://doi.org/10.1186/s12889-018-5573-8.

Burns, Mark J., « Success Is Not an Accident: What Sports Business Millennials Can Learn from NBA MVP Stephen Curry », *Forbes*, 13 juin 2015. https://www.forbes.com/sites/markjburns/2015/06/13/success-is-not-an-accident-what-sports-business-millennials-can-learn-from-nba-mvp-stephen-curry-2/#62c34b3d15fb.

Cantor, Jonathan, Alejandro Torres, Courtney Abrams, Brian Elbel, « Five Years Later: Awareness of New York City's Calorie Labels Declined, with No Changes in Calories Purchased », *Health Affairs* 34, n°11 (2015): p.1893-1900. https://doi.org/10.1377/hlthaff.2015.0623.

Carli, Lorraine, « NFPA Encourages Testing Smoke Alarms as Daylight Saving Time Begins », National Fire Protection Association, 6 mars 2014. https://www.nfpa.org/News-and-Research/News-and-media/Press-Room/News-releases/2014/NFPA-encourages-testing-smoke-alarms-as-Daylight-Saving-Time-begins.

Carrell, Scott E., Mark Hoekstra, James E. West, « Is Poor Fitness Contagious? Evidence from Randomly Assigned Friends », *Journal of Public Economics* 95, n°7-8 (2011): p.657-663. www.nber.org/papers/w16518.

Casagrande, Sarah Stark, Youfa Wang, Cheryl Anderson, Tiffany L. Gary. « Have Americans Increased Their Fruit and Vegetable Intake? The Trends Between 1988 and 2002 », *American Journal of Preventive Medicine* 32, n°4 (2007): p.257-263. https://doi.org/10.1016/j.amepre.2006.12.002.

Caton, Samantha J., Sara M. Ahern, Eloise Remy, Sophie Nicklaus, Pam Blundel, Marion M. Hetherington, « Repetition Counts: Repeated Exposure Increases Intake of a Novel Vegetable in UK Pre-school Children Compared to Flavour-Flavour and Flavour-Nutrient Learning », *British Journal of Nutrition* 109, n° 11 (2013): p. 2089-2097. https://doi.org/10.1017/s0007114512004126.

Centers for Disease Control and Prevention, « 2014 State Indicator Report on Physical Activity », Atlanta, GA, U.S. Department of Health and Human Services, 2014. www.cdc.gov/physicalactivity/downloads/pastateindicatorreport2014.pdf.

— « Burden of Tobacco Use in the U.S », dernière modification 24 avril 2018. https://www.cdc.gov/tobacco/campaign/tips/resources/data/cigarette-smoking-in-united-states.html.

— « Cigarette Smoking and Tobacco Use Among People of Low Socioeconomic Status », dernière modification 21 août 2018. https://www.cdc.gov/tobacco/disparities/low-ses/index.htm.

— « Map of Current Cigarette Use Among Adults », 19 septembre 2017. https://www.cdc.gov/statesystem/cigaretteuseadult.html.

— « Map of Excise Tax Rates on Cigarettes », 2 janvier 2018. https://www.cdc.gov/statesystem/excisetax.html.
— « Quitting Smoking Among Adults—United States, 2000-2015 », 6 janvier 2017. https://www.cdc.gov/mmwr/volumes/65/wr/mm6552a1.htm?scid=mm6552a1w.
— « Quitting Smoking Among Adults—United States, 2000-2015: Highlights », 6 janvier 2017. https://www.cdc.gov/tobacco/datastatistics/mmwrs/byyear/2017/mm6552a1/highlights.htm.
— State and Local Comprehensive Smoke-Free Laws for Worksites, Restaurants, and Bars - United States, 2015 », dernière modification 24 août 2017. https://www.cdc.gov/mmwr/volumes/65/wr/mm6524a4.htm.
— « Tobacco-Related Mortality, 15 mai 2017. https://www.cdc.gov/tobacco/data_statistics/factsheets/healtheffects/tobaccorelatedmortality/index.htm.
Chaiton, Michael, Lori Diemert, Joanna E. Cohen, Susan J. Bondy, Peter Selby, Anne Philipneri, Robert Schwartz, « Estimating the Number of Quit Attempts It Takes to Quit Smoking Successfully in a Longitudinal Cohort of Smokers », *BMJ Open* 6, n°6 (2016): e011045. https://doi.org/10.1136/bmjopen-2016-011045.
Chalabi, Mona, « How Many Times Does the Average Person Move? », *FiveThirtyEight*, 29 janvier 2015. https://fivethirtyeight.com/features/how-many-times-the-average-person-moves/.
Chandon, Pierre, « How Package Design and Packaged-Based Marketing Claims Lead to Overeating », *Applied Economic Perspectives and Policy* 35, n°1 (2013): p.7-31. https://doi.org/10.1093/aepp/pps028.
Colchero, M. Arantxa, Juan Rivera-Dommarco, Barry M. Popkin, Shu Wen Ng, « In Mexico, Evidence of Sustained Consumer Response Two Years After Implementing a Sugar-Sweetened Beverage Tax », *Health Affairs* 36, n°3 (2017): p.564-571. https://doi.org/10.1377/hlthaff.2016.1231.
Cooper, Adam, « Electric Company Smart Meter Deployments: Foundation for a Smart Grid », Institute for Electric Innovation, décembre 2017. http://www.edisonfoundation.net/iei/publications/Documents/IEISmart%20Meter%20Report%202017 FINAL.pdf.

Crandall, Christian, Monica Biernat, « The Ideology of Anti-fat Attitudes », *Journal of Applied Social Psychology* 20, n°3 (1990): p.227-243. https://doi.org/10.1111/j.1559-1816.1990.tb00408.x.

Crits-Christoph, Paul, Lynne Siqueland, Jack Blaine, Arlene Frank, Lester Luborsky, Lisa S. Onken, Larry R. Muenz, *et al.*, « Psychosocial Treatments for Cocaine Dependence: National Institute on Drug Abuse Collaborative Cocaine Treatment Study », *Archives of General Psychiatry* 56, n°6 (1999): p.493-502. https://doi.org/10.1001/archpsyc.56.6.493.

Cruwys, Tegan, Kirsten E. Bevelander, Roel C. J. Hermans, « Social Modeling of Eating: A Review of When and Why Social Influence Affects Food Intake and Choice », *Appetite* 86 (2015): p.3-18. https://doi.org/10.1016/j.appet.2014.08.035.

Csikszentmihalyi, Mihaly, *Vivre - La psychologie du bonheur* (Paris, Robert Laffont, 2004 ; édition originale *Flow: The Psychology of Optimal Experience,* New York, Harper Perennial, 1996).

Danner, Unna N., Henk Aarts, Nanne K. de Vries, « Habit vs. Intention in the Prediction of Future Behaviour: The Role of Frequency, Context Stability and Mental Accessibility of Past Behaviour », *British Journal of Social Psychology* 47, n°2 (2008): p.245-265. https://doi.org/10.1348/014466607x230876.

Deater-Deckard, Kirby, Michael D. Sewell, Stephen A. Petrill, Lee A. Thompson, « Maternal Working Memory and Reactive Negativity in Parenting », *Psychological Science* 21, n°1 (2010): p.75-79. https://doi.org/10.1177/0956797609354073.

DeFulio, Anthony, Kenneth Silverman, « Employment-Based Abstinence Reinforcement as a Maintenance Intervention for the Treatment of Cocaine Dependence: Post-intervention Outcomes », *Addiction* 106, n°5 (2011): p.960-967. https://doi.org/10.1111/j.1360-0443.2011.03364.x.

De Ridder, Denise T. D., Gerty Lensvelt-Mulders, Catrin Finkenauer, F. Marijn Stok, Roy F. Baumeister, « Taking Stock of Self-Control: A Meta-Analysis of How Trait Self-Control Relates to a Wide Range of Behaviors », *Personality and Social Psychology Review* 16, n°1 (2012): p.76-99. https://doi.org/10.1177/1088868311418749.

DeRusso, Alicia, David Fan, Jay Gupta, Oksana Shelest, Rui M. Costa, Henry H. Yin, « Instrumental Uncertainty as a Determinant of Behavior Under Interval Schedules of Reinforcement », *Frontiers in Integrative Neuroscience* 4 (2010). https://doi.org/10.3389/fnint.2010.00017.

DeSilver, Drew, « Perceptions and Realities of Recycling Vary Widely from Place to Place », Pew Research Center, 7 octobre 2016. http://www.pewresearch.org/fact-tank/2016/10/07/perceptions-and-realities-of-recycling-vary-widely-from-place-to-place.

Dettmers, Jan, « How Extended Work Availability Affects Well-Being:The Mediating Roles of Psychological Detachment and Work-FamilyConflict », *Work and Stress* 31, n°1 (2017): p.24-41. https://doi.org/10.1080/02678373.2017.1298164.

Dettmers, Jan, Tim Vahle-Hinz, Eva Bamberg, Niklas Friedrich, Monika Keller, « Extended Work Availability and Its Relation with Start-of-Day Mood and Cortisol », *Journal of Occupational Health Psychology* 21, n°1 (2016): p.105-118. http://doi.org/10.1037/a0039602.

Dickinson, Anthony, Lawrence Weiskrantz, « Actions and Habits: The Development of Behavioural Autonomy », *Philosophical Transactions of the Royal Society of London. B: Biological Sciences* 308, n°1135 (1985): p.67-78. https://doi.org/10.1098/rstb.1985.0010.

Dieu-Hang, To, R. Quentin Grafton, Roberto Martínez-Espiñeira, Maria Garcia-Valiñas, « Household Adoption of Energy and Water-Efficient Appliances: An Analysis of Attitudes, Labelling and Complementary GreennBehaviours in Selected OECD Countries », *Journal of Environmental Management* 197 (2017): p.140-150. https://doi.org/10.1016/j.jenvman.2017.03.070.

Diliberti, Nicole, Peter L. Bordi, Martha T. Conklin, Liane S. Roe, Barbara J. Rolls, « Increased Portion Size Leads to Increased Energy Intake in a Restaurant Meal », *Obesity Research* 12, n°3 (2004): p.562-568. https://doi.org/10.1038/oby.2004.64.

Doll, Richard, Richard Peto, « The Causes of Cancer: Quantitative Estimates of Avoidable Risks of Cancer in the United States Today », *JNCI: Journal of the National Cancer Institute* 66, n°6 (1981): p.1192-1308. https://doi.org/10.1093/jnci/66.6.1192.

Duckworth, Angela L., Tamar Szabó Gendler, James J. Gross, « Situational Strategies for Self-Control », *Perspectives on Psychological Science* 11, n°1 (2016): p.35-55. https://doi.org/10.1177/1745691615623247.

Duckworth, Angela L., Rachel E. White, Alyssa J. Matteucci, Annie Shearer, James J. Gross, « A Stitch in Time: Strategic Self-Control in High School and College Students », *Journal of Educational Psychology* 108, n°3 (2016): p.329-341. https://doi.org/10.1037/edu0000062.

Dunning, Thad, Felipe Monestier, Rafael Pineiro, Fernando Rosenblatt, Guadalupe Tunón, « Is Paying Taxes Habit Forming? Experimental Evidence from Uruguay », article présenté à l'University of California, Berkeley, 2017. http://www.thaddunning.com/wp-content/uploads/2017/09/Dunning-et-al_Habit2017.pdf.

Durant, Wil, *The Story of Philosophy: The Lives and Opinions of the World's Greatest Philosophers,* 1926, réédition New York, Pocket Books, 1954.

Eadicicco, Lisa, « Americans Check Their Phones 8 Billion Times a Day », *Time*, 15 décembre 2015. http://time.com/4147614/smartphone-usage-us-2015.

Ell, Kellie, « Video Game Industry Is Booming with Continued Revenue », CNBC, 18 juillet 2018. https://www.cnbc.com/2018/07/18/video-game-industry-is-booming-with-continued-revenue.html.

Ent, Michael R., Roy F. Baumeister, Dianne M. Tice, « Trait Self-Control and the Avoidance of Temptation », *Personality and Individual Differences* 74 (2015): p.12-15. https://doi.org/10.1016/j.paid.2014.09.031.

Evans, Alexandra E., Rose Jennings, Andrew W. Smiley, Jose L. Medina, Shreela V. Sharma, Ronda Rutledge, Melissa H. Stigler, Deanna M. Hoelscher, « Introduction of Farm Stands in Low-Income Communities Increases Fruit and Vegetable Among Community Residents », *Health and Place* 18, n°5 (2012): p.1137-1143. https://doi.org/10.1016/j.healthplace.2012.04.007.

Evans, Jonathan St. B. T., Keith E. Stanovich, « Dual-Process Theories of Higher Cognition: Advancing the Debate », *Perspectives on Psychological Science* 8, n°3 (2013): p.223-241. https://doi.org/10.1177/1745691612460685.

Everitt, Barry J., Trevor W. Robbins, « Drug Addiction: Updating Actions to Habits to Compulsions Ten Years On », *Annual Review of Psychology* 67, n°1 (2016): p.23-50. https://doi.org/10.1146/annurev-psych-122414-033457.

Festinger, Leon, Stanley Schachter, Kurt Back, *Social Pressures in Informal Groups: A Study of Human Factors in Housing*, New York, Harper, 1950.

Finkel, Eli J., W. Keith Campbell, « Self-Control and Accommodation in Close Relationships: An Interdependence Analysis », *Journal of Personality and Social Psychology* 81, n°2 (2001): p.263-277. https://doi.org/10.1037//0022-3514.81.2.263.

Florida, Richard, « The Geography of Car Deaths in America », *CityLab*, 15 octobre 2015. http://www.citylab.com/commute/2015/10/the-geography-of-car-deaths-in-america/410494.

Follingstad, Diane R., Maryanne Edmundson, « Is Psychological Abuse Reciprocal in Intimate Relationships? Data from a National Sample of American Adults », *Journal of Family Violence* 25, n°5 (2010): p.495-508. https://doi.org/10.1007/s10896-010-9311-y.

Foster, Sarah, Georgina Trapp, Paula Hooper, Wendy H. Oddy, Lisa Wood, Matthew Knuiman, « Liquor Landscapes: Does Access to Alcohol Outlets Influence Alcohol Consumption in Young Adults? », *Health and Place* 45 (2017): p.17-23. https://doi.org/10.1016/j.healthplace.2017.02.008.

Frey, Erin, Todd Rogers, « Persistence: How Treatment Effects Persist After Interventions Stop », *Policy Insights from the Behavioral and Brain Sciences* 1, n°1 (2014): p.172-179. https://doi.org/10.1177/2372732214550405.

Fujiwara, Thomas, Kyle Meng, Tom Vogl, « Habit Formation in Voting: Evidence from Rainy Elections », *American Economic Journal: Applied Economics* 8, n°4 (2016): p.160-188. https://doi.org/10.1257/app.20140533.

Fulkerson, Jayne A., Mary Story, Alison Mellin, Nancy Leffert, Dianne Neumark-Sztainer, Simone A. French, « Family Dinner Meal Frequency and Adolescent Development: Relationships with Developmental Assets and High-Risk Behaviors », *Journal of Adolescent Health* 39, n°3 (2006): p.337-345. https://doi.org/10.1016/j.jadohealth.2005.12.026.

Galaj, Ewa, Monica Manuszak, Robert Ranaldi, « Environmental Enrichment as a Potential Intervention for Heroin Seeking », *Drug and Alcohol Dependence* 163 (2016): p.195-201. https://doi.org/10.1016/j.drugalcdep.2016.04.016.

Galla, Brian M., Angela L. Duckworth, « More Than Resisting Temptation: Beneficial Habits Mediate the Relationship Between Self-Control and Positive Life Outcomes », *Journal of Personality and Social Psychology* 109, n°3 (2015): p.508-525. https://doi.org/10.1037/pspp0000026.

Gardner, Benjamin, Phillippa Lally, « Does Intrinsic Motivation Strengthen Physical Activity Habit? Modeling Relationships Between Self-Determination, Past Behaviour, and Habit Strength », *Journal of Behavioral Medicine* 36, n°5 (2013): p.488-497. https://doi.org/10.1007/s10865-012-9442-0.

Gates, *Bill, Business @ the Speed of Thought: Succeeding in the Digital Economy*, New York, Hachette, 1999.

Geertz, Clifford, *Interprétation et Culture* (Paris, Archives contemporaines, 2010 ; édition originale *The Interpretation of Cultures*, New York, Basic Books, 1973).

Gillan, Claire M., A. Ross Otto, Elizabeth A. Phelps, Nathaniel D. Daw, « Model-Based Learning Protects Against Forming Habits », *Cognitive, Affective, and Behavioral Neuroscience* 15, n°3 (2015): p.523-536. https://doi.org/10.3758/s13415-015-0347-6.

Gladwell, Malcolm, *Outliers: The Story of Success*, New York, Little, Brown, 2008.

Glantz, Stanton A., « Tobacco Taxes Are Not the Most Effective Tobacco Control Policy (As Actually Implemented) », UCSF Center for Tobacco Control Research and Education, 11 janvier 2014. https://tobacco.ucsf.edu/tobacco-taxes-are-not-most-effective-tobacco-control-policy-actually-implemented.

Gliklich, Emily, Rong Guo, Regan W. Bergmark, « Texting While Driving: A Study of 1211 U.S. Adults with the Distracted Driving Survey », *Preventive Medicine Reports* 4 (2016): p.486-89. https://doi.org/10.1016/j.pmedr.2016.09.003.

Global Status Report on Road Safety 2018, Genève, World Health Organization (OMS), 2018. https://www.who.int/violenceinjuryprevention/roadsafetystatus/2018/en/.

Greenfield, Rebecca, « Workplace Wellness Programs Really Don't Work », Bloomberg, 26 janvier 2018. https://www.bloomberg.com/news/articles/2018-01-26/workplace-wellnessprograms-really-don-t-work.

Hadaway, Patricia F., Bruce K. Alexander, Robert B. Coambs, Barry Beyerstein, « The Effect of Housing and Gender on Preference for Morphine-Sucrose Solutions in Rats », *Psychopharmacology* 66, n°1 (1979): p.87-91. https://doi.org/10.1007/bf00431995.

Hall, Matthew, « Bird Scooters Flying Around Town », *Santa Monica Daily Press*, 26 septembre 2017. http://smdp.com/bird-scooters-flying-around-town/162647.

Halpern, Daniel, James E. Katz, « Texting's Consequences for Romantic Relationships: A Cross-Lagged Analysis Highlights Its Risks », *Computers in Human Behavior* 71 (2017): p.386-394. https://doi.org/10.1016/j.chb.2017.01.051.

Hammons, Amber J., Barbara H. Fiese, « Is Frequency of Shared Family Meals Related to the Nutritional Health of Children and Adolescents? », *Pediatrics* 127, n°6 (2011): E1565-74. https://doi.org/10.1542/peds.2010-1440.

Harris, Mathew A., Thomas Wolbers, « How Age-Related Strategy Switching Deficits Affect Wayfinding in Complex Environments », *Neurobiology of Aging* 35, n°5 (2014): p.1095-1102. https://doi.org/10.1016/j.neurobiolaging.2013.10.086.

Harter, Jim, « Should Employers Ban Email AfterWork Hours? », Gallup, 9 septembre 2014. https://www.gallup.com/workplace/236519/employer-ban-email-work-hours.aspx.

Heatherton, Todd F., Patricia A. Nichols, « Personal Accounts of Successful Versus Failed Attempts at Life Change », *Personality and Social Psychology Bulletin* 20, n°6 (1994): p.664-675. https://doi.org/10.1177/0146167294206005.

Heintzelman, Samantha J., Laura A. King, « Routines and Meaning in Life », *Personality and Social Psychology Bulletin*, publié en ligne le 18 septembre 2018. https://doi.org/10.1177/0146167218795133.

Hirsch, Jana A., Ana V. Diez Roux, Kari A. Moore, Kelly R. Evenson, Daniel A. Rodriguez, « Change in Walking and Body Mass Index Following Residential Relocation: The Multi-Ethnic Study of Atherosclerosis », *American Journal of Public Health* 104, n°3 (2014): e49-e56. https://doi.org/10.2105/ajph.2013.301773.

Hobson, Nicholas M., Devin Bonk, Michael Inzlicht, « Rituals Decrease the Neural Response to Performance Failure », *PeerJ* 5 (2017): e3363. https://doi.org/10.7717/peerj.3363.

Hoffman, Steven J., Charlie Tan, « Overview of Systematic Reviews on the Health-Related Effects of Government Tobacco Control Policies », *BMC Public Health* 15, n°1 (2015): p.744. https://doi.org/10.1186/s12889-015-2041-6.

Hofford, Rebecca S., Jonathan J. Chow, Joshua S. Beckmann, Michael T. Bardo, « Effects of Environmental Enrichment on Self-Administration of the Short-Acting Opioid Remifentanil in Male Rats », *Psychopharmacology* 234, n°23-24 (2017): p.3499-3506. https://doi.org/10.1007/s00213-017-4734-2.

Hofmann, Wilhelm, Roy F. Baumeister, Georg Förster, Kathleen D. Vohs, « Everyday Temptations: An Experience Sampling Study of Desire, Conflict, and Self-Control », *Journal of Personality and Social Psychology* 102, n°6 (2012): p.1318-1335, https://doi.org/10.1037/a0026545.

Hollands, Gareth J., Ian Shemilt, Theresa M. Marteau, Susan A. Jebb, Hannah B. Lewis, Yinghui Wei, Julian P. T. Higgins, David Ogilvie, « Portion, Package or Tableware Size for Changing Selection and Consumption of Food, Alcohol and Tobacco », *Cochrane Database of Systematic Reviews* 9, n°CD011045 (2015): https://www.ncbi.nlm.nih.gov/pmc/articles/PMC4579823/.

Holmes, John G., Susan D. Boon, « Developments in the Field of Close Relationships: Creating Foundations for Intervention Strategies », *Personality and Social Psychology Bulletin* 16, n°1 (1990): p.23-41. https://doi.org/10.1177/0146167290161003.

Howard-Jones, Paul A., Tim Jay, Alice Mason, Harvey Jones, « Gamification of Learning Deactivates the Default Mode Network », *Frontiers in Psychology* 6 (2016). https://doi.org/10.3389/fpsyg.2015.01891.

Hui, Sam K., J. Jeffrey Inman, Yanliu Huang, Jacob Suher, « The Effect of In-Store Travel Distance on Unplanned Spending: Applications to Mobile Promotion Strategies », *Journal of Marketing* 77, n°2 (2013): p.1-16. https://doi.org/10.1509/jm.11.0436.

Hunt, George M., Nathan H. Azrin, « A Community-Reinforcement Approach to Alcoholism », *Behaviour Research and Therapy* 11, n°1 (1973): p.91-104. https://doi.org/10.1016/0005-7967(73)90072-7.

Hutson, Matthew, « Everyday Routines Make Life Feel More Meaningful », *Scientific American*, 1er juillet 2015. https://www.scientificamerican.com/article/everyday-routines-make-life-feel-more-meaningful/.

Itzchakov, Guy, Liad Uziel, Wendy Wood, « When Attitudes and Habits Don't Correspond: Self-Control Depletion Increases Persuasion but Not Behavior », *Journal of Experimental Social Psychology* 75 (2018): p.1-10. https://doi.org/10.1016/j.jesp.2017.10.011.

James, William, *Habit*, New York, Henry Holt, 1890.

— « The Principles of Psychology », vol. 1, New York, Henry Holt, 1890, réédition New York, Cosimo, 2007.

Jessoe, Katrina, David Rapson, « Knowledge Is (Less) Power: Experimental Evidence from Residential Energy Use », *American Economic Review* 104, n°4 (2014): p.1417-1438. https://doi.org/10.125/aer.104.4.1417.

Ji, Mindy F., Wendy Wood, « Purchase and Consumption Habits: Not Necessarily What You Intend », *Journal of Consumer Psychology* 17, n°4 (2007): p.261-276. https://doi.org/10.1016/S1057-7408(07)70037-2.

Jónsdóttir, María K., Steinunn Adólfsdóttir, Rúna Dögg Cortez, María Gunnarsdóttir, Ágústa Hlín Gústafsdóttir, « A Diary Study of Action Slips in Healthy Individuals », *Clinical Neuropsychologist* 21, n°6 (2007): p.875-883. https://doi.org/10.1080/13854040701220044.

Jordan, Jewe, « Americans Moving at Historically Low Rates, Census Bureau Reports », United States Census Bureau, 16 novembre 2016. https://www.census.gov/newsroom/press-releases/2016/cb16-189.html.

Jost, John T., David M. Amodio, « Political Ideology as Motivated Social Cognition: Behavioral and Neuroscientific Evidence », *Motivation and Emotion* 36, n°1 (2012): p.55-64. https://doi.org/10.1007/s11031-011-9260-7.

Judah, Gaby, Benjamin Gardner, Robert Aunger, « Forming a Flossing Habit: An Exploratory Study of the Psychological Determinants of Habit Formation », *British Journal of Health Psychology* 18, n°2 (2013): p.338-353. https://doi.org/10.1111/j.2044-8287.2012.02086.x.

Katz-Sidlow, Rachel J., Allison Ludwig, Scott Miller, Robert Sidlow, « Smartphone Use During Inpatient Attending Rounds: Prevalence, Patterns and Potential for Distraction », *Journal of Hospital Medicine* 7, n°8 (2012): p.595-599. https://doi.org/10.1002/jhm.1950.

Kaushal, Navin, Ryan E. Rhodes, « Exercise Habit Formation in New Gym Members: A Longitudinal Study », *Journal of Behavioral Medicine* 38, n°4 (2015): p.652-663. https://doi.org/10.1007/s10865-015-9640-7.

Keller, Carmen, Christina Hartmann, Michael Siegrist, « The Association Between Dispositional Self-Control and Longitudinal Changes in Eating Behaviors, Diet Quality, and BMI », *Psychology and Health* 31, n°11 (2016): p.1311-1327. https://doi.org/10.1080/08870446.2016.1204451.

Kessler, David A., *The End of Overeating: Taking Control of the Insatiable American Appetite,* Emmaus, PA, Rodale Books, 2009.

Khare, Adwait, J. Jeffrey Inman, « Daily, Week-Part, and Holiday Patterns in Consumers' Caloric Intake », *Journal of Public Policy and Marketing* 28, n°2 (2009): p.234-252. https://doi.org/10.1509/jppm.28.2.234.

— « Habitual Behavior in American Eating Patterns: The Role of Meal Occasions », *Journal of Consumer Research* 32, n°4 (2006): p.567-575. https://doi.org/10.1086/500487.

Kirchner, Thomas R., Jennifer Cantrell, Andrew Anesetti-Rothermel, Ollie Ganz, Donna M. Vallone, David B. Abrams, « Geospatial Exposure to Point-of-Sale Tobacco: Real-Time Craving and Smoking-Cessation Outcome », *American Journal of Preventive Medicine* 45, n°4 (2013): p.379-385. https://doi.org/10.1016/j.amepre.2013.05.016.

Kiszko, Kamila M., Olivia D. Martinez, Courtney Abrams, Brian Elbel, « The Influence of Calorie Labeling on Food Orders and Consumption: A Review of the Literature », *Journal of Community Health* 39, n°6 (2014): p.1248-1269. https://doi.org/10.1007/s10900-014-9876-0.

Klein, Gary, Roberta Calderwood, Anne Clinton-Cirocco, « Rapid Decision Making on the Fire Ground: The Original Study Plus a Postscript », *Journal of Cognitive Engineering and Decision Making* 4, n°3 (2010): p.186-209. https://doi.org/10.1518/155534310X12844000801203.

Knowlton, Barbara J., Jennifer A. Mangels, Larry R. Squire, « A Neostriatal Habit Learning System in Humans », *Science* 273, n° 5280 (1996): p.1399-1402. https://doi.org/10.1126/science.273.5280.1399.

Knowlton, Barbara J.et Tara K. Patterson, « Habit Formation and the Striatum », in *Behavioral Neuroscience of Learning and Memory*, sous la direction de Robert E. Clark, Stephen J. Martin, p.275-295, vol.37 in *Current Topics in Behavioral Neurosciences,* Cham, Switzerland, Springer International, 2018. https://doi.org/10.1007/78542016451.

Koehler, Derek J., Rebecca J. White, Leslie K. John, « Good Intentions, Optimistic Self-Predictions, and Missed Opportunities », *Social Psychological and Personality Science* 2, n°1 (2011): p.90-96. https://doi.org/10.1177/1948550610375722.

Koob, George F., Nora D. Volkow, « Neurobiology of Addiction: A Neurocircuitry Analysis », *Lancet Psychiatry* 3, n°8 (2016): p.760-73. https://doi.org/10.1016/S2215-0366(16)00104-8.

Korosec, Kirsten, « 2016 Was the Deadliest Year on American Roads in Nearly a Decade », *Fortune*, 15 février 2017. http://fortune.com/2017/02/1/traffic-deadliest-year/.

Kullgren, Jeffrey T., Andrea B. Troxel, George Loewenstein, David A. Asch, Laurie A. Norton, Lisa Wesby, Yuanyuan Tao, *et al.*, « Individual-VersusGroup-Based Financial Incentives for Weight Loss: A Randomized, Controlled Trial », *Annals of Internal Medicine* 158, n°7 (2013): p.505-514. https://doi.org/10.7326/0003-4819-158-7-201304020-00002.

Kuzmarov, Jeremy, *The Myth of the Addicted Army: Vietnam and the Modern War on Drugs,* Amherst, MA, University of Massachusetts Press, 2009.

Labrecque, Jennifer S., Kristen Lee, Wendy Wood, « Overthinking Habit », manuscrit en révision, University of Southern California, 2017.

Labrecque, Jennifer S., Wendy Wood, David T. Neal, Nick Harrington, « Habit Slips: When Consumers Unintentionally Resist New Products », *Journal of the Academy of Marketing Science* 45, n°1 (2017): p.119-133. https://doi.org/10.1007/s11747-016-0482-9.

Lally, Phillippa, Cornelia H. M. van Jaarsveld, Henry W. W. Potts, Jane Wardle, « How Are Habits Formed: Modelling Habit Formation in the Real World », *European Journal of Social Psychology* 40, n°6 (2010): p.998-1009. https://doi.org/10.1002/ejsp.674.

Larcom, Shaun, Ferdinand Rauch, Tim Willems, « The Benefits of Forced Experimentation: Striking Evidence from the London Underground Network », Quarterly Journal of Economics 132, n°4 (2017): p.2019-2055. https://doi.org/10.1093/qje/qjx020.

Legare, Cristine H., André L. Souza, « Evaluating Ritual Efficacy: Evidence from the Supernatural », *Cognition* 124, n°1 (2012): p.1-15. https://doi.org/10.1016/j.cognition.2012.03.004.

Lewin, Kurt, « Frontiers in Group Dynamics: Concept, Method and Reality in Social Science; Social Equilibria and Social Change », *Human Relations* 1, n°1 (1947): p.5-41. https://doi.org/10.1177/001872674700100103.

Lewis, Zakkoyya H., Maria C. Swartz, Elizabeth J. Lyons, « What's the Point? A Review of Reward Systems Implemented in Gamification Interventions », Games for Health Journal 5, n°2 (2016): p.93-99. https://doi.org/10.1089/g4h.2015.0078.

Lin, Pei-Ying, Wendy Wood, John Monterosso, « Healthy Eating Habits Protect Against Temptations », *Appetite* 103 (2016): p.432-440. https://doi.org/10.1016/j.appet.2015.11.011.

Litt, Mark D., Ronald M. Kadden, Elise Kabela-Cormier, Nancy M. Petry, « Changing Network Support for Drinking: Network Support Project 2-Year Follow-Up », *Journal of Consulting and Clinical Psychology* 77, n°2 (2009): p.229-242. https://doi.org/10.1037/a0015252.

Loewenstein, George, Cass R. Sunstein, Russell Golman, « Disclosure: Psychology Changes Everything », *Annual Review of Economics* 6 (2014): p.391-419. https://doi.org/10.1146/annurev-economics-080213-041341.

Lucas, Brian J., Loran F. Nordgren, « People Underestimate the Value of Persistence for Creative Performance », *Journal of Personality and Social Psychology* 109, n°2 (2015): p.232-243. https://doi.org/10.1037/pspa0000030.

Lynley, Matthew, « Bird Has Officially Raised a Whopping $300M as the Scooter Wars Heat Up », *TechCrunch*, 28 juin 2018. https://techcrunch.com/2018/06/28/bird-has-officially-raised-a-whopping-300m-as-the-scooter-wars-heat-up.

Macnamara, Brooke N., David Z. Hambrick, Frederick L. Oswald, « Deliberate Practice and Performancein Music, Games, Sports, Education, and Professions: A Meta-Analysis », *Psychological Science* 25, n°8 (2014): p.1608-1618. https://doi.org/1.1177/0956797614535810.

Mader, Emily M., Brittany Lapin, Brianna J. Cameron, Thomas A. Carr, Christopher P. Morley, « Update on Performance in Tobacco Control: A Longitudinal Analysis of the Impact of Tobacco Control Policy and the US Adult Smoking Rate, 2011-2013 », *Journal of Public Health Management and Practice* 22, n°5 (2016): E29-E35. https://doi.org/10.1097/phh.0000000000000358.

Maltz, Maxwell, Psychocybernétique, éditions Dangles, 1999, édition originale *Psycho-Cybernetics*, New York, Pocket Books, 1989.

Mannor, Mike, Adam Wowak, Viva Ona Bartkus, Luis R. Gomez-Mejia, « How Anxiety Affects CEO Decision Making », *Harvard Business Review*, 19 juillet 2016. https://hbr.org/2016/07/how-anxiety-affects-ceo-decision-making.

Mantzari, Eleni, Florian Vogt, Ian Shemilt, Yinghui Wei, Julian P. T. Higgins, Theresa M. Marteau, « Personal Financial Incentives for Changing Habitual Health-Related Behaviors: A Systematic Review and Meta-Analysis », *Preventive Medicine* 75 (2015): p.75-85. https://doi.org/10.1016/j.ypmed.2015.03.001.

March, James G., « Exploration and Exploitation in Organizational Learning », *Organization Science* 2, n°1 (1991): p.71-87. https://www.jstor.org/stable/2634940.

Martin, Adam, Jenna Panter, Marc Suhrcke, David Ogilvie, « Impact of Changes in Mode of Travel to Work on Changes in Body Mass Index: Evidence from the British Household Panel Survey », *Journal of Epidemiology and Community Health* 69, n°8 (2015): p.753-761. https://doi.org/10.1136/jech-2014-205211.

Mayer, Stefan, Jan R. Landwehr, « Objective Measures of Design Typicality », *Design Studies* 54 (2018): p.146-161. https://doi.org/10.1016/j.destud.2017.09.004.

— « Objective Measures of Design Typicality That Predict Aesthetic Liking, Fluency, and Car Sales », in *Advances in Consumer Research* 44, Duluth, MN, Association for Consumer Research, 2016 : p.556-557.

McCarthy, Justin, « In U.S., Smoking Rate Lowest in Utah, Highest in Kentucky », Gallup, 13 mars 2014. http://www.gallup.com/poll/167771/smoking-rate-lowest-utah-highest-kentucky.aspx

McDaniel, Brandon T., Sarah M. Coyne, « 'Technoference': The Interference of Technology in Couple Relationships and Implications for Women's Personal and Relational Well-Being », *Psychology of Popular Media Culture* 5, n°1 (2016): p.85-98. http://doi.org/10.1037/ppm0000065.

McKay, James R., « Making the Hard Work of Recovery More Attractive for Those with Substance Use Disorders », *Addiction* 112, n°5 (2017): p.751-757. https://doi.org/10.1111/add.13502.

McKinlay, John B., « A Case for Re-focusing Upstream: The Political Economy of Illnes », in *Applying Behavioral Sciences to Cardiovascular Risk, Proceedings of the American Heart Association Conference*, Seattle, WA, 17-19 juin 1974, édité par A. J. Enelow, J. B. Henderson. Washington, DC, American Heart Association, 1975.

Melnikoff, David E., John A. Bargh, « The Mythical Number Two », *Trends in Cognitive Sciences* 22, n°4 (2018): p. 280-293. https://doi.org/10.1016/j.tics.2018.02.001.

MetLife Foundation, « What America Thinks: MetLife Foundation Alzheimer's Survey », février 2011. https://www.metlife.com/assets/cao/foundation/alzheimers-2011.pdf.

Michimi, Akihiko, Michael C. Wimberly, « Associations of Supermarket Accessibility with Obesity and Fruit and Vegetable Consumption in the Conterminous United States », *International Journal of Health Geographics* 9, n°1 (2010): p.49. https://doi.org/10.1186/1476-072x-9-49.

Miller, George A., « The Cognitive Revolution: A Historical Perspective », *Trends in Cognitive Sciences* 7, n°3 (2003): p.141-144. https://doi.org/10.1016/S1364-6613(03)00029-9.

Miller, George A., Eugene Galanter, Karl H. Pribram, *Plans and the Structure of Behavior*, New York, Adams-Bannister-Cox, 1986.

Mischel, Walter, Ebbe B. Ebbesen, « Attention in Delay of Gratification », *Journal of Personality and Social Psychology* 16, n°2 (1970): p.329-337. https://doi.org/10.1037/h0029815.

Mita, Theodore H., Marshall Dermer, Jeffrey Knight, *Reversed Facial Images and the Mere-Exposure Hypothesis, Journal of Personality and Social Psychology* 35, n°8 (1977): p.597-601. https://doi.org/10.1037//0022-3514.35.8.597.

Molloy, Gerard J., Heather Graham, Hannah McGuinness, « Adherence to the Oral Contraceptive Pill: A Cross-SectionalSurvey of Modifiable Behavioural Determinants », *BMC Public Health* 12 (2012). https://doi.org/10.1186/1471-2458-12-838.

Monterosso, John, Wendy Wood, « Habits of Successful Rehabilitation », non publié, University of Southern California, 2017.

Montoya, R. Matthew, Robert S. Horton, Jack L. Vevea, Martyna Citkowicz, Elissa A. Lauber, « A Re-examination of the Mere Exposure Effect: The Influence of Repeated Exposure on Recognition, Familiarity, and Liking », *Psychological Bulletin* 143, n°5 (2017): p.459-498. https://doi.org/10.1037/bul0000085.

Mooney, Chris, « Why 50 Million Smart Meters Still Haven't Fixed America's Energy Habits », *The Washington Post*, 29 janvier 2015. https://www.washingtonpost.com/news/energy-environment/wp/2015/01/29/americans-are-this-close-to-finallyunderstanding-their-electricity-bills.

Moore, Latetia V., Frances E. Thompson, « Adults Meeting Fruit and Vegetable Intake Recommendations – United States 2013 », *Morbidity and Mortality Weekly Report* 64, n°26 (2015): p.709-713. Washington, D.C.: Centers for Disease Control and Prevention, 10 juillet 2015. https://www.cdc.gov/mmwr/preview/mmwrhtml/mm6426a1.htm.

Morley, Christopher P., Morgan A. Pratte, « State-Level Tobacco Control and Adult Smoking Rate in the United States: An Ecological Analysis of Structural Factors », *Journal of Public Health Management and Practice* 19, n°6 (2013): E20 E27. https://doi.org/10.1097/PHH.0b013e31828000de.

Morris, Benjamin, « Stephen Curry Is the Revolution », *FiveThirtyEight*, 3 décembre 2015. http://fivethirtyeight.com/features/stephen-curry-is-the-revolution.

Mosley, Michael, « Five-A-DayCampaign: A Partial Success », BBC News, 3 janvier 2013. http://www.bbc.com/news/health-20858809.

Nasar, Jack L., Derek Troyer, « Pedestrian Injuries Due to Mobile Phone Use in Public Places », *Accident Analysis and Prevention* 57 (2013): p.91-95. https://doi.org/10.1016/j.aap.2013.03.021.

NatCen Social Research, *Health Survey for England 2017,* Londres, NHS Digital, 2018. https://files.digital.nhs.uk/5B/B1297D/HSE%20report%20summary.pdf.

National Association of City Transportation Officials, *Equitable Bike Share Means Building Better Places for People to Ride*, juillet 2016, https://nacto.org/wp-content/uploads/2016/07/NACTOEquitableBikeshareMeansBike_Lanes.pdf.

National Heart, Lung, and Blood Institute, « Portion Distortion », dernière révision 1er avril 2015. https://www.nhlbi.nih.gov/health/educational/wecan/eat-right/portion-distortion.htm.

National Institute on Drug Abuse, « Drugs, Brains, and Behavior: The Science of Addiction », dernière révision juillet 2018. https://www.drugabuse.gov/publications/drugs-brains-behavior-science-addiction/drug-abuse-addiction.

— « Drugs, Brains, and Behavior: The Science of Addiction: Treatment and Recovery », juillet 2014. https://www.drugabuse.gov/publications/drugs-brains-behavior-science-addiction/treatment-recovery.

National Safety Council Injury Facts, « Odds of Dying », 2016. https://injuryfacts.nsc.org/all-injuries/preventable-death-overview/odds-of-dying.

Neal, David T., Jelena Vujcic, Orlando Hernandez, Wendy Wood, *The Science of Habit: Creating Disruptive and Sticky Behavior Change in Handwashing Behavior,* Washington, DC: USAID/WASHplus Project, 2015.

Neal, David T., Wendy Wood, Aimee Drole, « How Do People Adhere to Goals When Willpower Is Low? The Profits (and Pitfalls) of Strong Habits », *Journal of Personality and Social Psychology* 104, n°6 (2013): p.959-975. https://doi.org/10.1037/a0032626.

Neal, David T., Wendy Wood, Jennifer S. Labrecque, Phillippa Lally, « How Do Habits Guide Behavior? Perceived and Actual Triggers of Habits in Daily Life », *Journal of Experimental Social Psychology* 48, n°2 (2012): p.492-498. https://doi.org/10.1016/j.jesp.2011.10.011.

Neal, David T., Wendy Wood, Mengju Wu, David Kurlander, « The Pull of the Past: When Do Habits Persist Despite Conflict with Motives? », *Personality and Social Psychology Bulletin* 37, n°11 (2011): p.1428-1437. http://doi.org/10.1177/0146167211419863.

Newport, Frank, « Email Outside of Working Hours Not a Burden to U.S. Workers », Gallup, 10 mai 2017. https://news.gallup.com/poll/210074/email-outside-working-hours-not-burden-workers.aspx.

Nisbett, Richard E., Timothy D. Wilson, « Telling More Than We Can Know: Verbal Reports on Mental Processes », *Psychological Review* 84, n°3 (1977): p.231-259. https://doi.org/10.1037/0033-295X.84.3.231.

NORC at the University of Chicago, « New Insights into Americans' Perceptions and Misperceptions of Obesity Treatments, and the Struggles Many Face », octobre 2016. http://www.norc.org/PDFs/ASMBS%20Obesity/ASMBS%20NORC%20Obesity%20PollBrief%20B%20REV010917.pdf.

— « The ASMBS and NORC Survey on Obesity in America », consulté le 10 mars 2018. http://www.norc.org/Research/Projects/Pages/the-asmbsnorc-obesitypoll.aspx.

Norton, Michael I., Francesca Gino, « Rituals Alleviate Grieving for Loved Ones, Lovers, and Lotteries », *Journal of Experimental Psychology: General* 143, n°1 (2014): p.266-272. https://doi.org/10.1037/a0031772.

Nutt, David J., Anne Lingford-Hughes, David Erritzoe, Paul R. A. Stokes, « The Dopamine Theory of Addiction: 40 Years of Highs and Lows », *Nature Reviews Neuroscience* 16, n°5 (2015): p.305-312. https://doi.org/10.1038/nrn3939.

NYC DOT, *Cycling in the City: Cycling Trends in NYC*, 2018. http://www.nyc.gov/html/dot/downloads/pdf/cycling-in-the-city.pdf.

Obermeier, Christian, Sonja A. Kotz, Sarah Jessen, Tim Raettig, Martin von Koppenfels, Winfried Menninghaus, « Aesthetic Appreciation of Poetry Correlates with Ease of Processingin Event-Related Potentials », *Cognitive, Affective, and Behavioral Neuroscience* 16, n°2 (2016): p.362-373. https://doi.org/10.3758/s13415-015-0396-x.

Orbell, Sheina, Bas Verplanken, « The Automatic Component of Habit in Health Behavior: Habit as Cue-Contingent Automaticity », *Health Psychology* 29, n°4 (2010): p.374-383. https://doi.org/10.1037/a0019596.

Ozcelik, Erol, Nergiz Ercil Cagiltay, Nese Sahin Ozcelik, « The Effect of Uncertainty on Learning in Game-Like Environments », *Computers and Education* 67 (2013): p.12-20. https://doi.org/10.1016/j.compedu.2013.02.009.

Park-Lee, Eunice, Rachel N. Lipari, Sarra L. Hedden, Larry A. Kroutil, Jeremy D. Porter, *Receipt of Services for Substance Use and Mental Health Issues Among Adults: Results from the 2016 National Survey on Drug Use and Health,* Rockville, MD, SAMHSA: NSDUH Data Review, septembre 2017.

Partners Studio, « 4 Reasons Why Over 50% Car Crashes Happen Closer to Home », *HuffPost*, 14 décembre 2017. https://www.huffingtonpost.co.za/2017/12/14/4-reasons-why-over-50-car-crashes-happen-closer-to-home_a_23307197.

Patterson, Tara K., Barbara J. Knowlton, « Subregional Specificity in Human Striatal Habit Learning: A Meta-Analytic Review of the fMRI Literature », *Current Opinion in Behavioral Sciences* 20 (2018): p. 75-82. https://doi.org/10.1016/j.cobeha.2017.10.005.

Payesko, Jenna, « FDA Approves Lofexidine Hydrochloride, First Non-opioid Treatment for Management of Opioid Withdrawal Symptoms in Adults », *Med Magazine*, 16 mai 2018. https://www.mdmag.com/medical-news/fda-approves-lofexidine-hydrochloride-first-nonopioid-treatment-for-management--in-adults.

Phillips, L. Alison, Howard Leventhal, Elaine A. Leventhal, « Assessing Theoretical Predictors of Long-Term Medication Adherence: Patients' Treatment Related Beliefs, Experiential Feedback and Habit Development », *Psychology and Health* 28, n°10 (2013): p.1135-1151. https://doi.org/10.1080/08870446.2013.793798.

Pollan, Michael, « The Way We Live Now: 10-12-03; The (Agri)Cultural Contradictions of Obesity », *The New York Times Magazine*, 12 octobre 2003. http://www.nytimes.com/2003/10/12/magazine/the-way-we-live-now-10-12-03-the-agri-cultural-contradictions-of-obesity.html.

Posavac, Steven S., Frank R. Kardes, J. Joško Brakus, « Focus Induced Tunnel Vision in Managerial Judgment and Decision Making: The Peril and the Antidote », *Organizational Behavior and Human Decision Processes* 113, n°2 (2010): p.102-111. https://doi.org/10.1016/j.obhdp.2010.07.002.

Privitera, Gregory J., Faris M. Zuraikat, « Proximity of Foods in a Competitive Food Environment Influences Consumption of a Low Calorie and a High CalorieFood », *Appetite* 76 (2014): p.175-179. https://doi.org/10.1016/j.appet.2014.02.004.

Pronin, Emily, Matthew B. Kugler, « People Believe They Have More Free Will Than Others », *Proceedings of the National Academy of Sciences* 107, n°52 (2010): p.22469-22473. https://doi.org/10.1073/pnas.1012046108.

Quinn, Jeffrey M., Anthony Pascoe, Wendy Wood, David T. Neal, « Can't Control Yourself? Monitor Those Bad Habits », *Personality and Social Psychology Bulletin* 36, n°4 (2010): p.499-511. https://doi.org/10.1177/0146167209360665.

Quinn, Jeffrey M., Wendy Wood, « Habits Across the Lifespan », manuscrit non publié, Duke University, 2005.

Ravaisson, Félix, *De l'habitude,* éditions Allia, 2007, publication originale, 1838.

Reason, James, Deborah Lucas, « Absent-Mindedness in Shops: Its Incidence, Correlates and Consequences », *British Journal of Clinical Psychology* 23, n°2 (1984): p.121-131. https://doi.org/10.1111/j.2044-8260.1984.tb00635.x.

Reber, Rolf, Norbert Schwarz, Piotr Winkielman, « Processing Fluency and Aesthetic Pleasure: Is Beauty in the Perceiver's Processing Experience? », *Personality and Social Psychology Review* 8, n° 4 (2004): p. 364-82. https://doi.org/10.1207/s15327957pspr08043.

Reddit, « I'm Bill Gates, Co-chair of the Bill and Melinda Gates Foundation. Ask Me Anything », consulté le 14 mai 2018. https://www.reddit.com/r/IAmA/comments/49jkhn/imbillgatescochairofthebillmelindagates/.

Redgrave, Peter, Manuel Rodriguez, Yoland Smith, Maria C. Rodriguez-Oroz, Stephane Lehericy, Hagai Bergman, Yves Agid, Mahlon R. DeLong, José A. Obeso, « Goal-Directed and Habitual Control in the Basal Ganglia: Implications for Parkinson's Disease », *Nature Reviews Neuroscience* 11, n°11 (2010): p. 760-772. https://doi.org/10.1038/nrn2915.

Roberts, James A., Meredith E. David, « My Life Has Become a Major Distraction from My Cell Phone: Partner Phubbing and Relationship Satisfaction Among Romantic Partners », *Computers in Human Behavior* 54 (2016): p.134-141. https://doi.org/10.1016/j.chb.2015.07.058.

Robins, Lee N., « Vietnam Veterans' Rapid Recovery from Heroin Addiction: A Fluke or Normal Expectation? », *Addiction* 88, n°8 (1993): p.1041-1054. https://doi.org/10.1111/j.1360-0443.1993.tb02123.x.

Robins, Lee N., Darlene H. Davis, Donald W. Goodwin, « Drug Use by US Army Enlisted Men in Vietnam: A Follow-Up on Their Return Home », *American Journal of Epidemiology* 99, n°4 (1974): p.235-249. https://doi.org/10.1093/oxfordjournals.aje.a121608.

Robins, Lee N., John E. Helzer, Michie Hesselbrock, Eric Wish, « Vietnam Veterans Three Years After Vietnam: How Our Study Changed Our View of Heroin », *American Journal on Addictions* 19, n°3 (2010): p.203-11. https://doi.org/10.1111/j.1521-0391.2010.00046.x.

Robinson, Paul L., Fred Dominguez, Senait Teklehaimanot, Martin Lee, Arleen Brown, Michael Goodchild, Darryl B. Hood, « Does Distance Decay Modelling of Supermarket Accessibility Predict Fruit and Vegetable Intake by Individuals in a Large Metropolitan Area? », *Journal of Health Care for the Poor and Underserved* 24, n°1A (2013): p.172-185. https://doi.org/10.135/hpu.2013.0049.

Robinson, Thomas N., Dina L. G. Borzekowski, Donna M. Matheson, Helena C. Kraemer, « Effects of Fast Food Branding on Young Children's Taste Preferences », *Archives of Pediatrics and Adolescent Medicine* 161, n°8 (2007): p.792-797. https://doi.org/10.1001/archpedi.161.8.792.

Rogers, Bryan L., James M. Vardaman, David G. Allen, Ivan S. Muslin, Meagan Brock Baskin, « Turning Up by Turning Over: The Change of Scenery Effect in Major League Baseball », *Journal of Business and Psychology* 32, n°5 (2017): p.547-560. https://doi.org/10.1007/s10869-016-9468-3.

Rolls, Barbara J., Liane S. Roe, Jennifer S. Meengs, « The Effect of Large Portion Sizes on Energy Intake Is Sustained for 11 Days », *Obesity* 15, n°6 (2007): p.1535-1543. https://doi.org/10.1038/oby.2007.182.

Rosengren, John, « How Casinos Enable Gambling Addicts », *The Atlantic*, décembre 2016. https://www.theatlantic.com/magazine/archive/2016/12/losing-it-all/505814/.

Ross, Lee D., Teresa M. Amabile, Julia L. Steinmetz, « Social Roles, Social Control, and Biases in Social-Perception Processes », *Journal of Personality and Social Psychology* 35, n°7 (1977): p.485-494. https://doi.org/10.1037/0022-3514.35.7.485.

Rothman, Michael, « Stephen and Ayesha Curry: Inside Our Whirlwind Life », ABC News, consulté le 18 mai 2018. https://abcnews.go.com/Entertainment/fullpage/stephen-ayesha-curry-inside-whirlwind-life-34207323.

Runnemark, Emma, Jonas Hedman, Xiao Xiao, « Do Consumers Pay More Using Debit Cards Than Cash? », *Electronic Commerce Research and Applications* 14, n°5 (2015): p.285-291. https://doi.org/10.1016/j.elerap.2015.03.002.

Ryan, Tom, « Older Shoppers Irritated by Supermarket Layout Changes », Retail-Wire, 12 mars 2012. http://www.retailwire.com/discussion/older-shoppers-irritated-by-supermarket-layout-changes/.

Saad, Lydia, « Tobacco and Smoking », Gallup, 15 août 2002. http://www.gallup.com/poll/9910/tobacco-smoking.aspx.

— « U.S. Smoking Rate Still Coming Down », Gallup, 24 juillet 2008. https://news.gallup.com/poll/109048/us-smoking-rate-still-coming-down.aspx.

Sanger-Katz, Margot, « The Decline of Big Soda », *The New York Times*, 2 octobre 2015. https://www.nytimes.com/2015/10/04/upshot/soda-industry-struggles-as-consumer-tastes-change.html.

— « Yes, Soda Taxes Seem to Cut Soda Drinking », *The New York Times*, 13 octobre 2015. https://www.nytimes.com/2015/10/13/upshot/yes-soda-taxes-seem-to-cut-soda-drinking.html.

Scarboro, Morgan, « How High Are Cigarette Taxes in Your State? », Tax Foundation, 10 mai 2017. https://taxfoundation.org/state-cigarette-taxes/.

Schippers, Michaéla C., Paul A. M. van Lange, « The Psychological Benefits of Superstitious Rituals in Top Sport: A Study Among Top Sportspersons », *Journal of Applied Social Psychology* 36, n°10 (2006): p.2532-2553. https://doi.org/10.1111/j.0021-9029.2006.00116.x.

Schlam, Tanya R., Nicole L. Wilson, Yuichi Shoda, Walter Mischel, Ozlem Ayduk, « Preschoolers' Delay of Gratification Predicts Their Body Mass 30 Years Later », *Journal of Pediatrics* 162, n°1 (2013): p.90-93. https://doi.org/10.1016/j.jpeds.2012.06.049.

Schmidt, Susanne, Martin Eisend, « Advertising Repetition: A Meta-Analysis on Effective Frequency in Advertising », *Journal of Advertising* 44, n°4 (2015): p.415-428. https://doi.org/10.1080/00913367.2015.1018460.

Schneider, Walter, Richard M. Shiffrin, « Controlled and Automatic Human Information Processing:I. Detection, Search, and Attention », *Psychological Review* 84, n°1 (1977): p.1-66. https://doi.org/10.1037/0033-295X.84.1.1.

Schultz, Wolfram, « Dopamine Reward Prediction-Error Signalling: A Two-ComponentResponse », *Nature Reviews Neuroscience* 17, n°3 (2016): p.183-195. https://doi.org/10.1038/nrn.2015.26.

— « Dopamine Reward Prediction Error Coding », *Dialogues in Clinical Neuroscience* 18, n°1 (2016): p.23-32.

— « Neuronal Reward and Decision Signals: From Theories to Data », *Physiological Reviews* 95, n°3 (2015): p.853-951. https://doi.org/10.1152/physrev.00023.2014.

Schwabe, Lars, Oliver T. Wolf, « Stress and Multiple Memory Systems: From 'Thinking' to 'Doing' », *Trends in Cognitive Sciences* 17, n°2 (2013): p.60-68. https://doi.org/10.1016/j.tics.2012.12.001.

— « Stress Increases Behavioral Resistance to Extinction », *Psychoneuroendocrinology* 36, n°9 (2011): p.1287-1293. https://doi.org/10.1016/j.psyneuen.2011.02.002.

Schwartz, Janet, Daniel Mochon, Lauren Wyper, Josiase Maroba, Deepak Patel, Dan Ariely, « Healthier by Precommitment », *Psychological Science* 25, n°2 (2014): p.538-546. https://doi.org/10.1177/0956797613510950.

Schwarz, Hunter, « Where in the United States You Can't Purchase Alcohol », *The Washington Post*, 2 septembre 2014. https://www.washingtonpost.com/blogs/govbeat/wp/2014/09/02/where-in-the-united-states-you-cant-purchase-alcohol.

Sellman, Abigail, Justine Burns, Brendan Maughan-Brown, « Handwashing Behaviour and Habit Formation in the Household: Evidence of Spillovers from a Pilot Randomised Evaluation in South Africa », SALDRU Working Paper Series, n°226 (2018).

Sheeran, Paschal, Gaston Godin, Mark Conner, Marc Germain, « Paradoxical Effects of Experience: Past Behavior Both Strengthens and Weakens the Intention-Behavior Relationship », *Journal of the Association for Consumer Research* 2, n°3 (2017): p.309-318. http://doi.org/10.1086/691216.

Shen, Luxi, Ayelet Fishbach, Christopher K. Hsee, « The Motivating-Uncertainty Effect: Uncertainty Increases Resource Investment in the Process of Reward Pursuit », *Journal of Consumer Research* 41, n°5 (2015): p.1301-1315. https://doi.org/10.1086/679418.

Shenhav, Amitai, Sebastian Musslick, Falk Lieder, Wouter Kool, Thomas L. Griffiths, Jonathan D. Cohen, Matthew M. Botvinick, « Toward a Rational and Mechanistic Account of Mental Effort », *Annual Review of Neuroscience* 40 (2017): p.99-124. https://doi.org/10.1146/annurev-neuro-072116-031526.

Shepherd, Lee, Ronan E. O'Carroll, Eamonn Ferguson, « An International Comparison of Deceased and Living Organ Donation/Transplant Rates in Opt-In and Opt-Out Systems: A Panel Study », *BMC Medicine* 12, n°1 (2014): p.1-14. https://doi.org/10.1186/s12916-014-0131-4.

Shields, Grant S., Matthew A. Sazma, Andrew P. Yonelinas, « The Effects of Acute Stress on Core Executive Functions: A Meta-Analysis and Comparison with Cortisol », *Neuroscience and Biobehavioral Reviews* 68 (2016): p.651-668. https://doi.org/10.1016/j.neubiorev.2016.06.038.

Shiffrin, Richard M., Walter Schneider, « Controlled and Automatic Human Information Processing: II. Perceptual Learning, Automatic Attending and a General Theory », *Psychological Review* 84, n°2 (1977): p.127-190. https://doi.org/10.1037/0033-295X.84.2.127.

Shindou, Tomomi, Mayumi Shindou, Sakurako Watanabe, Jeff Wickens, « A Silent Eligibility Trace Enables Dopamine-Dependent Synaptic Plasticity for Reinforcement Learning in the Mouse Striatum », *European Journal of Neuroscience*, 2018 : p.1-11. https://doi.org/10.1111/ejn.13921.

Shoda, Yuichi, Walter Mischel, Philip K. Peake, « Predicting Adolescent Cognitive and Self-Regulatory Competencies from Preschool Delay of Gratification:Identifying Diagnostic Conditions », *Developmental Psychology* 26, n°6 (1990): p.978-986. https://doi.org/10.1037/0012-1649.26.6.978.

Shrikant, Aditi, « 11 Senior Citizens on the Best Products of the Past Century », *Vox*, 11 décembre 2018. https://www.vox.com/the-goods/2018/12/11/18116313/best-products-seniors-elderly-tide-samsung.

Shuster, Alvin M., « G.I. Heroin Addiction Epidemic in Vietnam », *The New York Times*, 16 mai 1971. http://www.nytimes.com/1971/05/16/archives/gi-heroin-addiction-epidemic-in-vietnam-g-heroin-addiction-is.html.

Silver, Lynn D., Shu Wen Ng, Suzanne Ryan-Ibarra, Lindsey Smith Taillie, Marta Induni, Donna R. Miles, Jennifer M. Poti, Barry M. Popkin, « Changes in Prices, Sales, Consumer Spending, and Beverage Consumption One Year After a Tax on Sugar-Sweetened Beverages in Berkeley, California, US: A Before-and-AfterStudy », *PLoS Medicine* 14, n° 4 (2017): e1002283. https://doi.org/10.1371/journal.pmed.1002283.

Silverman, Kenneth, Anthony DeFulio, Sigurdur O. Sigurdsson, « Maintenance of Reinforcement to Address the Chronic Nature of Drug Addiction », *Preventive Medicine* 55 (2012): S46-S53. https://doi.org/10.1016/j.ypmed.2012.03.013.

Silverman, Kenneth, August F. Holtyn, Reed Morrison, « The Therapeutic Utility of Employment in Treating Drug Addiction: Science to Application », *Translational Issues in Psychological Science* 2, n°2 (2016): p.203-212. https://doi.org/10.1037/tps0000061.

Sinclair, Susan E., Marcia Cooper, Elizabeth D. Mansfield, « The Influence of Menu Labeling on Calories Selected or Consumed: A Systematic Review and Meta-Analysis », *Journal of the Academy of Nutrition and Dietetics* 114, n°9 (2014): p.1375-1388. https://doi.org/10.1016/j.jand.2014.05.014.

Smith, Trevor, Edward Darling, Bruce Searles, « 2010 Survey on Cell Phone Use While Performing Cardiopulmonary Bypass », *Perfusion* 26, n°5 (2011): p.375-380. https://doi.org/10.1177/0267659111409969.

Snoek, Anke, Neil Levy, Jeanette Kennett, « Strong-Willed but Not Successful: The Importance of Strategies in Recovery from Addiction », *Addictive Behaviors Reports* 4 (2016): p.102-107. https://doi.org/10.1016/j.abrep.2016.09.002.

Spanos, Samantha, Lenny R. Vartanian, C. Peter Herman, Janet Polivy, « Failure to Report Social Influences on Food Intake: Lack of Awareness or Motivated Denial? », *Health Psychology* 33, n°12 (2014): p.1487-1494. https://doi.org/10.1037/hea0000008.

Spiegel, Alix, « What Vietnam Taught Us About Breaking Bad Habits », NPR, 2 janvier 2012. http://www.npr.org/sections/healthshots/2012/01/02/144431794/what-vietnam-taught-us-about-breaking-bad-habits.

Stables, Gloria, Jerianne Heimendinger, Mary Ann van Duyn, Linda Nebeling, Blossom Patterson, Susan Berkowitz, « 5 A Day Program Evaluation Research », in *5 A Day for Better Health Program Monograph*, édité par Gloria Stables, Jerianne Heimendinger. Rockville, MD, MasiMax, 2001, p.89-111.

Sternberg, Steve, « How Many Americans Floss Their Teeth? », *U.S. News and World Report*, 2 mai 2016. https://www.usnews.com/news/articles/2016-05-02/how-many-americans-floss-their-teeth.

Stothart, Cary, Ainsley Mitchum, Courtney Yehnert, « The Attentional Cost of Receiving a Cell Phone Notification », *Journal of Experimental Psychology: Human Perception and Performance* 41, n°4 (2015): p.893-897. http://doi.org/10.1037/xhp0000100.

Strömbäck, Camilla, Thérèse Lind, Kenny Skagerlund, Daniel Västfjäll, Gustav Tinghög, « Does Self-Control Predict Financial Behavior and Financial Well-Being? », *Journal of Behavioral and Experimental Finance* 14 (2017): p.30-38. https://doi.org/10.1016/j.jbef.2017.04.002.

Taillie, Lindsey Smith, Juan A. Rivera, Barry M. Popkin, Carolina Batis, « Do High vs. Low Purchasers Respond Differently to a Nonessential Energy-Dense Food Tax? Two-Year Evaluation of Mexico's 8% Nonessential Food Tax », *Preventive Medicine* 105 (2017): S37-S42. https://doi.org/10.1016/j.ypmed.2017.07.009.

Tangney, June P., Roy F. Baumeister, Angie Luzio Boone, « High Self-Control Predicts Good Adjustment, Less Pathology, Better Grades, and Interpersonal Success », *Journal of Personality* 72, n°2 (2004). https://doi.org/10.1111/j.0022-3506.2004.00263.x.

Thaler, Richard H., Cass R. Sunstein, *Nudge - Émotions, habitudes, comportements : comment inspirer les bonnes décisions,* Paris, Vuibert, 2010, édition originale *Nudge: Improving Decisions about Health, Wealth, and Happiness*, New York, Penguin, mis à jour, 2009.

Thiel, Kenneth J., Federico Sanabria, Nathan S. Pentkowski, Janet L. Neisewander, « Anti-Craving Effects of Environmental Enrichment », *International Journal of Neuropsychopharmacology* 12, n°9 (2009): p.1151-1156. https://doi.org/10.1017/S1461145709990472.

Thrailkill, Eric A., Sydney Trask, Pedro Vidal, José A. Alcalá, Mark E. Bouton, « Stimulus Control of Actions and Habits: A Role for Reinforcer Predictability and Attention in the Development of Habitual Behavior », *Journal of Experimental Psychology: Animal Learning and Cognition* 44, n°4 (2018): p.370-384. https://doi.org/10.1037/xan0000188.

Tian, Allen Ding, Juliana Schroeder, Gerald Häubl, Jane L. Risen, Michael I. Norton, Francesca Gino, « Enacting Rituals to Improve Self-Control », *Journal of Personality and Social Psychology* 114, n°6 (2018): p.851-876. https://doi.org/10.1037/pspa0000113.

Titchener, Edward Bradford, *A Text Book of Psychology,* édition révisée, New York, Macmillan, 1909.

« Tobacco: Data and Statistics », World Health Organization (OMS), consulté le 16 février 2019. http://www.euro.who.int/en/health-topics/disease-prevention/tobacco/data-and-statistics.

Tolman, Edward C., « Cognitive Maps in Rats and Men », *Psychological Review* 55, n°4 (1948): p.189-208. https://doi.org/10.1037/h0061626.

Tomek, Seven E., M. Foster Olive, « Social Influences in Animal Models of Opiate Addiction », *International Review of Neurobiology* 140 (2018): p.81-107. https://doi.org/10.1016/bs.irn.2018.07.004.

Umoh, Ruth, « Bill Gates Said He Had to Quit This Common Bad Habit Before He Became Successful », CNBC, 16 mars 2018. https://www.cnbc.com/2018/03/16/bill-gates-quit-this-bad-habit-before-he-became-successful.html.

United States Department of Health and Human Services, *The Health Consequences of Smoking: 50 Years of Progress. A Report of the Surgeon General,* Atlanta, GA, U.S. Department of Health and Human Services, Centers for Disease Control and Prevention, National Center for Chronic Disease Prevention and Health Promotion, Office on Smoking and Health, 2014. United States Department of Labor. « Employee Tenure Summary », Bureau of Labor Statistics, 22 septembre 2016. https://www.bls.gov/news.release/tenure.nr0.htm.

United States Public Health Service, *Smoking and Health: A Report of the Surgeon General: Appendix: Cigarette Smoking in the United States, 1950- 1978*. United States Public Health Service, Office on Smoking and Health, 1979. https://profiles.nlm.nih.gov/ps/access/nnbcph.pdf.

VanDellen, Michelle R., James Y. Shah, N. Pontus Leander, Julie E. Delose, Jerica X. Bornstein, « In Good Company: Managing Interpersonal Resources That Support Self-Regulation », *Personality and Social Psychology Bulletin* 41, n°6 (2015): p.869-882. https://doi.org/10.1177/0146167215580778.

Vangeli, Eleni, John Stapleton, Eline S. Smit, Ron Borland, Robert West. « Predictors of Attempts to Stop Smoking and Their Success in Adult General Population Samples: A Systematic Review », *Addiction* 106, n°12 (2011): p.2110-2121. https://doi.org/10.1111/j.1360-0443.2011.03565.x.

Vartanian, Lenny R., Samantha Spanos, C. Peter Herman, Janet Polivy. « Conflicting Internal and External Eating Cues: Impact on Food Intake and Attributions », *Health Psychology* 36, n°4 (2017): p.365-369. https://doi.org/10.1037/hea0000447.

— « Modeling of Food Intake: A Meta-Analytic Review », *Social Influence* 10, n°3 (2015): p.119-136. https://doi.org/10.1080/15534510.2015.1008037.

Verplanken, Bas, Henk Aarts, Ad van Knippenberg, « Habit, Information Acquisition, and the Processof Making Travel Mode Choices », *European Journal of Social Psychology* 27, n°5 (1997): p.539-560. https://doi.org/10.1002/(SICI)1099-0992(199709/10)27:5<539::AID-EJSP831>3.0.CO;2-A.

Verplanken, Bas, Ian Walker, Adrian Davis, Michaela Jurasek, « Context Change and Travel Mode Choice: Combining the Habit Discontinuity and Self-Activation Hypotheses », *Journal of Environmental Psychology* 28, n°2 (2008): p.121-127. https://doi.org/10.1016/j.jenvp.2007.10.005.

Vishwanath, Arun, « Examining the Distinct Antecedents of E-mail Habits and Its Influence on the Outcomes of a Phishing Attack », *Journal of Computer-Mediated Communication* 20, n°5 (2015): p.570-584. https://doi.org/10.1111/jcc4.12126.

— « Habitual Facebook Use and Its Impact on Getting Deceived on Social Media », *Journal of Computer-Mediated Communication* 20, n°1 (2014): p.83-98. https://doi.org/10.1111/jcc4.12100.

Volkswagen, « The Fun Theory 1—Piano Staircase Initiative », 26 octobre 2009. Video You Tube, 1:47. https://www.youtube.com/watch?v=SByymar3bds.

— « The Fun Theory 2—An Initiative of Volkswagen: The World's Deepest Bin », 26 octobre 2009. Video YouTube, 1:26. https://www.youtube.com/watch?v=qRgWttqFKu8.

Wang, Xia, Yingying Ouyang, Jun Liu, Minmin Zhu, Gang Zhao, Wei Bao, Frank B. Hu, « Fruit and Vegetable Consumption and Mortality from All Causes, Cardiovascular Disease, and Cancer: Systematic Review and Dose-Response Meta-Analysis of Prospective Cohort Studies », *BMJ* 349 (2014): g4490. https://doi.org/10.1136/bmj.g4490.

Wann, Daniel L., Frederick G. Grieve, Ryan K. Zapalac, Christian End, Jason R. Lanter, Dale G. Pease, Brandy Fellows, Kelly Oliver, Allison Wallace. « Examining the Superstitions of Sport Fans: Types of Superstitions, Perceptions of Impact, and Relationship with Team Identification », *Athletic Insight* 5, n°1 (2013): p.21-44. Vu sur http://libproxy.usc.edu/login?url=https://search.proquest.com/docview/1623315047?accountid=14749.

Wansink, Brian, Collin R. Payne, « Eating Behavior and Obesity at Chinese Buffets », *Obesity* 16, n°8 (2008): p.1957-1960. https://doi.org/10.1038/oby.2008.286. Version corrigée et révisée : http://www.timvanderzee .com/the-wansink-dossier-an-overview

Warren, Molly, Stacy Beck, Jack Rayburn, *The State of Obesity: Better Policies for a Healthier America 2018,* Washington, DC: Trust for America's Health, 2018.

Wegner, Daniel M., « Ironic Processes of Mental Control », *Psychological Review 101*, n°1 (1994): p.34-52. https://doi.org/10.1037//0033-295x.101.1.34.

Wegner, Daniel M., David J. Schneider, Samuel R. Carter, Teri L. White. « Paradoxical Effects of Thought Suppression », *Journal of Personality and Social Psychology* 53, n°1 (1987): p.5-14.

Whitehead, Alfred N., *An Introduction to Mathematics*, New York, Henry Holt, 1911.

Wiedemann, Amelie U., Benjamin Gardner, Nina Knoll, Silke Burkert. « Intrinsic Rewards, Fruit and Vegetable Consumption, and Habit Strength: A Three-Wave Study Testing the Associative-Cybernetic Model », *Applied Psychology: Health and Well-Being* 6, n°1 (2014): p.119-134. https://doi.org/10.1111/aphw.12020.

Wing Rena R., Phelan Suzanne, « Long-term Weight Loss Maintenance », *The American Journal of Clinical Nutrition* 82, n°1 (2005), p.222S-225S, https://doi.org/10.1093/ajcn/82.1.222S.

Wise, Roy A. « Dopamine and Reward: The Anhedonia Hypothesis 30 Years On. » *Neurotoxicity Research* 14, n[os]2–3 (2008): p.169-183. https://doi.org/10.1007/bf03033808.

Wixted, John T., Laura Mickes, Steven E. Clark, Scott D. Gronlund, Henry L. Roediger III. « Initial Eyewitness Con dence Reliably Predicts Eyewitness Identi cation Accuracy. » *American Psychologist* 70, n°6 (2015): p.515-526. https://doi.org/10.1037/a0039510.

Wood, Wendy, David T. Neal. « Healthy Through Habit: Interventions for Initi- ating and Maintaining Health Behavior Change. » *Behavioral Science and Pol- icy* 2, n°1 (2016): p.71-83. https://doi.org/10.1353/bsp.2016.0008.

Wood, Wendy, Jeffrey M. Quinn, Deborah A. Kashy. « Habits in Everyday Life: Thought, Emotion, and Action. » *Journal of Personality and Social Psychology* 83, n°6 (2002): p.1281-1297. https://doi.org/10.1037//0022-3514.83.6.1281.

Wood, Wendy, Leona Tam, Melissa Guerrero Witt. « Changing Circumstances, Disrupting Habits. » *Journal of Personality and Social Psychology* 88, n°6 (2005): p.918-933. https://doi.org/10.1037/0022-3514.88.6.918.

Yin, Henry H., Barbara J. Knowlton. « The Role of the Basal Ganglia in Habit Formation. » *Nature Reviews Neuroscience* 7, n°6 (2006): p.464-476. https://doi.org/10.1038/nrn1919.

Young, Scott, Vincenzo Ciummo. « Managing Risk in a Package Redesign: What Can We Learn from Tropicana? » *Brand Packaging* (2009): p.18-21. https://www.highbeam.com/doc/1G1-208131373.html.

Zajonc, Robert B. « Attitudinal Effects of Mere Exposure. » *Journal of Personality and Social Psychology* 9, n°2 (1968): p.1-27. https://doi.org/10.1037/h0025848.

Zlatevska, Natalina, Chris Dubelaar, Stephen S. Holden. « Sizing Up the Effect of Portion Size on Consumption: A Meta-Analytic Review. » *Journal of Marketing* 78, n°3 (2014): p.140-154. https://doi.org/10.1509/jm.12.0303.

Zlatevska, Natalina, Nico Neumann, Chris Dubelaar. « Mandatory Calorie Dis- closure: A Comprehensive Analysis of Its Effect on Consumers and Retailers. » *Journal of Retailing* 94, n°1 (2018): p.89-101. https://doi.org/10.1016/j.jretai.2017.09.007.

REMERCIEMENTS

Cela fait près de trente ans que j'étudie les habitudes des gens, sujet auquel j'ai consacré plus d'une centaine d'articles dans des revues scientifiques. Cette recherche s'est révélée si passionnante que, pendant des années, j'ai été trop absorbée pour envisager d'en tirer la matière d'un livre destiné au grand public.

Pourtant, chaque fois que j'entrais dans une librairie, l'évidence était là : il fallait que quelqu'un le fasse. Dans les livres de vulgarisation, les avancées les plus décisives dans le champ de l'habitude étaient souvent oubliées, ou pire, mal comprises. Les ouvrages et les blogs les plus populaires avaient des décennies de retard sur une recherche qui avançait à grands pas. Et chaque nouveau livre semblait s'éloigner un peu plus des réalités que nous observions au laboratoire.

J'ai donc fini par élaborer un projet de livre, entourée des conseils de mon merveilleux agent Richard Pine, d'Inkwell. Il m'a aidée à parfaire mes premières ébauches vacillantes en un travail assez convaincant pour obtenir l'appui de Colin Dickerman chez Farrar, Straus and Giroux. Grâce à ses talents d'éditeur et aux conseils avisés de Richard, un livre a pris forme, qui n'aurait jamais existé sans le soutien constant de ces brillants esprits. Mes remerciements vont aussi au talentueux William Callahan pour avoir rendu délicieusement plus intéressant tout ce que je lui envoyais.

Après avoir mis une année à rédiger la centaine de pages de mon projet, je pensais être près du but. À tort. Il a fallu deux autres années de travail et beaucoup, beaucoup, de brouillons restés à l'état de brouillons avant que le manuscrit ne finisse par prendre forme (comme si l'on devait commencer par jeter un livre pour en écrire un autre). Pendant cette période, j'ai eu la chance de bénéficier d'un financement de l'université de Californie du Sud et du laboratoire INSEAD-Sorbonne Université Behavioural Lab. Avec l'appui du professeur Pierre Chandon et de l'équipe « Marketing » de l'INSEAD, je me suis vu confier en tant que professeur associé la chaire des sciences comportementales d'INSEAD-Sorbonne Université. C'est au cours de mon séjour à Paris qu'ont été achevées les deuxième et troisième révisions du livre. Mon passage à l'INSEAD a été une occasion très riche d'échanges avec mes collègues français et d'apprentissage auprès d'eux. Je n'oublie pas dans mes éloges les vins et les fromages.

Les bons livres mûrissent avec l'apport de beaucoup de personnes. Je voudrais avant tout saluer les chercheurs auteurs des travaux remarquables dont je me suis servie dans ces pages. J'ai également trouvé une grande inspiration dans les conseils d'Angela Duckworth, Jamie Pennebaker, Jonah Berger, Sam Gosling, Bob Cialdini, Tim Wilson et Adam Grant, tous chercheurs et auteurs couronnés par de nombreuses distinctions.

Tout au long de l'élaboration de ce livre, mon ami cher et collaborateur de longue date David Neal m'a offert ses commentaires judicieux et sa critique bienveillante (« On se retrouve devant un verre ? »). Parmi les généreux collègues qui ont bien voulu m'apporter leurs commentaires sur différentes parties du livre, je dois citer Barbara Knowlton, David Neal, David Melnikoff, John Monterosso et Bas Verplanken. Mes étudiants ont été pour moi une source d'inspiration constante, ainsi que l'excellente Kristen Lee, qui s'est chargée de traiter l'ensemble des références.

Les familles ne signent pas pour être embarquées dans l'écriture d'un livre, et il y a fort à parier qu'elles ne le feraient pas si elles avaient le choix. Placée devant le fait accompli, la mienne a été pour moi un indéfectible pilier. Mon père, lui-même professeur, adorait donner ses conseils sur… à peu près tout, mais singulièrement sur la façon d'écrire un livre. J'aurais aimé qu'il soit là pour voir celui-ci terminé, et bien sûr, pour me taquiner sans pitié sur tout ce qui ne répondrait pas à son haut niveau d'exigence. Mes fils prodigieux, Dylan et Garrett Stagner, ne se sont jamais fatigués d'entendre parler de ce livre au point de tarir leurs encouragements, assortis de liens vers des blogs et des podcasts traitant de la question de l'habitude (même si je dois admettre que je n'ai pas encore écouté jusqu'au bout celui qui dure deux heures). Et malgré leurs réticences initiales à apparaître dans ce livre, ils ont fini par baisser la garde en m'autorisant à mentionner chacun d'eux une fois exactement.

Et surtout, je remercie mon mari bien-aimé, Steve Ortmann, qui est l'être le plus généreux que je connaisse. Il a été un partenaire à part entière dans cette entreprise, comme il l'a toujours été dans tous les aspects de notre vie commune. Il a dû cette fois être groupie, éditeur (sommé d'aimer tout ce qu'il lisait), banc d'essai, guide du bien-écrire et, aussi, voyageur transatlantique d'assez bonne volonté pour quitter son travail et venir passer huit mois à mes côtés à Paris. Si vous vous demandez ce que j'ai bien pu faire pour mériter pareil soutien, je me le demande aussi (mais je n'en doute pas pour autant). Mon amour, *tu es la cerise sur mon gâteau*[350].

NOTES

1. Dan Ariely, Klaus Wertenbroch, « Procrastination, Deadlines, and Performance: Self-control by Precommitment », *Psychological Science* 13, n°3 (2002), p. 219-224 ; Janet Schwartz *et al.*, « Healthier by Precommitment », *Psychological Science* 25, n°2 (2014), p. 538-546.
2. « The ASMBS and NORC Survey on Obesity in America », NORC, University of Chicago.
3. « New Insights into Americans' Perceptions and Misperceptions of Obesity Treatments, and the Struggles Many Face », NORC, University of Chicago, octobre 2016.
4. Icek Ajzen, « Residual Effects of Past on Later Behavior: Habituation and Reasoned Action Perspectives », *Personality and Social Psychology Review* 6, n°2 (2002), p.107-122.
5. Rena R. Wing, Suzanne Phelan, « Long-term Weight Loss Maintenance », *The American Journal of Clinical Nutrition* 82, n°1 (2005), p.222S-225S.
6. *Ibid.*
7. Entretien avec David Kirchhoff, ancien président-directeur général de Weight Watchers, le 18 mai 2017.
8. David A. Kessler, *The End of Overeating: Taking Control of the Insatiable American Appetite,* Emmaus, Pennsylvanie, Rodale Books, 2009.
9. Daniel M. Wegner *et al.,* « Paradoxical Effects of Thought Suppression », *Journal of Personality and Social Psychology* 53, n°1 (1987), p.5-14.
10. Daniel M. Wegner, « Ironic Processes of Mental Control », *Psychological Review* 101, n°1 (1994), p.34.

11. Wendy Wood, Jeffrey M. Quinn, Deborah A. Kashy, « Habits in Everyday Life: Thought, Emotion, and Action », *Journal of Personality and Social Psychology* 83, n°6 (2002), p.1281-1297.
12. Jeffrey M. Quinn, Wendy Wood, « Habits Across the Lifespan » (manuscrit non publié, Duke University, 2005).
13. Emily Pronin, Matthew B. Kugler, « People Believe They Have More Free Will Than Others », *Proceedings of the National Academy of Sciences* 107, n°52 (2010): 22469-74.
14. Richard E. Nisbett, Timothy D. Wilson, « Telling More Than We Can Know: Verbal Reports on Mental Processes », *Psychological Review* 84, n°3 (1977), p.231-259.
15. *Ibid.,* p.244.
16. *Ibid.*
17. John H. Aldrich, Jacob M. Montgomery, Wendy Wood, « Turnout as a Habit », *Political Behavior* 33, n°4 (2011), p.535-563.
18. John T. Jost, David M. Amodio, « Political Ideology as Motivated Social Cognition: Behavioral and Neuroscientific Evidence », *Motivation and Emotion* 36, n°1 (2012), p.55-64.
19. Partners Studio, « 4 Reasons Why Over 50% Car Crashes Happen Closer to Home », *HuffPost*, 14 décembre 2017.
20. « Odds of Dying », National Safety Council Injury Facts, 2016.
21. Kirsten Korosec, « 2016 Was the Deadliest Year on American Roads in Nearly a Decade », *Fortune*, 15 février 2017 ; *Global Status Report on Road Safety 2018* (Genève, Organisation mondiale de la santé, 2018, en anglais).
22. Emily Gliklich, Rong Guo, Regan W. Bergmark, « Texting While Driving: A Study of 1211 U.S. Adults with the Distracted Driving Survey », *Preventive Medicine Reports* 4 (2016), p.486-489.
23. Brian J. Lucas, Loran F. Nordgren, « People Underestimate the Value of Persistence for Creative Performance », *Journal of Personality and Social Psychology* 109, n°2 (2015), p.232-243.
24. Edward C. Tolman, « Cognitive Maps in Rats and Men », *Psychological Review* 55, n°4 (1948), p.189-208.
25. George A. Miller, « The Cognitive Revolution: A Historical Perspective », *Trends in Cognitive Sciences* 7, n°3 (2003), p.141-144.
26. George A. Miller, Eugene Galanter, Karl H. Pribram, *Plans and the Structure of Behavior,* New York: Adams-Bannister-Cox, 1986, p.2.

27. William James, *The Principles of Psychology,* vol. 1, New York, Henry Holt, 1890 ; rééd. Cosimo, 2007, p.122.
28. Tara K. Patterson, Barbara J. Knowlton, « Subregional Specificity in Human Striatal Habit Learning: A Meta-Analytic Review of the fMRI Literature », *Current Opinion in Behavioral Sciences* 20 (2018), p.75-82.
29. Richard M. Shiffrin, Walter Schneider, « Controlled and Automatic Human Information Processing: II. Perceptual Learning, Automatic Attending and a General Theory », *Psychological Review* 84, n°2 (1977), p.127-190.
30. Walter Schneider, Richard M. Shiffrin, « Controlled and Automatic Human Information Processing: I. Detection, Search, and Attention », *Psychological Review* 84, n°1 (1977), p.1-66.
31. Christopher D. Adams, Anthony Dickinson, « Instrumental Responding Following Reinforcer Devaluation », *Quarterly Journal of Experimental Psychology 33B*, n°2 (1981), p.109-121.
32. William James, *Habit,* New York, Henry Holt, 1890, p.24. *Habitude et Mémoire, œuvres choisies II,* Paris, L'Harmattan, 2010, pour la traduction française.
33. David T. Neal, Wendy Wood, Jennifer S. Labrecque, Phillippa Lally, « How Do Habits Guide Behavior? Perceived and Actual Triggers of Habits in Daily Life », *Journal of Experimental Social Psychology* 48, n°2 (2012), p.492-498.
34. James, *Habit*, *op. cit.,* p.24.
35. David E. Melnikoff, John A. Bargh, « The Mythical Number Two », *Trends in Cognitive Sciences* 22, n°4 (2018), p.280-93; David M. Amodio, « Social Cognition 2.0: An Interactive Memory Systems Account », *Trends in Cognitive Sciences* 23, n°1 (2018), p.21-33.
36. John A. Bargh, *Before You Know It: The Unconscious Reasons We Do What We Do,* New York, Touchstone, 2017.
37. John T. Wixted *et al.,* « Initial Eyewitness Confidence Reliably Predicts Eyewitness Identification Accuracy », *American Psychologist* 70, n°6 (2015), p.515-526.
38. Drake Baer, « The Scientific Reason Why Barack Obama and Mark Zuckerberg Wear the Same Outfit Every Day », *Business Insider*, 28 avril 2015.
39. Alfred N. Whitehead, *An Introduction to Mathematics,* New York, Henry Holt, 1911.

40. Gary Klein, Roberta Calderwood, Anne Clinton-Cirocco, « Rapid Decision Making on the Fire Ground: The Original Study Plus a Postscript », *Journal of Cognitive Engineering and Decision Making* 4, n°3 (2010), p.186-209.
41. *Ibid.,* p.193.
42. *Ibid.,* p.194.
43. Entretien avec Clay Helton, entraîneur principal de football américain de l'Université de Californie du Sud, le 9 août 2017, Los Angeles.
44. Adwait Khare, J. Jeffrey Inman, « Habitual Behavior in American Eating Patterns: The Role of Meal Occasions », *Journal of Consumer Research* 32, n°4 (2006), p.567-575.
45. Michael Mosley, « Five-A-Day Campaign: A Partial Success », BBC News, 3 janvier 2013.
46. Richard Doll, Richard Peto, « The Causes of Cancer: Quantitative Estimates of Avoidable Risks of Cancer in the United States Today », *JNCI: Journal of the National Cancer Institute* 66, n°6 (1981), p.1192-1308.
47. Xia Wang *et al.,* « Fruit and Vegetable Consumption and Mortality from All Causes, Cardiovascular Disease, and Cancer: Systematic Review and Dose-Response Meta-Analysis of Prospective Cohort Studies », *BMJ* 349 (2014): g4490.
48. Gloria Stables *et al.*, "5 A Day Program Evaluation Research » in *5 A Day for Better Health Program Monograph*, éd. Gloria Stables, Jerianne Heimendinger, Rockville, Maryland, MasiMax, 2001, p.89-111.
49. Sarah Stark Casagrande *et al.,* « Have Americans Increased Their Fruit and Vegetable Intake? The Trends Between 1988 and 2002 », *American Journal of Preventive Medicine* 32, n°4 (2007), p.257-263.
50. Latetia V. Moore, Frances E. Thompson, « Adults Meeting Fruit and Vegetable Intake Recommendations – United States 2013 », Centers for Disease Control and Prevention, *Morbidity and Mortality Weekly Report* 64, n°26 (2015), p.709-713, 10 juillet 2015; NatCen Social Research, *Health Survey for England 2017,* Londres, NHS Digital, 2018.
51. « What America Thinks: MetLife Foundation Alzheimer's Survey », MetLife Foundation, février 2011.

52. Adwait Khare, J. Jeffrey Inman, « Daily, Week-Part, and Holiday Patterns in Consumers' Caloric Intake », *Journal of Public Policy and Marketing* 28, n°2 (2009), p.234-252.
53. *Ibid.*
54. Barbara J. Rolls, Liane S. Roe, Jennifer S. Meengs, « The Effect of Large Portion Sizes on Energy Intake Is Sustained for 11 Days », *Obesity* 15, n°6 (2007), p.1535-1543.
55. Pierre Chandon, « How Package Design and Packaged-Based Marketing Claims Lead to Overeating », *Applied Economic Perspectives and Policy* 35, n°1 (2013), p.7-31.
56. Nicole Diliberti *et al.*, « Increased Portion Size Leads to Increased Energy Intake in a Restaurant Meal », *Obesity Research* 12, n°3 (2004), p.562-568.
57. Mindy F. Ji, Wendy Wood, « Purchase and Consumption Habits: Not Necessarily What You Intend », *Journal of Consumer Psychology* 17, n°4 (2007), p.261-276.
58. Barbara J. Knowlton, Tara K. Patterson, « Habit Formation and the Striatum », in *Behavioral Neuroscience of Learning and Memory*, éd. Robert E. Clark, Stephen J. Martin, vol. 37, in *Current Topics in Behavioral Neurosciences,* Cham, Suisse, Springer International, 2018, p.275-295.
59. Henry H. Yin, Barbara J. Knowlton, « The Role of the Basal Ganglia in Habit Formation », *Nature Reviews Neuroscience 7*, n°6 (2006), p.464-476.
60. Bernard W. Balleine, John P. O'Doherty, « Human and Rodent Homologies in Action Control: Corticostriatal Determinants of Goal-Directed and Habitual Action », *Neuropsychopharmacology* 35, n°1 (2010), p.48-69.
61. Barbara J. Knowlton, Jennifer A. Mangels, Larry R. Squire, « A Neostriatal Habit Learning System in Humans », *Science* 273, n°5280 (1996), p.1399-1402; Peter Redgrave *et al.,* « Goal-Directed and Habitual Control in the Basal Ganglia: Implications for Parkinson's Disease », *Nature Reviews Neuroscience* 11, n°11 (2010), p.760-772.
62. Knowlton, Patterson, « Habit Formation and the Striatum »; Tara K. Patterson, Barbara J. Knowlton, « Subregional Specificity in Human Striatal Habit Learning: A Meta-Analytic Review of

the fMRI Literature », *Current Opinion in Behavioral Sciences* 20 (2018), p.75-82.

63. Guy Itzchakov, Liad Uziel, Wendy Wood, « When Attitudes and Habits Don't Correspond: Self-Control Depletion Increases Persuasion but Not Behavior », *Journal of Experimental Social Psychology* 75 (2018), p.1-10.
64. A. N. Whitehead, *An Introduction to Mathematics,* New York, Henry Holt, 1911.
65. Jonathan St. B. T. Evans, Keith E. Stanovich, « Dual-Process Theories of Higher Cognition: Advancing the Debate », *Perspectives on Psychological Science* 8, n°3 (2013), p.223-241.
66. Amitai Shenhav *et al.,* « Toward a Rational and Mechanistic Account of Mental Effort », *Annual Review of Neuroscience* 40 (2017), p.99-124.
67. *Ibid.*
68. Walter Mischel, Ebbe B. Ebbesen, « Attention in Delay of Gratification », *Journal of Personality and Social Psychology* 16, n°2 (1970), p.329-337.
69. Yuichi Shoda, Walter Mischel, Philip K. Peake, « Predicting Adolescent Cognitive and Self-Regulatory Competencies from Preschool Delay of Gratification: Identifying Diagnostic Conditions », *Developmental Psychology* 26, n°6 (1990), p.978-986.
70. Tanya R. Schlam *et al.,* « Preschoolers' Delay of Gratification Predicts Their Body Mass 30 Years Later »,*The Journal of Pediatrics* 162, n°1 (2013), p.90-93.
71. Shoda, Mischel, Peake, *op. cit.*
72. Jeffrey M. Quinn *et al.,* « Can't Control Yourself? Monitor Those Bad Habits », *Personality and Social Psychology Bulletin* 36, n°4 (2010), p.499-511.
73. June P. Tangney, Roy F. Baumeister, Angie Luzio Boone « High Self-Control Predicts Good Adjustment, Less Pathology, Better Grades, and Interpersonal Success », *Journal of Personality* 72, n°2 (2004), p.274.
74. *Ibid.*
75. Eli J. Finkel, W. Keith Campbell, « Self-Control and Accommodation in Close Relationships: An Interdependence Analysis », *Journal of Personality and Social Psychology* 81, n°2 (2001), p.263-277.

76. Kirby Deater-Deckard *et al.,* « Maternal Working Memory and Reactive Negativity in Parenting », *Psychological Science* 21, n°1 (2010), p.75-79.
77. Camilla Strömbäck *et al.,* « Does Self-Control Predict Financial Behavior and Financial Well-Being? », *Journal of Behavioral and Experimental Finance* 14 (2017), p.30-38.
78. Carmen Keller, Christina Hartmann, Michael Siegrist, « The Association between Dispositional Self-Control and Longitudinal Changes in Eating Behaviors, Diet Quality, and BMI », *Psychology and Health* 31, n°11 (2016), p.1311-1327.
79. Wilhelm Hofmann *et al.,* « Everyday Temptations: An Experience Sampling Study of Desire, Conflict, and Self-Control », *Journal of Personality and Social Psychology* 102, n°6 (2012), p.1318-1335.
80. Brian M. Galla, Angela L. Duckworth, « More Than Resisting Temptation: Beneficial Habits Mediate the Relationship between Self-Control and Positive Life Outcomes », *Journal of Personality and Social Psychology* 109, n°3 (2015), p.508-225.
81. *Ibid.*
82. *Ibid.*
83. Denise T. D. de Ridder *et al.,* « Taking Stock of Self-Control: A Meta-Analysis of How Trait Self-Control Relates to a Wide Range of Behaviors », *Personality and Social Psychology Review* 16, n°1 (2012), p.76-99.
84. *Ibid.,* p.91.
85. Ruth Umoh, « Bill Gates Said He Had to Quit This Common Bad Habit Before He Became Successful », CNBC, 16 mars 2018.
86. « I'm Bill Gates, Co-Chair of the Bill and Melinda Gates Foundation. Ask Me Anything », Reddit.
87. Umoh, *op. cit.*
88. Bill Gates, *Business @ the Speed of Thought: Succeeding in the Digital Economy,* New York, Hachette Book Group, 1999. *Le travail à la vitesse de la pensée,* Paris, Robert Laffont, 1999, pour la traduction française.
89. Christian Crandall and Monica Biernat, « The Ideology of Anti-Fat Attitudes », *Journal of Applied Social Psychology* 20, n°3 (1990), p.227-243.

90. Pei-Ying Lin, Wendy Wood, John Monterosso, « Healthy Eating Habits Protect against Temptation », *Appetite* 103 (2016), p.432-440.
91. Angela L. Duckworth, Tamar Szabó Gendler, James J. Gross, « Situational Strategies for Self-Control », *Perspectives on Psychological Science* 11, n°1 (2016), p.35-55.
92. Lydia Saad, « U.S. Smoking Rate Still Coming Down », Gallup, 24 juillet 2008.
93. « Tobacco-RelatedMortality », Centers for Disease Control and Prevention, 15 mai 2017.
94. Lydia Saad, « Tobacco and Smoking », Gallup, 15 août 2002.
95. *Smoking and Health: A Report of the Surgeon General: Appendix : Cigarette Smoking in the United States, 1950–1978* (United States Public Health Service, Office on Smoking and Health, 1979).
96. « Burden of Tobacco Use in the U.S. », Centers for Disease Control and Prevention, dernière mise à jour 23 avril 2018; « Tobacco: Data and Statistics » World Health Organization.
97. « Cigarette Smoking and Tobacco Use Among People of Low Socioeconomic Status », Centers for Disease Control and Prevention, dernière mise à jour 21 août 2018.
98. U.S. Department of Health and Human Services, *The Health Consequences of Smoking: 50 Years of Progress. A Report of theSurgeon General* (Atlanta, GA: U.S. Department of Health and Human Services, Centers for Disease Control and Prevention, National Center for Chronic Disease Prevention and Health Promotion, Office on Smoking and Health, 2014), p.868.
99. « Quitting Smoking Among Adults—United States, 2000-2015 », Centers for Disease Control and Prevention, 6 janvier 2017.
100. Eleni Vangeli *et al.*, « Predictors of Attempts to Stop Smoking and Their Success in Adult General Population Samples: A Systematic Review », *Addiction* 106, n°12 (2011): p.2110-2021.
101. « Quitting Smoking Among Adults—United States, 2000-2015 », *op. cit.*
102. Michael Chaiton *et al.*, « Estimating the Number of Quit Attempts It Takes to Quit Smoking Successfully in a Longitudinal Cohort of Smokers », *BMJ Open* 6, n°6 (2016), e011045.
103. Jody Brumage, « The Public Health Cigarette Smoking Act of 1970 », Robert C. Byrd Center, 25 juillet 2017.

104. « State and Local Comprehensivc Smoke-Free Laws for Worksites, Restaurants, and Bars—United States, 2015 », Centers for Disease Control and Prevention, dernière mise à jour 24 août 2017.
105. Emily M. Mader *et al.*, « Update on Performance in Tobacco Control: A Longitudinal Analysis of the Impact of Tobacco Control Policy and the US Adult Smoking Rate, 2011–2013 », *Journal of Public Health Management and Practice* 22, n°5 (2016), E29–E35; Mader *et al.* ont également constaté que les services de sevrage tabagique n'avaient pas eu d'impact significatif sur le taux de tabagisme, mais, constatant que d'autres études leur ont trouvé un impact positif, ils ont préconisé que les financements augmentent pour ce type de services.
106. Justin McCarthy, « In U.S., Smoking Rate Lowest in Utah, Highest in Kentucky », Gallup, 13 mars 2014.
107. Sheina Orbell, Bas Verplanken, « The Automatic Component of Habit in Health Behavior: Habit as Cue-Contingent Automaticity », *Health Psychology* 29, n°4 (2010), p.374–383.
108. Morgan Scarboro, « How High Are Cigarette Taxes in Your State? », Tax Foundation, 10 mai 2017.
109. « Map of Excise Tax Rates on Cigarettes », Centers for Disease Control and Prevention, 2 janvier 2018.
110. « Map of Current Cigarette Use Among Adults », Centers for Disease Control and Prevention, 19 septembre 2017.
111. Stanton A. Glantz, « Tobacco Taxes Are Not the Most Effective Tobacco Control Policy (As Actually Implemented) », UCSF Center for Tobacco Control Research and Education, 11 janvier 2014.
112. Thomas R. Kirchner *et al.*, « Geospatial Exposure to Point-of-Sale Tobacco: Real-Time Craving and Smoking-Cessation Outcomes », *American Journal of Preventive Medicine* 45, n°4 (2013): p.379-385; voir aussi Steven J. Hoffman and Charlie Tan, « Overview of Systematic Reviews on the Health-Related Effects of Government Tobacco Control Policies », *BMC Public Health* 15 (2015): p.744; et Christopher P. Morley, Morgan A. Pratte, « State-Level Tobacco Control and Adult Smoking Rate in the United States: An Ecological Analysis of Structural Factors », *Journal of Public Health Management and Practice* 19, n° 6 (2013), E20-E27.

113. Kurt Lewin, « Frontiers in Group Dynamics: Concept, Method and Reality in Social Science; Social Equilibria and Social Change », *Human Relations* 1, n°1 (1947): p.5-41.
114. Entretien avec le professeur Keith Chen, ancien directeur de la recherche économique d'Uber, 15 mai 2017, Santa Monica (Californie).
115. Gregory J. Privitera, Faris M. Zuraikat, « Proximity of Foods in a Competitive Food Environment Influences Consumption of a Low Calorie and a High Calorie Food », *Appetite* 76 (2014), p.175-179.
116. Valérie J. V. Broers *et al.*, « A Systematic Review and Meta-Analysisof theEffectiveness of Nudging to Increase Fruit and Vegetable Choice », *European Journal of Public Health* 27, n° 5 (2017), p.912–920; Tamara Bucher *et al.*, « Nudging Consumers Towards Healthier Choices: A Systematic Review of Positional Influences on Food Choice », *British Journal of Nutrition* 115, n°12 (2016), p.2252-2263.
117. Akihiko Michimi, Michael C. Wimberly, « Associations of Supermarket Accessibility with Obesity and Fruit and Vegetable Consumption in the Conterminous United States », *International Journal of Health Geographics* 9, n°1 (2010), p.49; Paul L. Robinson *et al.*, « Does Distance Decay Modelling of Supermarket Accessibility Predict Fruit and Vegetable Intake by Individuals in a Large Metropolitan Area? », *Journal of Health Care for the Poor and Underserved* 24, n° 1A (2013), p.172-185.
118. J. Nicholas Bodor *et al.*, « Neighbourhood Fruit and Vegetable Availability and Consumption: The Role of Small Food Stores in an Urban Environment », *Public Health Nutrition* 11, n°4 (2008), p.413-420.
119. Alexandra E. Evans *et al.*, « Introduction of Farm Stands in Low-Income Communities Increases Fruit and Vegetable among Community Residents », *Health and Place* 18, n°5 (2012), p.1137-1143.
120. Rachel Bachman, « How Close Do You Need to Be to Your Gym? », *The Wall Street Journal*, 21 mars 2017.
121. Leon Festinger, Stanley Schachter, Kurt Back, *Social Pressures in Informal Groups; A Study of Human Factors in Housing,* New York, Harper, 1950.

122. Erin Frey, Todd Rogers, « Persistence: How Treatment Effects Persist After Interventions Stop », *Policy Insights from the Behavioral and Brain Sciences* 1, n°1 (2014): p.172-179.
123. Lenny R. Vartanian *et al.*, « Modeling of Food Intake: A Meta-Analytic Review », *Social Influence* 10, n°3 (2015): p.119-136; Tegan Cruwys, Kirsten E. Bevelander, Roel C. J. Hermans, « Social Modeling of Eating: A Review of When and Why Social Influence Affects Food Intake and Choice », *Appetite* 86 (2015): p.3-18.
124. Lenny R. Vartanian *et al.*, « Conflicting Internal and External Eating Cues: Impact on Food Intake and Attributions », *Health Psychology* 36, n°4 (2017), p.365-369; Samantha Spanos *et al.*, « Failure to Report Social Influences on Food Intake: Lack of Awareness or Motivated Denial? », *Health Psychology* 33, n°12 (2014), p.1487-1494.
125. Scott E. Carrell, Mark Hoekstra, James E. West, « Is Poor Fitness Contagious? Evidence from Randomly Assigned Friends », *Journal of Public Economics* 95, n°s7-8 (2011), p.657-663.
126. Derek J. Koehler, Rebecca J. White, Leslie K. John, « Good Intentions, Optimistic Self-Predictions, and Missed Opportunities », *Social Psychological and Personality Science* 2, n°1 (2011), p.90-96.
127. Lee D. Ross, Teresa M. Amabile, Julia L. Steinmetz, « Social Roles, Social Control, and Biases in Social-Perception Processes », *Journal of Personality and Social Psychology* 35, n°7 (1977), p.485-494.
128. Jayne A. Fulkerson *et al.*, « Family Dinner Meal Frequency and Adolescent Development: Relationships with Developmental Assets and High-Risk Behaviors », *Journal of Adolescent Health* 39, n°3 (2006), p.337-345; Amber J. Hammons, Barbara H. Fiese, « Is Frequency of Shared Family Meals Related to the Nutritional Health of Children and Adolescents? », *Pediatrics* 127, n°6 (2011), E1565–1574.
129. Maxwell Maltz, *Psycho-Cybernetics,* New York, Pocket Books, 1989. *Psycho-Cybernetics*, La Ferrière-sur-Risle, éditions C. H. Godefroy, 1979, pour la traduction française.
130. Phillippa Lally *et al.*, « How Are Habits Formed: Modelling Habit Formation in the Real World », *EuropeanJournal of Social Psychology* 40, n°6 (2010), p.998-1009.

131. Paschal Sheeran *et al.*, « Paradoxical Effects of Experience: Past Behavior Both Strengthens and Weakens the Intention Behavior Relationship », *Journal of the Association of Consumer Research* 2, n°3 (2017), p.309-318.
132. Entretien avec le professeur Keith Chen, ancien directeur de la recherche économique d'Uber, 15 mai 2017, Santa Monica (Californie).
133. Brian M. Galla, Angela L. Duckworth, « More Than Resisting Temptation: Beneficial Habits Mediate the Relationship between Self-Control and Positive Life Outcomes », *Journal of Personality and Social Psychology* 109, n°3 (2015), p.508-525.
134. Unna N. Danner, Henk Aarts, Nanne K. de Vries, « Habit vs. Intention in the Prediction of Future Behaviour: The Role of Frequency, Context Stability and Mental Accessibility of Past Behaviour », *British Journal of Social Psychology* 47, n°2 (2008), p.245-265.
135. Bas Verplanken, Henk Aarts, Ad van Knippenberg, « Habit, Information Acquisition, and the Process of Making Travel Mode Choices », *European Journal of Social Psychology* 27, n°5 (1997), p.539-560; Henk Aarts, Bas Verplanken, Ad van Knippenberg, « Habit and Information Use in Travel Mode Choices », *Acta Psychologica* 96, n°1-2 (1997), 1-14.
136. Steven S. Posavac, Frank R. Kardes, J. Joško Brakus, « Focus Induced Tunnel Vision in Managerial Judgment and Decision Making: The Peril and the Antidote », *Organizational Behavior and Human Decision Processes* 113, n°2 (2010), p.102-111.
137. Christopher J. Armitage, « Can the Theory of Planned Behavior Predict the Maintenance of Physical Activity? », *Health Psychology* 24, n°3 (2005), p.235-245.
138. Will Durant, *The Story of Philosophy: The Lives and Opinions of the World's Greatest Philosophers,* New York, Pocket Books, 1926, 1954, p.87.
139. Malcolm Gladwell, *Outliers: The Story of Success,* New York, Little Brown, 2008. *Les prodiges: Pourquoi les qualités personnelles et le talent ne suffisent pas à expliquer le succès*, Montréal, éditions Transcontinental, 2009, pour la traduction française.
140. Benjamin Morris, « Stephen Curry Is the Revolution », *FiveThirtyEight*, 3 décembre 2015.

141. Michael Rothman, « Stephen and Ayesha Curry: Inside Our Whirlwind Life », ABC News.
142. Mark J. Burns, « Success Is Not an Accident: What Sports Business Millennials Can Learn from NBA MVP Stephen Curry », *Forbes*, 13 juin 2015.
143. Brooke N. Macnamara, David Z. Hambrick, Frederick L. Oswald, « Deliberate Practice and Performance in Music, Games, Sports, Education, and Professions: A Meta-Analysis », *Psychological Science* 25, n°8 (2014), p.1608-1618.
144. Henry H. Yin, Barbara J. Knowlton, « The Role of the Basal Ganglia in Habit Formation », *Nature Reviews Neuroscience* 7, n°6 (2006), p.464-476.
145. Wolfram Schultz, « Dopamine Reward Prediction Error Coding », *Dialogues in Clinical Neuroscience* 18, n°1 (2016), p.23-32.
146. Roy A. Wise, « Dopamine and Reward: The Anhedonia Hypothesis 30 Years On », *Neurotoxicity Research* 14, n°2-3 (2008), p.169-183; Wolfram Schultz, « Neuronal Reward and Decision Signals: From Theories to Data », *Physiological Reviews* 95, n°3 (2015), p.853-951.
147. Schultz, « Neuronal Reward and Decision Signals », *op. cit.*
148. Diane R. Follingstad, Maryanne Edmundson, « Is Psychological Abuse Reciprocal in Intimate Relationships? Data from a National Sample of American Adults », *Journal of Family Violence* 25, n°5 (2010), p.495-508.
149. Wolfram Schultz, « Dopamine Reward Prediction-Error Signalling: A Two-Component Response », *Nature Reviews Neuroscience* 17, n°3 (2016), p.183-195.
150. Tomomi Shindou *et al.*, « A Silent Eligibility Trace Enables Dopamine-Dependent Synaptic Plasticity for Reinforcement Learning in the Mouse Striatum », *European Journal of Neuroscience* (2018), p.1-11.
151. Volkswagen, « The Fun Theory 1-Piano Staircase Initiative », 26 octobre 2009, video, 1:47.
152. Volkswagen, « The Fun Theory 2-An Initiative of Volkswagen: The World's Deepest Bin », 26 octobre 2009, video, 1:26.
153. Benjamin Gardner, Phillippa Lally, « Does Intrinsic Motivation Strengthen Physical Activity Habit? Modeling Relationships

between Self-Determination, Past Behaviour, and Habit Strength », *Journal of Behavioral Medicine* 36, n°5 (2013), p.488-497; pour des observations comparables concernant la consommation de fruits et légumes, voir Amelie U. Wiedemann *et al.*, « Intrinsic Rewards, Fruit and Vegetable Consumption, and Habit Strength: A Three-Wave Study Testing the Associative-Cybernetic Model », *Applied Psychology: Health and Well-Being* 6, n°1 (2014), p.119-134.

154. Pei-Ying Lin, Wendy Wood, John Monterosso, « Healthy Eating Habits Protect against Temptations », *Appetite* 103 (2016), p.432-440.
155. Eleni Mantzari *et al.*, « Personal Financial Incentives for Changing Habitual Health-Related Behaviors: A Systematic Review and Meta-Analysis », *Preventive Medicine* 75 (2015), p.75-85.
156. Jeffrey T. Kullgren *et al.*, « Individual Versus Group-Based Financial Incentives for Weight Loss: A Randomized, Controlled Trial », *Annals of Internal Medicine* 158, n°7 (2013), p.505-514.
157. Wendy Wood, David T. Neal, « Healthy through Habit: Interventions for Initiating and Maintaining Health Behavior Change », *Behavioral Science and Policy* 2, n°1 (2016), p.71-83.
158. Rebecca Greenfield, « Workplace Wellness Programs Really Don't Work », *Bloomberg*, 26 janvier 2018.
159. John Rosengren, « How Casinos Enable Gambling Addicts », *The Atlantic*, décembre 2016.
160. Patrick Anselme, « Dopamine, Motivation, and the Evolutionary Significance of Gambling-Like Behaviour », *Behavioural Brain Research* 256 (2013), p.1-4.
161. Lisa Eadicicco, « Americans Check Their Phones 8 Billion Times a Day », *Time*, 15 décembre, 2015.
162. Alicia L. DeRusso *et al.*, « Instrumental Uncertainty as a Determinant of Behavior Under Interval Schedules of Reinforcement », *Frontiers in Integrative Neuroscience* 4 (2010), p.17.
163. Luxi Shen, Ayelet Fishbach, Christopher K. Hsee, « The Motivating-Uncertainty Effect: Uncertainty Increases Resource Investment in the Process of Reward Pursuit », *Journal of Consumer Research* 41, n°5 (2015), p.1301-1315.

164. Kellie Ell, « Video Game Industry Is Booming with Continued Revenue » CNBC, 18 juillet 2018.
165. Erol Ozcelik, Nergiz Ercil Cagiltay, Nese Sahin Ozcelik, « The Effect of Uncertainty on Learning in Game-Like Environments », *Computers and Education* 67 (2013), p.12-20; voir aussi Paul A. Howard-Jones *et al.*, « Gamification of Learning Deactivates the Default Mode Network », *Frontiers in Psychology* 6 (2016), p.1891.
166. Zakkoyya H. Lewis, Maria C. Swartz, Elizabeth J. Lyons, « What's the Point? A Review of Reward Systems Implemented in Gamification Interventions », *Games for Health Journal* 5, n°2 (2016), p.93-99.
167. Yin and Knowlton, « The Role of the Basal Ganglia in Habit Formation », *op. cit.*
168. Christopher D. Adams, « Variations in the Sensitivity of Instrumental Responding to Reinforcer Devaluation », *The Quarterly Journal of Experimental Psychology Section B* 34, n°2b (1982), p.77-98; Anthony Dickinson, « Actions and Habits: The Development of Behavioural Autonomy », *Philosophical Transactions of the Royal Society of London. B: Biological Sciences* 308, n°1135 (1985), p.67-78.
169. David T. Neal *et al.*, « The Pull of the Past: When Do Habits Persist Despite Conflict with Motives? », *Personality and Social Psychology Bulletin* 37, n°11 (2011), p.1428-1437.
170. Justine Burns, Brendan Maughan-Brown, Âurea Mouzinho, « Washing with Hope: Evidence from a Hand-Washing Pilot Study among Children In South Africa », *BMC Public Health* 18 (2018), p.709; Abigail Sellman, Justine Burns, Brendan Maughan-Brown, « Handwashing Behaviour and Habit Formation in the Household: Evidence of Spillovers from a Pilot Randomised Evaluation in South Africa », SALDRU Working Paper Series, n°226 (2018).
171. David Neal *et al.*, *The Science of Habit: Creating Disruptive and Sticky Behavior Change in Handwashing Behavior*, Washington, D.C.: USAID/WASHplus Project, 2015.
172. Navin Kaushal, Ryan E. Rhodes, « Exercise Habit Formation in New Gym Members: A Longitudinal Study », *Journal of Behavioral Medicine* 38, n°4 (2015), p.652-663.

173. L. Alison Phillips, Howard Leventhal, Elaine A. Leventhal, « Assessing Theoretical Predictors of Long-Term Medication Adherence : Patients' Treatment-Related Beliefs, Experiential Feedback and Habit Development », *Psychology and Health* 28, n°10 (2013), p.1135-1151.
174. Gerard J. Molloy, Heather Graham, Hannah McGuinness, « Adherence to the Oral Contraceptive Pill: A Cross-Sectional Survey of Modifiable Behavioural Determinants », *BMC Public Health* 12 (2012), p.838.
175. Phillips, Leventhal, Leventhal, « Assessing Theoretical Predictors of Long-Term Medication Adherence », *op. cit.*
176. Ellen Berscheid, Hilary Ammazzalorso, « Emotional Experience in Close Relationships », in *Blackwell Handbook of Social Psychology : Interpersonal Processes,* version établie par Garth Fletcher, Margaret Clark (Malden, MA : Blackwell Publishers, 2001), p.308-330 ; Ellen Berscheid, Pamela Regan, *The Psychology ofInterpersonal Relationships,* New York, Pearson, 2005 ; nouvelle edition Abingdon-on-Thames, Routledge, 2016.
177. John G. Holmes, Susan D. Boon, « Developments in the Field of Close Relationships: Creating Foundations for Intervention Strategies », *Personality and Social Psychology Bulletin* 16, n°1 (1990), p.23-41.
178. Roy F. Baumeister, Ellen Bratslavsky, « Passion, Intimacy, and Time: Passionate Love as a Function of Change in Intimacy », *Personality and Social Psychology Review* 3, n°1 (1999), p.49-67.
179. Berscheid, Ammazzalorso, « Emotional Experience in Close Relationships », *op. cit.*
180. Brian A. Anderson, « The Attention Habit: How Reward Learning Shapes Attentional Selection », *Annals of the New York Academy of Sciences* 1369, n°1 (2016), p.24-39.
181. Brian A. Anderson, Patryk A. Laurent, Steven Yantis, « Value-Driven Attentional Capture », *Proceedings of the National Academy of Sciences* 108, n°25 (2011), p.10367-10371.
182. Brian A. Anderson, « Value-Driven Attentional Priority Is Context Specific », *Psychonomic Bulletin and Review* 22, n°3 (2015), p.750-756.

183. Entretien avec Tania Lisboa, violoncelliste et enseignant-chercheur au Royal College of Music, Londres, 2 novembre 2017.
184. Lorraine Carli, « NFPA Encourages Testing Smoke Alarms as Daylight Saving Time Begins », National Fire Protection Association, 6 mars 2014.
185. Steve Sternberg, « How Many Americans Floss Their Teeth? », *U.S. News and World Report*, 2 mai 2016.
186. Gaby Judah, Benjamin Gardner, Robert Aunger, « Forming a Flossing Habit : An Exploratory Study of the Psychological Determinants of Habit Formation », *British Journal of Health Psychology* 18, n°2 (2013), p.338-353.
187. Jennifer S. Labrecque *et al.*, « Habit Slips: When Consumers Unintentionally Resist New Products », *Journal of the Academy of Marketing Science* 45, n°1 (2017), p.119-133.
188. *Ibid.*
189. Les psychologues qui nous lisent pourraient se demander en quoi la superposition diffère d'une *intention de mise en oeuvre.* Les intentions de mise en œuvre lient une intention à un événement futur, sans prendre en compte le fait que cet événement est une habitude ou non. Labrecque *et al.* (2017) ont constaté que ces intentions de mise en œuvre standard n'ont pas fait augmenter l'utilisation de lessive par les étudiants au cours des quatre semaines de l'étude.
190. Labrecque *et al.*, « Habit Slips », *op. cit.* Cette stratégie a été appelée substitution de réponse au début de la thérapie comportementale.
191. Margot Sanger-Katz, « The Decline of "Big Soda" », *The New York Times*, 2 octobre 2015.
192. Emma Runnemark, Jonas Hedman, Xiao Xiao, « Do Consumers Pay More Using Debit Cards Than Cash? », *Electronic Commerce Research and Applications* 14, n°5 (2015), p.285-291.
193. Jonathan Cantor *et al.*, « Five Years Later: Awareness of New York City's Calorie Labels Declined, with No Changes in Calories Purchased », *Health Affairs* 34, n°11 (2015), p.1893-1900; Kamila M. Kiszko *et al.*, « The Influence of Calorie Labeling on Food Orders and Consumption : A Review of the Literature », *Journal of Community Health* 39, n°6 (2014), p.1248-1269; Susan

E. Sinclair, Marcia Cooper, Elizabeth D. Mansfield, « The Influence of Menu Labeling on Calories Selected or Consumed: A Systematic Review and Meta-Analysis", *Journal of the Academy of Nutrition and Dietetics* 114, n°9 (2014), p.1375-1388; voir aussi Natalina Zlatevska, Nico Neumann, Chris Dubelaar, « Mandatory Calorie Disclosure : A Comprehensive Analysis of Its Effect on Consumers and Retailers », *Journal of Retailing* 94, n°1 (2018), p.89-101.

194. To Dieu-Hang *et al.*, « Household Adoption of Energy and Water-Efficient Appliances: An Analysis of Attitudes, Labelling and Complementary Green Behaviours in Selected OECD Countries », *Journal of Environmental Management* 197 (2017), p.140-150.
195. Allison Aubrey, « More Salt in School Lunch, Less Nutrition Info on Menus: Trump Rolls Back Food Rules, NPR, 2 mai 2017.
196. George Loewenstein, Cass R. Sunstein, Russell Golman, « Disclosure : Psychology Changes Everything », *Annual Review of Economics* 6 (2014), p.391-419.
197. Angela L. Duckworth *et al.*, « A Stitch in Time: Strategic Self-Control in High School and College Students", *Journal of Educational Psychology* 108, n°3 (2016), p.329-341.
198. Angela L. Duckworth, Tamar Szabó Gendler, James J. Gross, « Situational Strategies for Self-Control », *Perspectives on Psychological Science* 11, n°1 (2016), p.35-55.
199. Duckworth *et al.*, « A Stitch in Time », *op. cit.*
200. Michael R. Ent, Roy F. Baumeister, Dianne M. Tice, « Trait Self-Control and the Avoidance of Temptation », *Personality and Individual Differences* 74 (2015), p.12-15.
201. *Ibid.*
202. *Ibid.*
203. Michelle R. vanDellen *et al.*, « In Good Company: Managing Interpersonal Resources That Support Self-Regulation », *Personality and Social Psychology Bulletin* 41, n°6 (2015), p.869-882.
204. Brian Wansink, Collin R. Payne, « Eating Behavior and Obesity at Chinese Buffets », *Obesity* 16, n°8 (2008), p.1957-1960.

205. Jen Labrecque, Kristen Lee, Wendy Wood, « Overthinking Habit » (manuscrit en cours d'édition), université de Californie du Sud, 2018.
206. Eric A. Thrailkill *et al.*, « Stimulus Control of Actions and Habits: A Role for Reinforcer Predictability and Attention in the Development of Habitual Behavior », *Journal of Experimental Psychology : Animal Learning and Cognition* 44, n°4 (2018), p.370-384.
207. Claire M. Gillan *et al.*, « Model-Based Learning Protects against Forming Habits », *Cognitive, Affective, and Behavioral Neuroscience* 15, n°3 (2015), p.523-536.
208. Shaun Larcom, Ferdinand Rauch, Tim Willems, « The Benefits of Forced Experimentation: Striking Evidence from the London Underground Network », *The Quarterly Journal of Economics* 132, n°4 (2017): p.2019-2055.
209. Bas Verplanken *et al.*, « Context Change and Travel Mode Choice: Combining the Habit Discontinuity and Self-Activation Hypotheses », *Journal of Environmental Psychology* 28, n°2 (2008): p.121-127.
210. Félix Ravaisson, *De l'habitude* (éd. Allia, 2007 ; publication originale, 1838).
211. Roy F. Baumeister, Ellen Bratslavsky, « Passion, Intimacy, and Time: Passionate Love as a Function of Change in Intimacy », *Personality and Social Psychology Review* 3, n°1 (1999): p.49-67.
212. *Ibid.*
213. Verplanken *et al.*, « Context Change and Travel Mode Choice », *op. cit.*
214. Sam K. Hui *et al.*, « The Effect of In-Store Travel Distance on Unplanned Spending: Applications to Mobile Promotion Strategies », *Journal of Marketing* 77, n°2 (2013): p.1-16.
215. *Ibid.*
216. Tom Ryan, « Older Shoppers Irritated by Supermarket Layout Changes », *Retail-Wire*, 12 mars 2012.
217. Scott Young, Vincenzo Ciummo, « Managing Risk in a Package Redesign:What Can We Learn from Tropicana? » *Brand Packaging* (2009): p.18-21.
218. David L. Alexander, John G. Lynch Jr., Qing Wang, « As Time Goes By: Do Cold Feet Follow Warm Intentions for Really New

versus Incrementally New Products? », *Journal of Marketing Research* 45, n°3 (2008): p.307-319.

219. Matthew Lynley, « Bird Has Officially Raised a Whopping $300M as the Scooter Wars Heat Up », *TechCrunch*, 28 juin 2018.
220. Alexander, Lynch, Wang, « As Time Goes By », *op. cit.,* p.307-319.
221. Thad Dunning *et al.*, « Is Paying Taxes Habit Forming Experimental Evidence from Uruguay », présentation, University of California, Berkeley, 2017.
222. *Ibid.,* p.34.
223. Thomas Fujiwara, Kyle Meng, Tom Vogl, « Habit Formation in Voting: Evidence from Rainy Elections », *American Economic Journal: Applied Economics* 8, n°4 (2016): p.160-188.
224. Wendy Wood, Leona Tam, Melissa Guerrero Witt, « Changing Circumstances, Disrupting Habits », *Journal of Personality and Social Psychology* 88, n°6 (2005): p.918-933.
225. Jewel Jordan, « Americans Moving at Historically Low Rates », Census Bureau Reports, United States Census Bureau, 16 novembre 2016.
226. Mona Chalabi, « How Many Times Does the Average Person Move? », *FiveThirty-Eight*, 29 janvier 2015.
227. United States Department of Labor, « Employee Tenure Summary », Bureau of Labor Statistics, 22 septembre 2016.
228. Todd F. Heatherton, Patricia A. Nichols, « Personal Accounts of Successful Versus Failed Attempts at Life Change », *Personality and Social Psychology Bulletin* 20, n°6 (1994): p.664-675.
229. Bryan L. Rogers *et al.*, « Turning Up by Turning Over: The Change of Scenery Effect in Major League Baseball », *Journal of Business and Psychology* 32, n°5 (2017): p.547-560.
230. Il s'agit de deux mesures sabermétriques (statistiques spécifiques au baseball qui mesurent la performance des joueurs individuels). Elles portent sur la présence plus puissante (PPP ; en anglais : *on-base plus slugging*, OPS), définie par la somme de la moyenne de présence sur les buts et de la moyenne de puissance d'un joueur, et sur le *weighted runs created plus* (wRC+), qui reflète la contribution offensive d'un joueur par rapport aux autres joueurs. Voir https://www.fangraphs.com.
231. « 2015 Stress in America », American Psychological Association.

232. Grant S. Shields, Matthew A. Sazma, Andrew P. Yonelinas, « The Effects of Acute Stress on Core Executive Functions: A Meta-Analysis and Comparison with Cortisol », *Neuroscience and Biobehavioral Reviews* 68 (2016): p.651-668.
233. David T. Neal, Wendy Wood, Aimee Drolet, « How Do People Adhere to Goals When Willpower Is Low? The Profits (and Pitfalls) of Strong Habits », *Journal of Personality and Social Psychology* 104, n°6 (2013): p.959-975.
234. Lars Schwabe, Oliver T. Wolf, « Stress Increases Behavioral Resistance to Extinction », *Psychoneuroendocrinology* 36, n°9 (2011): p.1287-1293.
235. Mike Mannor *et al.*, « How Anxiety Affects CEO Decision Making », *Harvard Business Review*, 19 juillet 2016.
236. James G. March, « Exploration and Exploitation in Organizational Learning », *Organization Science* 2, n°1 (1991): p.71-87.
237. Lars Schwabe, Oliver T. Wolf, « Stress and Multiple Memory Systems: From 'Thinking' to 'Doing' », *Trends in Cognitive Sciences* 17, n°2 (2013): p.60-68.
238. *Ibid.*
239. Neal, Wood, Drolet, « How Do People Adhere to Goals When Willpower Is Low? », *op. cit.*
240. *Ibid.*
241. Donald E. Broadbent *et al.*, « The Cognitive Failures Questionnaire (CFQ) and Its Correlates », *British Journal of Clinical Psychology* 21, n°1 (1982): p.1-16.
242. María K. Jónsdóttir *et al.*, « A Diary Study of Action Slips in Healthy Individuals », *Clinical Neuropsychologist* 21, n°6 (2007): p.875-883.
243. Rachel J. Katz-Sidlow *et al.*, « Smartphone Use During Inpatient Attending Rounds: Prevalence, Patterns and Potential for Distraction », *Journal of Hospital Medicine* 7, n°8 (2012): p.595-599.
244. Trevor Smith, Edward Darling, Bruce Searles, « 2010 Survey on Cell Phone Use While Performing Cardiopulmonary Bypass », *Perfusion* 26, n°5 (2011): p.375-380.
245. Jack L. Nasar, Derek Troyer, « Pedestrian Injuries Due to Mobile Phone Use in Public Places », *Accident Analysis and Prevention 57* (2013): p.91-95.

246. James Reason, Deborah Lucas, « Absent-Mindedness in Shops: Its Incidence, Correlates and Consequences », *British Journal of Clinical Psychology* 23, n°2 (1984): p.121-131.
247. *Ibid.*
248. Arun Vishwanath, « Examining the Distinct Antecedents of E-Mail Habits and Its Influence on the Outcomes of a Phishing Attack », *Journal of Computer-Mediated Communication* 20, n°5 (2015): p.570-584.
249. Arun Vishwanath, « Habitual Facebook Use and Its Impact on Getting Deceived on Social Media », *Journal of Computer-Mediated Communication* 20, n°1 (2015): p.83-98.
250. Mathew A. Harris, Thomas Wolbers, « How Age-Related Strategy Switching Deficits Affect Wayfinding in Complex Environments », *Neurobiology of Aging* 35, n°5 (2014): p.1095-1102.
251. « Drugs, Brains, and Behavior: The Science of Addiction », *National Institute on Drug Abuse*, dernière révision juillet 2018.
252. Aldo Badiani *et al.*, « Opiate versus Psychostimulant Addiction: The Differences Do Matter », *Nature Reviews Neuroscience* 12, n°11 (2011): p.685-700; Aldo Badiani *et al.*, « Addiction Research and Theory: A Commentary on the Surgeon General's Report on Alcohol, Drugs, and Health », *Addiction Biology* 23, n°1 (2018): p.3-5.
253. David J. Nutt *et al.*, « The Dopamine Theory of Addiction: 40 Years of Highs and Lows », *Nature Reviews Neuroscience* 16, n°5 (2015): p.305-312.
254. Kent C. Berridge, Terry E. Robinson, « Liking, Wanting, and the Incentive-254 Sensitization Theory of Addiction », *American Psychologist* 71, n°8 (2016): p.67079.
255. Barry J. Everitt, Trevor W. Robbins, « Drug Addiction: Updating Actions to Habits to Compulsions Ten Years On », *Annual Review of Psychology* 67, n°1 (2016): p.23-50.
256. Rebecca Ahrnsbrak *et al.*, *Key Substance Use and Mental Health Indicators in the United States: Results from the 2016 National Survey on Drug Use and Health*, HHS Publication n°SMA 17-5044, NSDUH Series H-52 (Rockville, MD, Center for Behavioral Health Statistics and Quality, Substance Abuse and Mental Health Services Administration, 2017); « Alcohol Use: Data and Statistics », OMS.

257. Eunice Park-Lee *et al.*, Receipt of Services for Substance Use and Mental Health Issues Among Adults: Results from the 2016 National Survey on Drug Use and Health (Rockville, MD, SAMHSA, NSDUH, septembre 2017).
258. « Drugs, Brains, and Behavior », National Institute on Drug Abuse.
259. Paul Crits-Christoph *et al.*, « Psychosocial Treatments for Cocaine Dependence: National Institute on Drug Abuse Collaborative Cocaine Treatment Study », *Archives of General Psychiatry* 56, n°6 (1999): p.493-502.
260. James R. McKay, « Making the Hard Work of Recovery More Attractive for Those with Substance Use Disorders », *Addiction* 112, n°5 (2017): p.751-757.
261. Alvin M. Shuster, « G.I. Heroin Addiction Epidemic in Vietnam », *The New York Times*, 16 mai 1971.
262. Jeremy Kuzmarov, *The Myth of the Addicted Army: Vietnam and the Modern War on Drugs* (Amherst, MA, University of Massachusetts Press, 2009).
263. Lee N. Robins *et al.*, « Vietnam Veterans Three Years After Vietnam: How Our Study Changed Our View of Heroin », *American Journal on Addiction* 19, n°3 (2010): p.203-211; Lee N. Robins, « Vietnam Veterans' Rapid Recovery from Heroin Addiction: A Fluke or Normal Expectation? », *Addiction* 88, n°8 (1993): p.1041-1054.
264. Interview d'un vétéran de la guerre du Vietnam, 9 décembre 2017. Le nom de la personne interviewée est soumise à confidentialité.
265. Lee N. Robins, Darlene H. Davis, Donald W. Goodwin, « Drug Use by US Army Enlisted Men in Vietnam: A Follow-up on Their Return Home », *American Journal of Epidemiology* 99, n°4 (1974): p.235-249.
266. Robins, « Vietnam Veterans' Rapid Recovery from Heroin Addiction », *op. cit.*
267. Robins *et al.*, « Vietnam Veterans Three Years After Vietnam: How Our Study Changed Our View of Heroin », *op. cit.*
268. Robins, « Vietnam Veterans' Rapid Recovery from Heroin Addiction », *op. cit.*
269. Alix Spiegel, « What Vietnam Taught Us About Breaking Bad Habits », NPR, 2 janvier 2012.

270. Robins *et al.*, « Vietnam Veterans Three Years After Vietnam », *op. cit.*
271. Robins, « Vietnam Veterans' Rapid Recovery from Heroin Addiction », *op. cit.*, p.1046.
272. *Ibid.*, p.1046.
273. *Ibid.*, p.1031.
274. Patricia F. Hadaway *et al.*, « The Effect of Housing and Gender on Preference for Morphine-Sucrose Solutions in Rats », *Psychopharmacology* 66, n°1 (1979): p.87-91; Bruce K. Alexander *et al.*, « Effect of Early and Later Colony Housing on Oral Ingestion of Morphine in Rats », *Pharmacology Biochemistry and Behavior* 15, n°4 (1981): p.571-576; Rebecca S. Hofford *et al.*, « Effects of Environmental Enrichment on Self-Administration of the Short-Acting Opioid Remifentanil in Male Rats », *Psychopharmacology* 234, n°23-24 (2017): p.3499-506.
275. Kenneth J. Thiel *et al.*, « Anti-Craving Effects of Environmental Enrichment », *International Journal of Neuropsychopharmacology* 12, n°9 (2009): p.1151-1156; voir aussi E. Tomek and M. Foster Olive, « Social Influences in Animal Models of Opiate Addiction », *International Review of Neurobiology* 140 (2018): p.81-107; Ewa Galaj, Monica Manuszak, Robert Ranaldi, « Environmental Enrichment as a Potential Intervention for Heroin Seeking », *Drug and Alcohol Dependence* 163 (2016): p.195-201.
276. Bruce K. Alexander, Patricia F. Hadaway, « Opioid Addiction: The Case for an Adaptive Orientation », *Psychological Bulletin* 92, n°2 (1982): p.367-381.
277. « Drugs, Brains, and Behavior », National Institute on Drug Abuse.
278. Anke Snoek, Neil Levy, Jeanette Kennett, « Strong-Willed but Not Successful: The Importance of Strategies in Recovery from Addiction », *Addictive Behaviors Reports* 4 (2016): p.102-107.
279. *Ibid.*, p.107.
280. Jenna Payesko, « FDA Approves Lofexidine Hydrochloride, First Non-Opioid Treatment for Management of Opioid Withdrawal Symptoms in Adults », *Med Magazine*, 16 mai 2018.
281. McKay, « Making the Hard Work of Recovery More Attractive », p.752.
282. *Ibid.*

283. George M. Hunt, Nathan H. Azrin, « A Community-Reinforcement Approach to Alcoholism », *Behaviour Research and Therapy* 11, n°1 (1973): p.91-104.

284. Kenneth Silverman, Anthony DeFulio, Sigurdur O. Sigurdsson, « Maintenance of Reinforcement to Address the Chronic Nature of Drug Addiction », *Preventive Medicine* 55 (2012): S46–S53.

285. Mark D. Litt *et al.*, « Changing Network Support for Drinking: Network Support Project 2-Year Follow-up », *Journal of Consulting and Clinical Psychology* 77, n°2 (2009): p.229-242.

286. Silverman, DeFulio, Sigurdsson, « Maintenance of Reinforcement to Address the Chronic Nature of Drug Addiction », *op. cit.*

287. Anthony DeFulio, Kenneth Silverman, « Employment-Based Abstinence Reinforcement as a Maintenance Intervention for the Treatment of Cocaine Dependence: Post-intervention Outcomes », *Addiction* 106, n°5 (2011): p.960-967.

288. Kenneth Silverman, August F. Holtyn, Reed Morrison, « The Therapeutic Utility of Employment in Treating Drug Addiction: Science to Application », *Translational Issues in Psychological Science* 2, n°2 (2016): p.203-212.

289. George F. Koob, Nora D. Volkow, « Neurobiology of Addiction: A Neurocircuitry Analysis », *The Lancet Psychiatry* 3, n°8 (2016): p.760-773.

290. John Monterosso, Wendy Wood, « Habits of Successful Rehabilitation », (données non publiées, University of Southern California, 2017).

291. Samantha J. Caton *et al.*, « Repetition Counts: Repeated Exposure Increases Intake of a Novel Vegetable in UK Pre-School Children Compared to Flavour-Flavour and Flavour-Nutrient Learning », *British Journal of Nutrition* 109, n°11 (2013): p.2089-2097.

292. Edward Bradford Titchener, *A Textbook of Psychology*, éd. révisée (New York, Macmillan, 1896, rééd. 1928), p.408.

293. Robert B. Zajonc, « Attitudinal Effects of Mere Exposure », *Journal of Personality and Social Psychology* 9, n°2 (1968): p.1-27.

294. Robert F. Bornstein, Catherine Craver-Lemley, « Mere Exposure Effect », dans *Cognitive Illusions: Intriguing Phenomena in Thinking, Judgment and Memory*, Rüdiger F. Pohl, (New York, Routledge, 2017), p.256-275.

295. Theodore H. Mita, Marshall Dermer, Jeffrey Knight, « Reversed Facial Images and the Mere-Exposure Hypothesis », *Journal of Personality and Social Psychology* 35, n°8 (1977): p.597-601.
296. Rolf Reber, Norbert Schwarz, Piotr Winkielman, « Processing Fluency and Aesthetic Pleasure: Is Beauty in the Perceiver's Processing Experience? », *Personality and Social Psychology Review* 8, n°4 (2004): p.364-382.
297. Christian Obermeier *et al.*, « Aesthetic Appreciation of Poetry Correlates with Ease of Processing in Event-Related Potentials », *Cognitive, Affective, and Behavioral Neuroscience* 16, n°2 (2016): p.362-373.
298. Stefan Mayer, Jan R. Landwehr, « Objective Measures of Design Typicality », *Design Studies* 54 (2018): p.146-161; Stefan Mayer, Jan R. Landwehr, « Objective Measures of Design Typicality That Predict Aesthetic Liking, Fluency, and Car Sales », dans *Advances in Consumer Research* 44 (Duluth, MN, Association for Consumer Research, 2016): p.556-557.
299. Susanne Schmidt, Martin Eisend, « Advertising Repetition: A Meta-Analysis on Effective Frequency in Advertising », *Journal of Advertising* 44, n°4 (2015): p.415-428; R. Matthew Montoya *et al.*, « A Re-Examination of the Mere Exposure Effect: The Influence of Repeated Exposure on Recognition, Familiarity, and Liking », *Psychological Bulletin* 143, n°5 (2017): p.459-498.
300. Thomas N. Robinson *et al.*, « Effects of Fast Food Branding on Young Children's Taste Preferences », *Archives of Pediatrics and Adolescent Medicine* 161, n°8 (2007): p.792-797.
301. Dinah Avni-Babad, « Routine and Feelings of Safety, Confidence, and Well-Being », *British Journal of Psychology* 102, n°2 (2011): p.223-244.
302. *Ibid.*
303. *Ibid.*
304. Richard Florida, « The Geography of Car Deaths in America », *CityLab*, 15 octobre 2015.
305. Mindy F. Ji, Wendy Wood, « Purchase and Consumption Habits: Not Necessarily What You Intend », *Journal of Consumer Psychology* 17, n°4 (2007): p.261-276.

306. Clifford Geertz, *Interprétation et Culture* (Paris, Archives contemporaines, 2010 ; éd. originale *The Interpretation of Cultures*, New York, Basic Books, 1973).
307. Allen Ding Tian *et al.*, « Enacting Rituals to Improve Self-Control », *Journal of Personality and Social Psychology* 114, n°6 (2018): p.851-876.
308. Michaéla C. Schippers, Paul A. M. Van Lange, « The Psychological Benefits of Superstitious Rituals in Top Sport: A Study Among Top Sportspersons », *Journal of Applied Social Psychology* 36, n°10 (2006): p.2532-2553.
309. Nicholas M. Hobson, Devin Bonk, Michael Inzlicht, « Rituals Decrease the Neural Response to Performance Failure », *PeerJ* 5 (2017): e3363.
310. Cristine H. Legare, André L. Souza, « Evaluating Ritual Efficacy: Evidence from the Supernatural », *Cognition* 124, n°1 (2012): p.1-15.
311. Michael I. Norton, Francesca Gino, « Rituals Alleviate Grieving for Loved Ones, Lovers, and Lotteries », *Journal of Experimental Psychology: General* 143, n°1 (2014): p.266-272.
312. Alison Wood Brooks *et al.*, « Don't Stop Believing: Rituals Improve Performance by Decreasing Anxiety », *Organizational Behavior and Human Decision Processes* 137 (2016): p.71-85.
313. Norton, Gino, « Rituals Alleviate Grieving for Loved Ones, Lovers, and Lotteries », *op. cit.*
314. Brooks *et al.*, « Don't Stop Believing », *op. cit.*
315. Daniel L. Wann *et al.*, « Examining the Superstitions of Sport Fans: Types of Superstitions, Perceptions of Impact, and Relationship with Team Identification », *Athletic Insight* 5, n°1 (2013): p.21-44.
316. Mihaly Csikszentmihalyi, *Vivre – La psychologie du bonheur* (Paris, Robert Laffont, 2004; éd. originale *Flow: The Psychology of Optimal Experience,* New York, Harper Perennial, 1996).
317. Samantha J. Heintzelman, Laura A. King, « Routines and Meaning in Life », *Personality and Social Psychology Bulletin* (publication en ligne, 18 septembre 2018).
318. Matthew Hutson, « Everyday Routines Make Life Feel More Meaningful », *Scientific American*, 1er juillet 2015.

319. Aditi Shrikant, « 11 Senior Citizens on the Best Products of the Past Century », *Vox*, 11 décembre 2018.
320. Richard H. Thaler, Cass R. Sunstein, *Nudge - Émotions, habitudes, comportements : comment inspirer les bonnes décisions* (Paris, Vuibert, 2010; éd. originale Nudge: Improving Decisions about Health, Wealth, and Happiness, New York, Penguin, mise à jour, 2009).
321. Lee Shepherd, Ronan E. O'Carroll, Eamonn Ferguson, « An International Comparison of Deceased and Living Organ Donation/Transplant Rates in Opt-Inand Opt-Out Systems: A Panel Study », *BMC Medicine* 12, n°1 (2014): p.131.
322. Shlomo Benartzi, « Save More Tomorrow », 2017.
323. « 2014 State Indicator Report on Physical Activity », Centers for Disease Control and Prevention (Atlanta, GA, U.S. Department of Health and Human Services, 2014).
324. Molly Warren, Stacy Beck, Jack Rayburn, *The State of Obesity: Better Policies for a Healthier America 2018* (Washington D.C., Trust for America's Health, 2018), p.1-68.
325. Mariana Arcaya *et al.*, « Urban Sprawl and Body Mass Index among Displaced Hurricane Katrina Survivors », *Preventive Medicine* 65 (2014): p.40-46; voir aussi Jana A. Hirsch *et al.*, « Change in Walking and Body Mass Index Following Residential Relocation: The Multi-Ethnic Study of Atherosclerosis », *American Journal of Public Health* 104, n°3 (2014): e49–e56.
326. Adam Martin *et al.*, « Impact of Changes in Mode of Travel to Work on Changes in Body Mass Index: Evidence from the British Household Panel Survey », *Journal of Epidemiology and Community Health* 69, n°8 (2015): p.753-761.
327. Matthew Hall, « Bird Scooters Flying Around Town », *Santa Monica Daily Press*, 26 septembre 2017.
328. National Association of City Transportation Officials, *Equitable Bike Share Means Building Better Places for People to Ride*, juillet 2016.
329. NYC DOT, *Cycling in the City: Cycling Trends in NYC*, 2018.
330. Allison B. Brenner *et al.*, « Longitudinal Associations of Neighborhood Socioeconomic Characteristics and Alcohol Availability on Drinking: Results from the Multi-Ethnic Study of Atherosclerosis (MESA) », *Social Science and Medicine* 145

(2015): p.17-25; voir aussi Sarah Foste *et al.*, « Liquor Landscapes: Does Access to Alcohol Outlets Influence Alcohol Consumption in Young Adults? », *Health and Place* 45 (2017): p.17-23.

331. Hunter Schwarz, « Where in the United States You Can't Purchase Alcohol », *The Washington Post*, 2 septembre 2014.
332. Jennifer Ahern *et al.*, « Alcohol Outlets and Binge Drinking in Urban Neighborhoods: The Implications of Nonlinearity for Intervention and Policy », *American Journal of Public Health* 103, n°4 (2013): e81–e87.
333. Michael Pollan, « The Way We Live Now: 10-12-03; The (Agri) Cultural Contradictions of Obesity », *The New York Times Magazine*, 12 octobre 2003.
334. « Portion Distortion », National Heart, Lung, and Blood Institute.
335. Gareth J. Hollands *et al.*, « Portion, Package or Tableware Size for Changing Selection and Consumption of Food, Alcohol and Tobacco », *Cochrane Database of Systematic Reviews* 9, n°CD011045 (2015); Natalina Zlatevska, Chris Dubelaar, Stephen S. Holden, « Sizing Up the Effect of Portion Size on Consumption: A Meta-Analytic Review », *Journal of Marketing* 78, n°3 (2014): p.140-154.
336. Margot Sanger-Katz, « Yes, Soda Taxes Seem to Cut Soda Drinking », *The New York Times*, 13 octobre 2015.
337. Lynn D. Silver *et al.*, « Changes in Prices, Sales, Consumer Spending, and Beverage Consumption One Year after a Tax on Sugar-Sweetened Beverages in Berkeley, California, US: A Before-and-After Study », *PLoS Medicine* 14, n°4 (2017): e1002283.
338. M. Arantxa Colchero *et al.*, « In Mexico, Evidence of Sustained Consumer Response Two Years After Implementing a Sugar-Sweetened Beverage Tax », *Health Affairs* 36, n°3 (2017): p.564-571.
339. Lindsey Smith Taillie *et al.*, « Do High vs. Low Purchasers Respond Differently to a Nonessential Energy-Dense Food Tax? Two-Year Evaluation of Mexico's 8% Nonessential Food Tax », *Preventive Medicine* 105 (2017): S37–S42.
340. Drew DeSilver, « Perceptions and Realities of Recycling Vary Widely from Place to Place », Pew Research Center, 7 octobre 2016.

341. Adam Cooper, « Electric Company Smart Meter Deployments: Foundation for a Smart Grid », Institute for Electric Innovation, décembre 2017.
342. Chris Mooney, « Why 50 Million Smart Meters Still Haven't Fixed America's Energy Habits », *The Washington Post*, 29 janvier 2015.
343. Katrina Jessoe, David Rapson, « Knowledge Is (Less) Power: Experimental Evidence from Residential Energy Use », *American Economic Review* 104, n°4 (2014): p.1417-1438.
344. Frank Newport, « Email Outside of Working Hours Not a Burden to U.S. Workers », Gallup, 10 mai 2017.
345. Jan Dettmers, « How Extended Work Availability Affects Well-Being: The Mediating Roles of Psychological Detachment and Work-FamilyConflict », *Work and Stress* 31, n°1 (2017), p.24-41; Jim Harter, « Should Employers Ban Email After Work Hours? », Gallup, 9 septembre 2014.
346. Jan Dettmers *et al.*, « Extended Work Availability and Its Relation with Start-of-Day Mood and Cortisol », *Journal of Occupational Health Psychology* 21, n°1 (2016), p.105-118.
347. Cary Stothart, Ainsley Mitchum, Courtney Yehnert, « The Attentional Cost of Receiving a Cell Phone Notification », *Journal of Experimental Psychology: Human Perception and Performance* 41, n°4 (2015), p.893-897.
348. James A. Roberts, Meredith E. David, « My Life Has Become a Major Distraction from My Cell Phone: Partner Phubbing and Relationship Satisfaction among Romantic Partners », *Computers in Human Behavior* 54 (2016), p.134-141; Brandon T. McDaniel, Sarah M. Coyne, « 'Technoference': The Interference of Technology in Couple Relationships and Implications for Women's Personal and Relational Well-Being », *Psychology of Popular Media Culture* 5, n°1 (2016), p.85-98.
349. Daniel Halpern, James E. Katz, « Texting's Consequences for Romantic Relationships: A Cross-Lagged Analysis Highlights Its Risks », *Computers in Human Behavior* 71 (2017), p.386-394.
350. En français dans le texte.